Workbook/Laboratory Manual
to accompany

Vis-à-vis

Workbook/Laboratory Manual
to accompany

SECOND EDITION

Vis-à-vis

BEGINNING FRENCH

MONIQUE BRANON

MYRNA BELL ROCHESTER

HEDWIGE MEYER

PATRICIA WESTPHAL

With contributions by:
NICOLE DICOP-HINELINE

McGraw-Hill

Boston Burr Ridge, IL Dubuque, IA Madison, WI New York San Francisco St. Louis
Bangkok Bogotá Caracas Lisbon London Madrid
Mexico City Milan New Delhi Seoul Singapore Sydney Taipei Toronto

McGraw-Hill Higher Education

A Division of The McGraw·Hill Companies

This is an book.

Workbook / Laboratory Manual to accompany
Vis-à-vis Beginning French

Published by McGraw-Hill, an imprint of The McGraw-Hill Companies, Inc., 1221
Avenue of the Americas, New York, NY 10020. Copyright © 2000, 1996, by The
McGraw-Hill Companies, Inc. All rights reserved. No part of this publication may
be reproduced or distributed in any form or by any means, or stored in a data base
or retrieval system, without the prior written permission of The McGraw-Hill
Companies, Inc., including, but not limited to, in any network or other electronic
storage or transmission, or broadcast for distance learning.

3 4 5 6 7 8 9 0   QPD QPD   0 9 8 7 6 5 4 3 2 1

ISBN: 0-07-231042-1

Vice president/Editor-in-chief: *Thalia Dorwick*
Sponsoring editor: *Leslie Hines*
Development editor: *Rachèle Lamontagne*
Marketing manager: *Karen W. Black*
Project manager: *Christine Osborne*
Supplements coordinator: *Louis Swaim*
Designer: *Amy Feldman*
Compositor: *Bay View Publishing Services*
Typeface: *Palatino*
Printer: *Quebecor Printing Dubuque, Inc.*

Grateful acknowledgment is made for use of the following:

Realia: Page 28 reproduced with permission from *Publications du Québec;* **100** from
20 Ans; **118** from R. J. Courtine, *La vraie cuisine française;* **122** *Miam! Miam!* by
Monique Félix. © 24 *Heures/Jeunesse;* **134** Académie du fromage, Paris; Website
http://www.adfr.com; **142** © *Le Monde de l'Éducation;* **171** from l'État de la France,
1992 (*Paris: La Découverte,* 1992); **181** Mouvement de Défense de la Bicyclette;
210 Le Monde Radio-Télévision; **271** Club Med Sales, Inc., www.clubmed.com;
291 Musée du Rhum, Sainte-Rose, Guadeloupe; **320** © 1994, Les Éditions Albert
René/Goscinny-Uderzo; **343** reprinted with the permission of *Le Figaro,* copyright
Le Figaro 1991; **346** © *Femme Actuelle.*

Illustrations: David Bohn, Lori Heckelman, Axelle Fortier, Anthony Hon, Judith
Macdonald, Sally Richardson, Katherine Tillotson, Erik Watson.

http://www.mhhe.com

Contents

To the Student

Welcome to the Workbook/Laboratory Manual to accompany *Vis-à-vis: Beginning French*, second edition. Each chapter of this Workbook/Laboratory Manual is based on the corresponding chapter of the text, so that you can practice and review on your own what you are learning in class.

Special Feature
• •

The *Vis-à-vis* Workbook/Laboratory Manual has a unique and convenient feature: Within each chapter, each individual **leçon** can be torn out and handed in without disturbing the remainder of the chapter. This means that you can have your instructor check your work on previous **leçons** while you continue to practice current class material. It also means that your study materials are clearly organized and easy for you to work with.

Integrated Written and Oral Exercises
• •

Because your different senses and skills (writing, reading, listening, speaking) reinforce one another, written and oral exercises for each point in the text appear together in the Workbook/Laboratory Manual. Oral exercises are coordinated with the Audio Program, available in cassette or compact disc format, which you can use at home or at your school's language laboratory. They are marked with a headphone symbol.

To get the most out of the Audio Program, you should listen to the recordings after your instructor covers the corresponding material in class, and you should listen as often as possible. You will need the Workbook/Laboratory Manual much of the time when you listen to the recordings, because many of the exercises are based on visuals and written cues.

Organization
• •

The structure of **Chapitre 1** of the Workbook/Laboratory Manual parallels that of **Chapitre 1** in the main text. **Chapitres 2–16** are organized as follows:

- **Leçon 1: Paroles** allows you to practice the thematic vocabulary of each chapter through a variety of fun and interesting exercises. Here and in **leçons 2 and 3,** written and oral exercises (in that order) appear together for each point.

- **Leçon 2: Structures** presents a variety of exercises on each grammar point in the corresponding section of the main text.

- **Correspondance** has four features:

  Le courrier (*The mail*)—a postcard or an e-mail message sent by one of the **Initiation** video characters or their friends and relatives in other parts of the French-speaking world. This type of written activity, known as a "cloze" exercise, allows you to confirm your mastery of chapter vocabulary and structures within an appealing, meaningful context.

Info-culture—a brief activity based on **Portrait** and **Flash,** the cultural readings in the **Correspondance** section of the text. **Info-culture** checks your comprehension of these passages and keeps you up to date on everyday life around the francophone world.

Sophie/Malik/Nathalie/Jérôme à l'appareil! (*speaking*)—a listening comprehension exercise allowing you to hear the correspondents of the **Initiation** video characters in telephone conversations with friends and colleagues from their region of the French-speaking world.

Flash-culture—a brief cultural reading, followed by comprehension questions and web-based activities.

- **Leçon 3: Structures,** like **leçon 2,** gives you the opportunity to practice chapter structures via writing and oral exercises.

- **Leçon 4: Perspectives** focuses on integrating chapter vocabulary and grammar. Its main features are:

Faire le bilan (*Taking stock*)—an end-of-chapter review section. The exercises combine and reinforce chapter vocabulary and structures. In most chapters, you are invited to work with authentic materials from the contemporary francophone press.

Prononciation—recorded exercises providing focused practice of French pronunciation, with tips and reminders in English.

À l'écoute!—an extended listening comprehension passage and activity, also integrating chapter vocabulary and structures.

Par écrit (*In writing*)—a comprehensive, practical guided writing section. A series of steps (in English) helps you organize, draft, and polish a variety of interesting writing assignments (interviews, editorials, film reviews, etc.).

Journal intime (*Personal diary*)—a chapter-culminating activity that encourages you to write freely about your own opinions and experiences while applying the material you have been studying in that chapter.

- **Additional Review Sections**—you will find additional review sections, **Récapitulons!,** after **Chapitres 4, 8, 12,** and **16.** These sections reintroduce vocabulary and grammar from previous chapters so that you have an opportunity to reuse what you have learned in a variety of contexts and situations.

In addition, throughout the first half of the Workbook/Laboratory Manual, you will find boxed **Study Hints:** practical tips to help you learn French thoroughly and efficiently. They are based on the experience of other students, and we think you will find them helpful.

Answers

Answers to most oral exercises are given on the Audio Program. In a few cases, as required, they appear in the Appendix at the back of this manual. Answers to most written activities appear in the Appendix. No answers are provided for exercises requiring personalized answers, indicated with an asterisk ✳.

Une nouvelle aventure

ÉTAPE 1

Bienvenue!
• •

Les correspondants. Get to know the people whose cards, letters, and e-mail messages you will be reading throughout *Vis-à-vis*. Can you match the Paris-based video characters from **Initiation** with their fields of study and friends and relatives from other parts of the French-speaking world? Try to figure out the French expressions on your own! Refer to **Chapitre 1, Étape 1** of your text, as necessary.

_____ 1. Caroline

_____ 2. Michel

_____ 3. Paul

_____ 4. Bénédicte

a. sciences politiques; Jérôme (Martinique)
b. droit; Nathalie (France, Suisse, Belgique)
c. médecine; Sophie (Québec)
d. littérature; Malik (Sénégal)

Le monde francophone
• •

Test de géographie. Match each French-speaking country or region with its major city. Use the maps at the beginning of your text, as necessary.

_____ 1. le Sénégal

_____ 2. la Suisse

_____ 3. la Louisiane

_____ 4. le Québec

_____ 5. la Côte-d'Ivoire

_____ 6. la Martinique

_____ 7. la France

_____ 8. la Guyane

a. La Nouvelle-Orléans
b. Paris
c. Abidjan
d. Cayenne
e. Dakar
f. Genève
g. Montréal
h. Fort-de-France

L'alphabet français

L'alphabet français. Say each letter of the alphabet and the corresponding name after the speaker.

a	a	Anatole	**n**	enne	Nicole
b	bé	Béatrice	**o**	o	Odile
c	cé	Claude, Cyrille	**p**	pé	Pascal
d	dé	Denise	**q**	ku	Quentin
e	e	Emma	**r**	erre	Roland
f	effe	France	**s**	esse	Suzanne
g	gé	Georges, Guy	**t**	té	Thérèse
h	hache	Hélène	**u**	u	Ulysse
i	i	Isabelle	**v**	v	Véronique
j	ji	Jacqueline	**w**	double v	William
k	ka	Kévin	**x**	iks	Xavier
l	elle	Lucien	**y**	i grec	Yvette
m	emme	Marguerite	**z**	zède	Zoé

✳ Et vous? Comment vous appelez-vous? Prononcez votre nom à la française.

Je m'appelle…

Les accents

Les étudiants. You are helping Marc prepare name tags for a reception at the International House. After you hear each name, tell him the necessary diacritical mark, as in the example.

Vous entendez (*You hear*): Joël
Vous dites (*You say*):   e tréma

1. Irène
2. Loïc
3. Jérôme
4. Françoise
5. Stéphanie

Les mots apparentés

A. Comment dit-on ça en français? Listen carefully to the following French words, then repeat them. You will hear each word twice.

Vous entendez (*You hear*): excellent
Vous dites (*You say*):   excellent

1. université
2. sérieux
3. ordre
4. pratique
5. apparemment
6. étranger
7. champagne
8. individualiste

B. En français, en anglais. You will hear a series of French words, each one repeated. Listen carefully, then circle the corresponding English term.

Vous entendez (*You hear*): lettre

Vous écrivez (*You write*): let (letter) lettuce

1. sociable society socialist
2. liberty liberate library
3. courier coordinate courageous
4. political polite party
5. etiquette state standard

Les bonnes manières

A. Une rencontre. (*An encounter.*) On his way across campus, Jeremy runs into Mme Thomas, his literature professor. Complete the dialogue.

JEREMY: Bonjour, _____.[1]

_____?[2]

MME THOMAS: Très bien, _____.[3] Et vous? Ça va?

JEREMY: _____.[4]

MME THOMAS: Au revoir, Jeremy. _____[5] bientôt.

JEREMY: _____,[6] madame.

B. Qu'est-ce qu'on dit? If you were in a French-speaking environment, what would you say in these situations?

1. In class, you drop your book on your neighbor's foot. _____

   _____

2. Your professor just said something; you're not sure what, but it sounded important. _____

   _____

3. You've forgotten your professor's name and want to write it down. _____

   _____

4. You pass a friend on the way to class. _____

   _____

5. You pass a male professor on the way to class. _____

   _____

6. You want to introduce yourself. _____

   _____

7. Your friends are leaving your apartment at the end of the evening. _____

_____

8. A fellow student has just thanked you for picking up a book. _____

_____

 C. Jacqueline, Rémi et le nouveau professeur. You will hear a conversation among three people. Each exchange corresponds to one of the following drawings. Listen to the whole conversation once or twice, then do the exercise.

Now you will hear questions and statements taken from the conversations you just heard. Say and check off the most logical of the three responses given.

1. _____ Au revoir.

   _____ Merci bien.

   _____ Bonjour, madame.

2. _____ Je m'appelle Jacqueline Martin.

   _____ Très bien, merci.

   _____ Ça va?

3. _____ Je m'appelle Jacqueline Martin.

   _____ Ça va?

   _____ Très bien, et vous?

4. _____ Pas mal.

   _____ De rien.

   _____ Je ne comprends pas. Répétez, s'il vous plaît, madame.

5. _____ Salut.

   _____ Ah oui! je comprends. Merci, madame.

   _____ De rien.

6. _____ Oh! pardon! Excusez-moi!

   _____ À bientôt!

   _____ Au revoir!

7. _____ Je m'appelle Rémi.

   _____ Oh, ça peut aller.

   _____ Et vous?

8. _____ Bonsoir, madame.

   _____ Salut.

   _____ Comment vous appelez-vous?

ÉTAPE 2

Les nombres de 0 à 60

• •

A. Combien? Write out and answer the math problems, as in the example.

MODÈLE: 4 + 5 → Quatre plus cinq font neuf.

1. 3 + 8

   _____

2. 2 × 9

   _____

3. 10 + 11

   _____

4. 16 + 19

   _____

5. 52 – 40

   _____

6. 60 ÷ (**divisé par**) 4

   _____

✴ **B. Les numéros.** Write out the following numbers, one digit at a time.

MODÈLE: Your zip code → cinq zéro trois un deux (50312)

1. Your house number _____

   _____

2. Your phone number _____

   _____

3. Your best friend's phone number _____

   _____

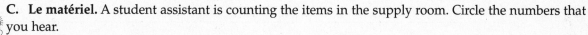

C. Le matériel. A student assistant is counting the items in the supply room. Circle the numbers that you hear.

1. **2**   **12**   **22**
2. **17**   **47**   **57**
3. **12**   **2**   **52**
4. **26**   **6**   **16**
5. **35**   **15**   **25**
6. **16**   **13**   **15**

Les réponses se trouvent en appendice. (*Answers are in the appendix.*)

D. Comptez! Repeat the numbers you hear, adding two numbers each time.

Vous entendez (*You hear*): deux, quatre, six, huit…
Vous dites (*You say*): deux, quatre, six, huit, dix, douze

1. … 2. … 3. … 4. …

Quel jour sommes-nous?
Quelle est la date d'aujourd'hui?
•••••••••••••••••••••••••••••••••••••

A. Quel jour est-ce? Look at the following calendar and identify the dates, as in the example.

				décembre					
L	①piano		8		⑮ italien		22		29
M	2		9		16		㉓ hockey		㉚ P.et I.
M	3		10		⑰ ♡		24		31
J	④Juliette		11		18		25		
V	5		12		19		26		
S	6		⑬Dr Noiret		20		27		
D	7		14		21		㉘ Bach		

MODÈLE: 30/12 → Le trente décembre, c'est un mardi.

1. 21/12 _____

2. 11/12 _____

3. 8/12 _____

4. 24/12 _____

5. 2/12 _____

6. 6/12 _____

7. 19/12 _____

B. Le calendrier de M. Belœil. Look once again at the calendar and give the day and date of M. Belœil's activities.

MODÈLE: le cours d'italien de M. Belœil → lundi, le quinze décembre

1. le rendez-vous de M. Belœil chez le docteur _____

2. la leçon de piano de M. Belœil _____

3. la fête chez Juliette _____

4. le concert de Bach _____

5. la visite de Paul et Irène _____

6. le match de hockey _____

7. l'anniversaire de mariage de M. et Mme Belœil _____

C. Quel jour sommes-nous? On which day of the week do you usually do the things or visit the places mentioned on the recording? (Make up an answer if the activity doesn't apply to you.) You will hear some possible responses.

Expressions utiles: lundi, mardi, mercredi, jeudi, vendredi, samedi, dimanche

Vous entendez (*You hear*): Vous êtes (*You are*) au cinéma.
Vous dites (*You say*): Nous sommes samedi.

1.

2.

3.

4.

5.

D. Quelle est la date? You will hear two sets of numbers. Give the date and the month to which they correspond.

Vous entendez (*You hear*): 28/12
Vous dites (*You say*): C'est le vingt-huit décembre.

1. 03/06

2. 07/07

3. 26/09

4. 12/02

5. 30/03

CORRESPONDANCE

Le courrier

• •

> Like your textbook, the *Vis-à-vis* Workbook / Laboratory Manual features mail
> exchanged by the **Initiation** video characters and their friends and relatives in other
> parts of the francophone world. In **Chapitres 1–4,** the correspondents are Caroline and
> her older sister Sophie in Québec City. Read through the messages once or twice before
> completing them. You need not worry about any unfamiliar expressions you may
> encounter: Focus on what you *do* understand, and you will grasp the most important
> information in the postcards. **Allez-y!**

Complete the postcard using the following expressions: **aujourd'hui, ça, comment, mercredi, revoir, va.**

CARTE POSTALE

Ma chère Sophie,

Nous sommes _____¹ et _____,² j'ai un examen de

biologie, alors, moi, ça _____³ comme ci, comme

_____!⁴ Et toi, _____⁵ vas-tu? Je

retourne à mon bureau. Au _____!⁶

Bisous,

Caroline

Info-culture

• •

Reread the **Flash** and **Portrait** boxes in your text, then indicate whether each statement is true (**vrai, V**)
or false (**faux, F**).

1. V   F   En France, le baiser est une preuve d'hostilité.

2. V   F   Pour dire «bonjour» ou «au revoir», on donne deux, trois ou quatre baisers sur la joue.

3. V   F   Réservez vos bisous aux étrangers (*strangers*).

4. V   F   George Sand est un homme français.

5. V   F   George est une personne indépendante.

6. V   F   George Sand est un écrivain du XIXe siècle.

Sophie à l'appareil!

Ah! les ordinateurs! Sophie calls her friend Carine. Listen to the dialogue as many times as necessary, then indicate who says the following things: Sophie (**S**) or Carine (**C**).

1. S C «Pardon? Répétez, s'il vous plaît.»

2. S C «J'ai des problèmes d'ordinateur.»

3. S C «Je ne comprends pas les problèmes techniques.»

4. S C «Michel comment?»

5. S C «De rien!»

Flash-culture

Québec: la capitale de la neige[1]

«Mon pays, ce n'est pas un pays, c'est l'hiver... »[2] —Gilles Vigneault, poète québécois.

Vous aimez l'hiver? Le Québec possède quarante stations de sports d'hiver![3] Le sport le plus populaire,[4] c'est le ski.

Vous n'aimez pas[5] le sport? Participez à la Fête d'Hiver[6] de Montréal ou au Carnaval de Québec! Admirez les sculptures sur glace![7]

---

[1]*snow* [2]*Mon... My country is not a country, it's winter...* [3]*sports... winter sports* [4]*Le... The most popular sport*
[5]*Vous... You don't like* [6]*Fête... Winter Festival* [7]*sculptures... ice sculptures*

Le Bonhomme, la mascotte du Carnaval de Québec

A. Révisons! Reread the **Flash-culture** and mark the following statements true (**vrai, V**) or false (**faux, F**).

1. V F Gilles Vigneault est un poète français.

2. V F Le sport le plus populaire au Québec, c'est le ski.

3. V F La Fête d'Hiver a lieu (*takes place*) à Montréal.

B. On est branché! For Internet links and additional information to complete the following activities, visit the *Vis-à-vis* website at www.mhhe.com/visavis.

1. Donnez (*Give*) les dates approximatives du Carnaval de Québec cette année (*this year*).

2. Nommez les sports typiques du Carnaval de Québec.

3. Donnez le nom, les dates et les lieux (*places*) d'une autre (*another*) fête à Québec.

ÉTAPE 3

Dans la salle de classe

• •

A. Inventaire. (*Inventory.*) Qu'est-ce qu'il y a dans la salle de classe?

MODÈLE:  Il y a trois portes.

1. Il y a _____

_____

2. Il y a _____

_____

3. Il y a _____

_____

4. Il y a _____

_____

5. Il y a _____

_____

6. Il y a _____

_____

7. Il y a _____

_____

8. Il y a _____

_____

9. Il y a _____

_____

 B. Mais non! The student you will hear is confused about what she is seeing. Look at each sketch as she describes it, and correct what she says.

Vous entendez (*You hear*): Et voici un cahier!
Vous dites (*You say*): Mais non, c'est un livre!

1.

2.

3.

4.

5.

6.

7.

C. Dans la salle de classe. Stop the recording for a moment to look at the following drawing. Then listen to the questions and answer them.

Vous entendez (*You hear*): Il y a combien d'étudiants dans la salle de classe?
Vous dites (*You say*):   Il y a cinq étudiants.

1. …   2. …   3. …   4. …   5. …   6. …   7. …

Les articles indéfinis
Identifying People, Places, and Things
• •

A. Un ou une? Write the appropriate indefinite articles.

1. _____ stylo
2. _____ difficulté
3. _____ Français
4. _____ week-end
5. _____ tradition

6. _____ livre
7. _____ ami
8. _____ étudiante
9. _____ université
10. _____ porte

B. Du singulier au pluriel. Write the plural forms of the following articles and nouns.

1. une amie   _____
2. un ordinateur   _____
3. un écran   _____
4. un professeur   _____

5. une fenêtre   _____
6. un livre   _____
7. une table   _____
8. une étudiante   _____

ÉTAPE 4

Faire le bilan
• •

> **Faire le bilan** (*Taking stock*) is an end-of-chapter review section that appears in each **leçon 4** (**étape 4** in chapter 1) of your Workbook/Laboratory Manual. These written activities combine the vocabulary and structures from the first three **leçons** of the chapter you are currently studying. You will find them useful for monitoring your own progress and for preparing for chapter tests.

A. Associations. What days of the week do the following things or activities make you think of?

MODÈLE: a big newspaper → dimanche

1. celebrating Thanksgiving _____

2. going to a French class _____

3. going to a party at night _____

4. watching football at night on T.V. _____

5. sleeping in _____

✳**B. Répondez!** Answer the following questions in French.

1. Comment vous appelez-vous? _____

2. Comment allez-vous? _____

3. Quel jour sommes-nous? _____

4. Quelle est la date d'aujourd'hui? _____

5. Qu'est-ce qu'il y a dans la salle de classe? Nommez cinq objets. _____

   _____

Prononciation
• •

Voyelles françaises. (*French vowels.*) In English, many vowel sounds are pronounced as diphthongs: that is, as two vowel sounds within the same syllable. Listen carefully to the English pronunciation of the words *café* and *entrée*. Can you hear how the final vowel is drawn out into two different sounds? In French, however, each vowel is pronounced with a single, pure sound: **café, entrée.** Keep this in mind as you do the following exercise.

Répétez les expressions suivantes. Vous les entendrez deux fois. (*Repeat the following expressions. You will hear them twice.*)

1. café / entrée / matinée / blasé / rosé / frappé
2. cage / table / fable / câble / page / sage
3. beau / gauche / parole / rose

L'accent tonique. (*Stress.*) Most English words have both highly stressed and highly unstressed syllables. In *university*, for example, the *-ver-* group is strongly emphasized, whereas the *-ni-* and *-si-* groups receive very little emphasis. Listen again: *university*. In French words, however, all the syllables are approximately equal in weight and loudness. Only the final syllable of a word is somewhat longer than the preceding one(s). It is also pronounced at a slightly lower pitch.

Répétez les expressions suivantes. Vous les entendrez deux fois.

1. bureau
2. professeur
3. université

4. attention
5. excellent
6. bravo

7. concert
8. cinéma

À l'écoute!

Dans la salle de classe. The French teacher asks a student to say a few words about his current situation. Listen to the passage as many times as necessary, then indicate whether each statement is true (**vrai, V**) or false (**faux, F**).

1. V F   François est étudiant.

2. V F   Le professeur s'appelle M. Dupuis.

3. V F   Il y a un tableau dans la salle de classe.

4. V F   Il y a seize étudiantes dans la salle de classe.

5. V F   François ne comprend pas bien le français.

Journal intime

> **Journal intime** (*Personal diary*) is a special feature of your Workbook/Laboratory Manual: a forum for you to write freely in French about your own experiences, using the vocabulary and structures you are currently studying, but *without* worrying about making mistakes. You may want to set aside a special notebook to use as your **Journal intime**. Your instructor may read your diary entries and react to them from time to time, but will probably not give them a grade. By the end of the year, you will find you are writing French with ease, and your **Journal** will be a wonderful record of your progress.

Include at least the following information in today's entry:

- Give the day of the week.
- Greet your **Journal** as you would a new friend, and introduce yourself.
- Describe the room where your French class meets, listing the items and the number of people in it.

   MODÈLE: Dans ma classe de français, il y a…

CHAPITRE 2

Nous, les étudiants

LEÇON 1: PAROLES

STUDY HINTS: LEARNING NEW VOCABULARY

- Your different skills and senses reinforce one another, so be sure to *say, write, read,* and *listen to new expressions* as you are learning them. Working in a group is always helpful.
- Practice using new words *in context.* Write down and say out loud short, original sentences using each new word.
- Try *brainstorming,* too: Make lists of all the different expressions you associate with new vocabulary items.
- Learn *gender* and *articles* along with new vocabulary words: **le cinéma, la radio.**
- Pay special attention to *accents* and to *"silent" letters:* the **h** and **s** in **mathématiques,** for example.
- *Flash cards* are extremely helpful, because they allow you to review vocabulary even when on the go.
- At least twice a week, use your flash cards to *review vocabulary from previous chapters.* Small amounts of steady effort will bring lasting success!

Les lieux

• •

A. Les lieux. Associate the following elements with a location.

MODÈLE: un examen → l'amphithéâtre.

1. une table de ping-pong _____

2. de l'équipement sportif _____

3. un bon repas (*a good meal*) _____

4. le silence, la réflexion et les encyclopédies _____

 B. Un rêve. (*A dream.*) You will hear Corinne Legrand describe a dream she had. Indicate whether the elements in it are fairly normal (**assez normal**) or somewhat strange (**assez bizarre**).

	ASSEZ NORMAL	ASSEZ BIZARRE
1. à la (*at the*) bibliothèque	_____	✓_____
2. à la faculté des lettres	_____	_____
3. au (*at the*) café	_____	_____
4. au restaurant	_____	_____
5. dans le bureau du prof	_____	_____
6. au cinéma	_____	_____

Les matières

• •

A. Les matières. If you're carrying these titles in your bookbag, what subjects are you probably studying?

MODÈLE: *La Minéralogie, La Paléontologie* → la géologie

1. *L'Algèbre, La Géométrie, Le Calcul infinitésimal* _____

2. *L'Évolution, L'Embryologie, La Génétique* _____

3. *Jules César, Les Voyages de Gengis Khan, L'Empire romain, La Renaissance* _____

4. *Destinos, Prego!, Vis-à-vis* _____

5. *Raison et Sensibilité* par Jane Austen, *L'Idiot* par Fiodor Dostoïevski _____

B. Une matinée studieuse. (*A morning of studies.*) Jeannette Rivard is a busy university student. Listen to her describe what she does on weekday mornings and complete the following chart. (**h = heures,** hours = *o'clock*)

> Replay the recording as necessary, but remember that you do not need to understand every word you hear. Listen only for the information you need to complete the chart.

<table>
<tr><td colspan="6" align="center">UNIVERSITÉ DE CAEN
Nom: Jeannette Rivard</td></tr>
<tr><td></td><td>lundi</td><td>mardi</td><td>mercredi</td><td>jeudi</td><td>vendredi</td></tr>
<tr><td>8 h</td><td>histoire chinoise</td><td></td><td>histoire chinoise</td><td></td><td>histoire chinoise</td></tr>
<tr><td>9 h</td><td></td><td></td><td></td><td></td><td></td></tr>
<tr><td>10 h</td><td></td><td></td><td></td><td></td><td></td></tr>
<tr><td>11 h</td><td></td><td></td><td></td><td></td><td></td></tr>
<tr><td>12 h</td><td></td><td></td><td></td><td></td><td></td></tr>
<tr><td>13 h</td><td></td><td></td><td></td><td></td><td></td></tr>
</table>

Les réponses se trouvent en appendice.

Les pays et les nationalités
• •

A. L'intrus. Write the nationality or regional origin that does not belong in each series of words.

1. italien, français, anglais, mexicain _____

2. marocain, tunisien, japonais, algérien _____

3. sénégalais, ivoirien, russe, libanais _____

4. allemand, belge, français, québécois _____

5. marocain, chinois, japonais, viêtnamien _____

6. mexicain, suisse, canadien, américain _____

7. allemand, québécois, espagnol, belge _____

B. Les voitures qui passent. (*Passing cars.*) You're guessing that all of the people going by are driving cars made in their native country. Listen to each question and identify the driver.

ESSAIS, FACE-A-FACE,
COMPARATIFS RECEVEZ
CHEZ VOUS L'ESSAI DE
VOTRE PROCHAINE VOITURE

LAQUELLE CHOISIR ?

ALFA ROMEO	BMW	CITROEN	FORD
HONDA	JAGUAR	PEUGEOT	RENAULT

Vous entendez: Qui est dans la BMW?
Vous dites: Je ne sais pas… C'est un Allemand?

1. …   2. …   3. …   4. …   5. …   6. …

Les distractions
• •

A. Les distractions. You are applying for an opening at the campus French house. As a means of introducing yourself to the other residents, indicate your likes and dislikes.

MUSIQUE: J'aime _____

mais je n'aime pas beaucoup _____ .

SPORTS: J'adore _____

mais je n'aime pas _____ .

CINÉMA: J'aime beaucoup _____

mais je n'aime pas _____ .

LOISIRS (*Leisure activities*): J'aime _____

mais je n'aime pas beaucoup _____ .

 B. Goûts et préférences. What do these people like to do? Listen to each question, and then answer based on the drawings. After each response, there is a question directed to you, followed by a pause for your answer.

Expressions utiles: les films de science-fiction, la musique classique, le ski, le tennis, le volley-ball

Vous entendez: Et Pierre, il aime le base-ball?
Vous dites: Non, Pierre aime le jogging.

Vous entendez: Et vous, vous aimez le jogging?
Vous dites: Mais oui, j'aime le jogging. (*ou* Non, j'aime mieux le tennis.)

1. …   2. …   3. …   4. …

LEÇON 2: STRUCTURES

Les articles définis
Identifying People, Places, and Things
••

A. **Les goûts.** (*Tastes.*) How do you feel about the following things? Begin your sentence with one of these three phrases.

J'aime beaucoup   J'aime bien   Je n'aime pas

MODÈLE: travail → J'aime bien le travail.

1. ski _____

2. télévision _____

3. base-ball _____

4. lundi _____

5. français _____

6. histoire _____

7. cinéma _____

8. café _____

B. **Le, la ou les?** Indicate which definite article(s) should go with the following nouns.

1. _____ ami   7. _____ restaurants

2. _____ philosophie   8. _____ film

3. _____ travail   9. _____ cours

4. _____ villes   10. _____ dictionnaire

5. _____ homme   11. _____ femme

6. _____ musique   12. _____ sport

C. **À l'université.** Complete the conversations with definite or indefinite articles, as necessary.

I. Abena, _____[1] étudiante sénégalaise, visite _____[2] université américaine à

Washington, D.C., avec Gary Snyder.

GARY: Voilà _____[3] resto-U, _____[4] bibliothèque et _____[5] faculté

des sciences.

ABENA: Il y a _____[6] professeur de français à _____[7] faculté des lettres?

GARY: Il y a _____8 professeur de russe, _____9 professeur de chinois

et huit professeurs de français!

ABENA: Ah! _____10 français est _____11 cours populaire!

GARY: C'est _____12 opinion de beaucoup de personnes.

II. François et Charles sont (*are*) au resto-U.

FRANÇOIS: C'est intéressant _____1 biologie, n'est-ce pas (*don't you think*)?

CHARLES: J'aime mieux _____2 histoire. Mais il y a au moins (*at least*) _____3

femme intéressante dans _____4 classe de biologie.

FRANÇOIS: C'est _____5 amie?

CHARLES: Pas du tout (*Not at all*)! C'est _____6 professeur.

 D. Le plan du quartier universitaire. Look at this view of a university neighborhood, and point to the places mentioned as you answer the questions.

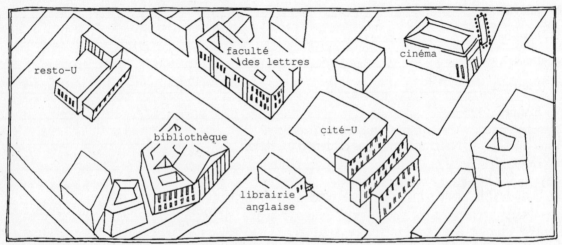

Vous entendez: Il y a une librairie anglaise?
Vous dites: Oui, voici la librairie anglaise.

1. ...   2. ...   3. ...   4. ...   5. ...

 E. À la manifestation. Georges isn't sure who he sees in the crowd at this student demonstration. Listen carefully to his comments, which you will hear twice, then agree with him or correct him.

Vous entendez: Ici, c'est une étudiante?
Vous dites: Non, c'est un étudiant.

1.  2.  3.  4.  5.

F. Du singulier au pluriel. Write the plural forms of the following articles and nouns.

1. l'hôpital _____
2. un amphithéâtre _____
3. le cours _____
4. un examen _____
5. la radio _____
6. le choix _____

7. un tableau _____
8. une visite _____
9. la télévision _____
10. un pays _____
11. l'homme _____
12. un lieu _____

G. À la librairie. You're buying a few things for yourself and some classmates. First look over the shopping list, then answer the cashier's questions.

4 dictionnaires de russe
des cahiers d'exercices
2 livres de français
des crayons
4 histoires de France
5 Paris-Match

Vous entendez: Vous désirez un cahier d'exercices?
Vous dites: Non, madame, des cahiers d'exercices!

1. … 2. … 3. … 4. … 5. …

H. Un cours difficile. Listen to the conversation between Mathieu and his Spanish instructor on the first day of class. Then listen to each line of the conversation and indicate whether the objects mentioned are singular (**S**) or plural (**P**).

1. S P
2. S P
3. S P
4. S P

5. S P
6. S P
7. S P
8. S P

Les verbes réguliers en *-er*
Expressing Actions

● ●

A. Samedi soir à la résidence universitaire. Describe what the following people are doing, using the verbs listed.

Léa _____¹ français avec Charles. Les deux amis _____²

un film à la télévision et _____³ des bonbons. Caroline et

Stéphanie _____⁴ Marie, qui (*who*) _____⁵ son

baladeur (*Walkman*) dans un coin (*corner*). Roger _____⁶ sur le

sofa. Je _____⁷ à un ami. Une femme _____⁸

à la réception.

chercher
écouter
manger
parler
regarder
rêver
téléphoner
travailler

B. Pensées variées. Complete the paragraphs using the verbs listed.

Les touristes en France _____¹ les monuments,

_____² les guides, _____³ français,

_____⁴ dans les Alpes et _____⁵ dans les

boîtes de Paris.

danser
écouter
parler
visiter
skier

Le week-end à l'université, nous _____⁶ rarement. Nous

_____⁷ donner des soirées (*parties*). Nous _____⁸

des disques, nous _____⁹. Nous _____¹⁰ de

nouvelles (*new*) personnes.

aimer mieux
danser
écouter
rencontrer
travailler

En cours j'_____¹¹ souvent la discussion, mais quelquefois

(*sometimes*) je _____¹² ou je _____¹³ par (*out*)

la fenêtre. Voilà pourquoi je _____¹⁴ les cours en amphithéâtre.

J'_____¹⁵ les petites salles de classe.

aimer mieux
détester
écouter
regarder
rêver

C. Les pronoms personnels sujet. Complete the following sentences using the correct subject pronouns.

1. Robert est étudiant. _____ étudie les maths.

2. Voici une étudiante. _____ aime danser.

3. Mary et Sofia parlent français, mais _____ sont anglaises.

4. Jacques, est-ce que _____ travailles?

5. Max et moi, _____ aimons regarder la télévision.

6. _____ mangez au restaurant.

7. Voilà Marc et Diane. _____ habitent le quartier.

8. _____ regardes le film à la télévision.

9. Moi, _____ habite à la cité-U.

10. Dans la salle de classe, _____ parle français.

D. Goûts et habitudes. (*Tastes and habits.*) Tell about yourself, using the following expressions.

MODÈLE: aimer beaucoup →
J'aime beaucoup les disques de Sheryl Crow (le café, les librairies).

1. détester

_____

2. écouter souvent

_____

3. regarder de temps en temps

_____

4. manger toujours

_____

5. habiter

_____

6. étudier quelquefois

_____

E.   Une soirée (*evening*) **à la cité-U.** The three students in the drawing major in different subjects. Listen to their comments, then circle the name of the person who is probably speaking. You will hear each comment twice.

1.   Chantal   Arlette   Marie-France

2.   Chantal   Arlette   Marie-France

3.   Chantal   Arlette   Marie-France

4.   Chantal   Arlette   Marie-France

5.   Chantal   Arlette   Marie-France

F.   À la cité-U. A group of students is watching a soccer game on TV when one of them decides to take an informal poll. Here's his question: **D'habitude, le soir** (*in the evening*)**, tu regardes la télé?** Listen to the conversation as many times as necessary, and complete the following passage.

XAVIER: D'habitude, le soir, tu regardes la télé?

FRANÇOISE: Ah oui! _____[1] très souvent des matchs de sport.

CHANTAL: Non, normalement le soir _____[2] au café.

JEAN-PAUL: Moi, _____[3] les maths avec Françoise.

RAOUL: Chantal et moi, _____[4] des disques de jazz.

MARIE-FRANCE: Moi, j'aime mieux _____[5] des fêtes (*parties*).

Les réponses se trouvent en appendice.

CORRESPONDANCE

Le courrier
• •

Complete the postcard using the following expressions: **américain, en, étudie, informatique, musique, regarde, soirée, vie.**

CARTE POSTALE

Ma Caroline adorée,

Merci pour ta carte! Notre étudiante au pair a maintenant ton adresse électronique.

Elle aime les ordinateurs et parle souvent à un ami _____¹ sur

Internet. Moi, je n'aime pas beaucoup l'_____.² J'aime mieux les

livres. Ici, la _____³ est calme. Après le travail, on _____⁴ la

télévision, on écoute de la _____⁵ et on _____⁶ le chinois.

Tu imagines! De temps _____⁷ temps, on organise une

_____⁸ avec les amis. La vie est belle ici aussi!

Gros bisous,
Sophie

Info-culture
• •

Reread the **Flash** and **Portrait** boxes in your text, then complete the following sentences.

1. Sainte-Geneviève est une _____ du Quartier latin.

2. Il y a une grande université au Quartier latin. Elle s'appelle _____.

3. Le Quartier latin est un endroit idéal pour les rendez-vous au cinéma ou au _____.

4. Michel Rivard parle français, mais il n'est pas français. Il est _____.

5. C'est un artiste qui a beaucoup de succès, mais il reste un homme _____.

6. C'est un auteur qui rêve d'un univers _____ et beau.

Sophie à l'appareil!
• •

Thomas à l'université. Today, Sophie calls her friend Thomas who attends classes at **l'Université Laval** in Québec. The conversation is not entirely about his studies, however. Listen to the dialogue as many times as necessary, then indicate whether each statement is true (**vrai, V**) or false (**faux, F**).

Expressions utiles: sensible   sensitive
                  la charlotte au chocolat   *dessert made with lady fingers and chocolate mousse*

1. V F Thomas aime bien les professeurs à l'université.

2. V F Thomas n'aime pas beaucoup l'étudiante qui s'appelle Charlotte.

3. V F Charlotte est québécoise.

4. V F Thomas aime le cours d'informatique.

5. V F Sophie mange avec Charlotte.

Flash-culture

• •

> ### Au Québec, parlons français!
>
> Qui sont[1] les Québécois francophones? Ce sont les descendants des colons[2] français arrivés entre 1608[3] et 1759[4] pour peupler[5] le Canada.
>
> En 1759, 60 000[6] francophones sont installés dans[7] cette partie du Canada baptisée la «Nouvelle-France». Aujourd'hui, ils sont 7 millions[8] et représentent 82 %[9] de la population du Québec. Quelle langue parlent-ils?[10] Ils parlent français, bien sûr!

[1]Qui… *Who are*   [2]*colonists*   [3]seize cent huit   [4]dix-sept cent cinquante-neuf   [5]pour… *in order to settle*
[6]soixante mille   [7]sont… *are settled in*   [8]ils… *there are 7 million of them*   [9]quatre-vingt-deux pour cent
[10]Quelle… *What language do they speak?*

UNE FIERTÉ
QUI GRANDIT !

A. Révisons! Reread the **Flash-culture** and then complete the following sentences with expressions found in the paragraph.

1. Les colons _____ sont les ancêtres des _____ francophones.

2. En 1759, le Québec s'appelle la «_____».

3. Le _____ est la langue des Québécois francophones.

B. On est branché! For Internet links to complete the following activities, visit the *Vis-à-vis* website at www.mhhe.com/visavis.

1. Nommez deux provinces canadiennes où (*where*) il y a des francophones.

2. En 1608, qui fonde la ville de Québec?

LEÇON 3: STRUCTURES

Le verbe *être*
Identifying People and Things
• •

A. Les nouveaux amis. Naomi is meeting and greeting new students at the International House. Complete her sentences according to the example.

MODÈLE: Voici Marc, un étudiant en langues étrangères; il _____est_____ libanais.

1. Et voici Zoé et Gabrielle, deux étudiantes en philosophie; elles _____ françaises.

2. Ako, tu _____ étudiante en économie?

3. Moi, je _____ étudiante en mathématiques.

4. Ma copine Rosa et moi, nous _____ italiennes.

5. Joël et Sammy, vous _____ étudiants en informatique?

6. Voici Lourdes, une étudiante en droit; elle _____ québécoise.

B. La famille de Déo. Complete Déo's description of his family using the appropriate forms of **être**.

Je _____[1] idéaliste. Maman _____[2] très sociable.

Je _____[3] fier d'elle. Papa _____[4] sportif. Mes parents

_____[5] très sympathiques. Les amis de la famille trouvent que nous

_____[6] drôles.

C. Mon ami Moussa. Moussa is studying in Grenoble. Complete the following sentences with **c'est, il est** ou **elle est**. (Reminder: **c'est** is usually followed by an article—**un, une, des, le, la, les,** etc.)

Voici un ami, Moussa. _____[1] d'Abidjan, en Côte-d'Ivoire. _____[2] étudiant en

médecine. _____[3] un jeune homme travailleur. _____[4] assez sérieux, mais

_____[5] aussi très sociable. Sa sœur s'appelle Fatima. _____[6] aussi étudiante,

mais en littérature. _____[7] un peu (*a little*) naïve parce qu' _____[8] souvent

idéaliste. Mais _____[9] une jeune femme intéressante.

According to these descriptions, who probably said the following, Moussa or Fatima?

10. Je n'aime pas du tout la biologie. _____

11. J'aime mon cours d'anatomie. _____

12. J'adore mon cours de linguistique. _____

13. Aujourd'hui, tout le monde (*everybody*) trouve que les langues classiques sont utiles. _____

_____

D. On ne voit pas bien! Maurice doesn't see very well. Listen to his observations and correct what he says based on what you see.

> Vous entendez: C'est une limonade?
> Vous dites: Non, ce n'est pas une limonade.
>   Ce sont des Coca-Cola!

1.

2.

3.

4.

5.

 E.   Quelle est la nationalité des personnes? At the International House of your university, you are discussing the nationality of people with your friend Christine. Answer her questions.

> Vous entendez: Manuel?
> Vous lisez: (Mexique)
> Vous dites: Il est mexicain.

1. (France)
2. (Angleterre)
3. (Canada)
4. (Maroc)
5. (?)

La négation *ne... pas*
Expressing Disagreement
• •

A. C'est exact? Rewrite in the negative only the sentences that are not true.

1. Les éléphants parlent français. _____

   _____

2. On danse à la bibliothèque _____

   _____

3. On étudie à la librairie. _____

   _____

4. Je parle anglais. _____

_____

5. Les étudiants adorent les examens. _____

_____

6. Nous écoutons la radio en classe. _____

_____

7. Maintenant je regarde un exercice de français. _____

_____

✴**B. Réactions.** Compare your tastes with those of people you know.

Suggestions for topics: la musique punk, le base-ball, la biologie, MTV, la musique classique, le chocolat, la politique, les films français, la télévision, le travail

MODÈLE: Je n'aime pas la musique punk, mais mes camarades Jacques-Olivier et Laurent trouvent le punk super.

1. Je _____

mais (*give name*) _____

_____.

2. (*name*) _____

et moi, je _____.

3. Les étudiants de la classe _____

_____

mais moi, je _____.

4. Les professeurs _____

mais moi, je _____.

 C. Le profil de Bernard. Bernard is somewhat opinionated. First, listen once or twice to what he says about himself. Then check off his likes and dislikes.

	AIME	N'AIME PAS
1. le ski?	✓	
2. danser?		✓
3. la radio?		
4. les voyages?		
5. le camping?		
6. la psychologie?		
7. les maths?		

 D. Test psychologique. Answer the following questions about your habits. You will hear a possible response.

Vous entendez: Tu aimes travailler à la bibliothèque?
Vous dites: Non, je n'aime pas travailler à la bibliothèque.

Vous entendez: Tu travailles généralement à la maison (*at home*)?
Vous dites: Oui, je travaille généralement à la maison.

1. …   2. …   3. …   4. …   5. …

LEÇON 4: PERSPECTIVES

Faire le bilan
• •

A. Associations. Give the general word from the chapter vocabulary that includes all the items listed.

Mots possibles: femmes, hommes, amis, villes, sports, matières, lieux

MODÈLE: La littérature, l'histoire, la biologie, la chimie sont des ___matières___.

1. Paris, Tunis, Montréal, Dakar sont des _____.

2. La bibliothèque, la ville, la librairie sont des _____.

3. Bill Clinton, Denzel Washington, Andy Garcia sont des _____.

4. Sophia Loren, Glenn Close, Isabelle Adjani sont des _____.

5. Le tennis, le golf, le volley-ball, le basket-ball sont des _____.

6. Calvin et Hobbes, Snoopy et Woodstock sont des _____.

B. Un cours intéressant? Use the information in the drawing to fill in the blanks.

1. Il y a _____ étudiants dans la _____ de classe.

2. C'est _____ cours d'_____.

3. Le professeur _____ le cahier à l'étudiante.

4. Une étudiante _____ un stylo dans son sac.

5. Il y a deux étudiants qui _____ de voyager.

6. _____ jeune femme à la porte est _____ étudiante.

7. Les étudiants _____ le professeur.

✳ **C.** **Et vous?** Answer according to your situation.

1. Vous habitez un appartement, une maison (*a house*) ou la cité universitaire? _____

   _____

2. Vous aimez mieux la musique classique ou le rock? _____

   _____

3. Vous aimez mieux le café ou le Coca-Cola? _____

   _____

4. Aimez-vous mieux regarder une cassette vidéo ou aller (*go*) au cinéma? _____

   _____

5. En général, aimez-vous étudier? _____

   _____

6. Vous étudiez la littérature ou l'informatique? _____

   _____

D. **Scènes de la vie universitaire.** Use a definite or indefinite article.

Dans _____[1] salle de classe, il y a _____[2] étudiants et _____[3] professeur. _____[4] professeur explique _____[5] géométrie.

Il y a _____[6] film français dans _____[7] salle de cinéma. _____[8] spectateurs regardent _____[9] film d'aventures.

Dans _____[10] livre, il y a _____[11] photos et _____[12] autobiographie. _____[13] autobiographie est en italien.

Prononciation

• •

La liaison. In French, **liaison** refers to the linking of two words when a normally silent final consonant is pronounced before a vowel or mute **h**. This often takes place following plural articles (**les, des**) and plural subject pronouns (**nous, vous, ils, elles**). For example: **les**, but **les amis; elles**, but **elles habitent**.[1]

Répétez les expressions suivantes. Vous les entendrez deux fois. (*Repeat the following expressions. You will hear them twice.*)

1. les histoires bizarres
2. des amis agréables
3. vous habitez

4. elles aiment
5. ils étudient
6. nous arrivons

Groupes rythmiques. (*Breath groups.*) In French, as a sentence is said, each group of words linked by meaning is pronounced as if it were a single word. There is a slight stress on the final syllable. In the following exercise, the + symbol indicates the end of a breath group.

Répétez les phrases suivantes. Vous les entendrez deux fois.

1. J'ai un ami. +
2. J'ai un ami + fidèle. +
3. J'ai un ami + fidèle et sympa. +
4. J'ai un ami + fidèle et sympa + qui habite ici. +
5. J'ai un ami + fidèle et sympa + qui habite ici, + à Paris. +

À l'écoute!

• •

À la radio. A local radio station in Metz, in the northeast of France, informs its listeners about a special event. Listen to the passage as many times as necessary, then complete the following sentences.

Expressions utiles: **À l'occasion de la fête d'Internet** To celebrate Internet Day
gratuitement free of charge
a lieu takes place

1. Internet, c'est bien pour _____.
   a. trouver l'adresse d'un restaurant
   b. regarder la télévision

2. La fête d'Internet a lieu _____.
   a. jeudi
   b. vendredi

3. Pour surfer le net, on visite _____.
   a. la bibliothèque de l'université de Metz
   b. un cybercafé de Metz

4. L'accès aux ordinateurs est possible _____.
   a. après 9 heures
   b. après 18 heures

_____

[1]The linking symbol is *not* part of French writing; it appears in this exercise only to guide you.

Par écrit

Par écrit is a writing activity that appears in **Leçon 4** of **Chapitres 2–16** of your Workbook/Laboratory Manual. It includes a general purpose, audience, and goal, along with guidelines to help you organize your thoughts and polish your writing. Be sure to read through the suggested steps *before* you start writing: They will help you to write with greater ease and efficiency. And try not to rely on the dictionary as you write: The **Par écrit** activities require only vocabulary and structures that you have already studied.

Purpose: Describing (yourself or another person)

Audience: A friend or classmate

Goal: A two-paragraph character sketch

Use the following questions as a guide, and add any relevant information you can.

PARAGRAPH 1, TOPIC SENTENCE: Je me présente.

1. Comment vous appelez-vous?   2. Vous habitez la cité universitaire, dans un appartement ou dans une maison?   3. Qu'est-ce que vous étudiez?   4. Vous aimez les cours à l'université?   5. Vous aimez (adorez, détestez) le français?

PARAGRAPH 2, TOPIC SENTENCE: J'aime faire beaucoup de choses. (J'aime la vie active, *ou* J'aime la vie tranquille.)

1. Vous aimez les distractions, le sport?   2. Vous regardez la télévision? Vous écoutez la radio?
3. Vous aimez la musique classique, le jazz, le rock?   4. Qu'est-ce que vous aimez faire avec des amis?
5. Vous aimez discuter au café, flâner (*stroll*) sur le campus ou explorer les bibliothèques ?

Steps

1. The first time you read the questions, jot down brief notes in response. Then, when you begin your first draft, expand these into complete sentences.

2. Organize your work into two paragraphs using the suggested topic sentences.

3. Check the first draft for general flow, adding any interesting details that come to mind.

4. Have a classmate read your work and share his or her overall reaction.

5. Prepare your final draft, taking into account your classmate's most germane suggestions. Do a last check for spelling (including accents), punctuation, and grammar. Pay particular attention to verb forms.

Journal intime

• •

> **Journal intime** (*Personal diary*) is a special feature of your Workbook / Laboratory Manual: a forum for you to write freely in French about your own experiences, using the vocabulary and structures you are currently studying, but *without* worrying about making mistakes. You may want to set aside a special notebook to use as your **Journal intime**. Your instructor may read your diary entries and react to them from time to time, but will probably not give them a grade. By the end of the year, you will find you are writing French with ease, and your **Journal** will be a wonderful record of your progress.

Include at least the following information in today's entry:

- Your name: **Je m'appelle...**

- What pastimes you like and don't like, in general

- What subjects you are studying, and your opinion of each one: **J'aime (Je n'aime pas)**...

Limit yourself to the expressions you have learned so far. You do not need to use a dictionary.

MODÈLE: Je m'appelle Marc. J'aime beaucoup la musique... Je déteste la télévision...

Ils ont l'air gentils!

LEÇON I: PAROLES

Quatre personnalités différentes

A. Les clichés. Match the adjectives and nouns to create logical combinations.

Suggested adjectives: sérieux, excentrique, drôle, individualiste, idéaliste, calme, hypocrite, dynamique, timide, sociable, raisonnable

MODÈLE: un juge (*judge*) → un juge raisonnable

1. un artiste _____

2. un professeur _____

3. un musicien _____

4. une grand-mère _____

5. un comique _____

6. une petite fille _____

7. une écologiste _____

8. un sénateur _____

9. un poète _____

10. un homme politique _____

 B. Un nouveau job. Gérard Leclerc is looking for a job. You will hear him describe himself. As you listen, check off his characteristics on the chart. Listen as many times as necessary.

intelligent	✓	dynamique	_____
sincère	_____	enthousiaste	_____
ambitieux	_____	difficile	_____
pas paresseux	_____	raisonnable	_____
sensible	_____	égoïste	_____

Les vêtements et les couleurs

A. La mode et les saisons. Next to each of the months listed on the following page, write down three pieces of clothing you typically wear during that month.

avril	1.	
	2.	
	3.	
juin	1.	
	2.	
	3.	
septembre	1.	
	2.	
	3.	
décembre	1.	
	2.	
	3.	

✳ **B. Parlons de mode.** What are appropriate garments for these people and these situations?

MODÈLE: À la plage (*beach*), on porte un maillot de bain, des sandales et un chapeau.

1. Une femme d'affaires (*businesswoman*) porte_____.

2. Un homme qui cherche du travail porte _____.

3. Les adolescents (*teenagers*) portent aujourd'hui _____.

4. Pour skier, on porte _____.

5. Pour jouer au tennis, on porte _____.

C. Étudiants typiques. This afternoon, Suzanne is going to the university and Jean-Paul is going to the rec center. Listen to a description of what each is wearing. Stop the recording, and quickly sketch the clothing described on the figures provided. Listen as many times as necessary.

Suzanne

Jean-Paul

Regardez Suzanne.

1. …   2. …   3. …   4. …

Maintenant, regardez Jean-Paul.

1. …   2. …   3. …   4. …

Les réponses se trouvent en appendice.

D. La palette de l'artiste. What do you get by mixing (or separating) these colors?

MODÈLE: rouge + blanc = rose

1. bleu + jaune = _____

2. noir + blanc = _____

3. rouge + jaune = _____

4. bleu + rouge = _____

5. rouge + vert = _____

6. orange – jaune = _____

E. De quelles couleurs sont-ils? What colors are the following objects?

1. le drapeau américain

_____

2. le soleil

_____

3. le chat

_____

4. la plante

_____

Les amis d'Anne et de Céline

A. Qui est qui? Match each person with a description.

1. _____ Elle est rousse et dynamique.

2. _____ Il est grand. Il a les cheveux noirs et les yeux noirs. Il est sportif.

3. _____ Il est grand avec les cheveux gris et les yeux bleus.

4. _____ Elle est de taille moyenne et elle a les cheveux blonds et les yeux marron.

5. _____ Il est très petit et très drôle. Il joue dans plusieurs films.

a. Michael Jordan
b. Clint Eastwood
c. Bette Midler
d. Catherine Deneuve
e. Danny DeVito

B. L'aspect physique. Here are three students. Listen to the questions about them, and give answers based on the drawing.

Vous entendez: Qui a les cheveux blonds?
Vous dites: Caroline a les cheveux blonds.

1. ...   2. ...   3. ...   4. ...   5. ...

LEÇON 2: STRUCTURES

Le verbe *avoir*
Expressing Possession and Sensations
• •

A. Voici Véronique! What is she like? Add **est** or **a** to complete the description.

MODÈLES: Elle ___a___ chaud en classe.
Elle n'___est___ pas timide.

1. Elle n'_____ pas souvent paresseuse.

2. Elle _____ froid au cinéma.

3. Elle _____ une amie sympathique.

4. Elle n'_____ pas très sportive.

5. Elle _____ besoin de travailler.

6. Elle _____ gentille.

7. Elle _____ de Nîmes.

8. Elle _____ souvent sommeil.

9. Elle _____ toujours raison.

10. Elle _____ l'air optimiste.

11. Elle _____ maintenant vingt ans.

12. Elle _____ en cours avec nous.

B. Réactions. What is the typical reaction?

1. _____ Vous oubliez (*forget*) l'examen d'aujourd'hui.

2. _____ Il y a une orange devant vous.

3. _____ Vous êtes en Bretagne en décembre.

4. _____ Vous travaillez tout le week-end.

5. _____ Vous écoutez du rock.

6. _____ Vous avez un examen dans 90 minutes.

7. _____ Vous êtes à la Martinique en juin.

8. _____ Vous avez un A à l'examen sans étudier.

9. _____ Il y a un Coca-Cola devant vous.

a. Vous avez froid.
b. Vous avez sommeil.
c. Vous avez faim.
d. Vous avez de la chance.
e. Vous avez honte.
f. Vous avez besoin d'étudier.
g. Vous avez envie de danser.
h. Vous avez soif.
i. Vous avez chaud.

C. Conséquences. Write a caption for each of these scenes using an expression with **avoir**.

1. J'explique que cinq fois cinq font trente-cinq.

J'_____.

2. Nous sommes au casino de Monte Carlo.
Nous gagnons (*win*) 10 000 euros.

Nous _____.

3. C'est l'anniversaire d'Anne. Elle

   _____.

4. Le pauvre monsieur! Il

   _____ chien.

5. Voici Léa. Elle _____
   avec le professeur au resto-U.

 D. **Réactions logiques.** What might you say in these situations?

Expressions utiles: avoir… besoin d'étudier, de la chance, faim, froid, honte, raison, sommeil

Vous entendez: Vous étudiez beaucoup et vous êtes fatigué(e).
Vous dites: J'ai sommeil!

1. …   2. …   3. …   4. …   5. …   6. …

Les adjectifs qualificatifs
Describing People, Places, and Things
• •

A. **De quelle nationalité?** Complete the following descriptions with adjectives of nationality. (See **Chapitre 2.**)

   MODÈLE: Harrison Ford et Tom Hanks sont des acteurs ___américains___.

1. Paris est une ville _____.

2. Une Ford est une voiture _____.

3. Shakespeare et Charles Dickens sont des écrivains_____.

4. Rabat et Casablanca sont deux villes_____.

5. Gérard Depardieu est un acteur_____.

6. Dakar est une ville_____.

B. Amis semblables (*alike*). Anne is describing some friends of hers. In each case, you know people with similar qualities. Respond as in the example.

MODÈLE: Loïc est sportif. (Léa) → Léa aussi, elle est sportive.

1. Robert et Joël sont gentils. (Évelyne)

_____

2. Marguerite est très fière. (Paul et Guillaume)

_____

3. Kofti est beau. (Abena)

_____

4. Léa et Suzanne sont assez naïves. (Charles)

_____

5. Mon chat (*cat*) Chouchou est paresseux. (Ma chatte [*cat, f.*] Béatrice)

_____

6. Paolo et Vittorio sont intellectuels. (Catherine et Alma)

_____

C. C'est Simone! A reporter has made a mistake: The following story should be about Simone, a young woman, not Simon. Finish the editor's rewrite, making the necessary corrections.

Simon n'hésite pas (*isn't hesitating*). C'est un étudiant courageux et ambitieux. Grâce à une bourse (*scholarship*) généreuse, il quitte la France mardi pour aller étudier à New York. Simon est travailleur et aventureux. C'est un jeune homme sérieux qui va profiter réellement de cette expérience.

Simone n'hésite pas. C'est une _____

_____

_____

_____

_____

_____

D. Votre tempérament. Describe yourself by answering the following questions about your personality. Use **assez** (*rather*) or **très** (*very*) with the adjective. Each question is followed by a pause for your personal answer.

> Use feminine or masculine endings
> in your answers where appropriate.

Vous entendez: Vous êtes idéaliste ou réaliste?
Vous dites: Je suis assez idéaliste. *ou* Je suis très idéaliste.

1 ...   2. ...   3. ...   4. ...   5. ...

E. Maryse et Benoît. How are they different? Answer the questions based on what you see.

Vous entendez: Maryse est individualiste. Et Benoît?
Vous dites: Benoît n'est pas individualiste.

1. …   2. …   3. …   4. …   5. …   6. …

F. Une amie intéressante. Robert and Michel are talking about someone in Michel's math class. Listen once or twice to what they say. Then do the following exercise.

Robert est curieux. Il y a une étudiante intéressante dans le cours de maths de Michel…

Now listen to each of the following statements, then indicate whether each statement is true (**vrai, V**) or false (**faux, F**).

1. V   F   La nouvelle amie de Michel est française.

2. V   F   Elle n'est pas sportive.

3. V   F   Selon Michel, cette étudiante est extraordinaire.

4. V   F   Elle est très bonne en maths.

5. V   F   En cours, Michel n'aime pas être à côté d'Elizabeth.

CORRESPONDANCE

Le courrier

Complete the e-mail using the following expressions: **à, avons, demande, fière, gentille, jeune fille, porte, rose.**

DE: Sophie@image.qu.ca

À: Caroline@universpar.fr

Ma chère Caroline,

Un autre message électronique! Finalement, les ordinateurs, c'est très amusant! J'aime ton style de

vêtements. Tu es une nouvelle femme. Je suis _____[1] de toi. Isabelle rêve de te ressembler. Elle

trouve que tu es belle, drôle et _____.[2] De temps en temps, quand elle _____[3] une petite

jupe noire, un joli chemisier _____[4] et un petit sac _____[5] main, elle regarde ta photo et

_____[6]: « Est-ce que moi aussi, je suis une _____[7] élégante? » Nous _____[8] une fille

humble et modeste!

Je t'embrasse,

Sophie

Info-culture

Reread the **Flash** and **Portrait** boxes in your text, then create logical sentences using the elements in the two columns.

_____ 1. Il y a quinze pays

_____ 2. Les Français sont attachés

_____ 3. La monnaie commune de l'union européenne

_____ 4. L'enfance de Coco Chanel

_____ 5. Un des parfums créés par Coco Chanel

_____ 6. Coco Chanel est une femme élégante

a. et travailleuse.
b. dans l'Union européenne.
c. s'appelle le N° 5.
d. s'appelle l'euro.
e. est sans amour.
f. à leurs racines et à leurs traditions.

Sophie à l'appareil!

La boutique San Francisco. Today Sophie calls a boutique in Montréal to find out if the item she is looking for is available there. Listen to the conversation as many times as necessary, then decide whether the following sentences are true (**vrai, V**) or false (**faux, F**).

1. V F Sophie cherche un tailleur gris.

2. V F La dame qui travaille dans la boutique est très désagréable.

3. V F La dame propose six chemisiers.

4. V F Sophie aime le bleu.

5. V F La boutique San Francisco a un site Web.

6. V F Sophie n'a pas d'ordinateur.

Flash-culture

> ### Le Québec: une volonté[1] d'indépendance
>
> Le Québec est une province du Canada. Beaucoup de Québécois rêvent de s'émanciper[2] et désirent abandonner l'état fédéral pour créer un état indépendant à majorité française en Amérique du Nord. La population est divisée en deux camps:
>
> - Les indépendantistes: ils sont représentés par le Parti québécois.
>
> - Les fédéralistes: au Québec, ils sont toujours majoritaires et disent[3] «non» à l'indépendance—50,6 %[4] (non) contre 49,4 % (oui) au référendum sur l'indépendance d'octobre 1995.[5]
>
> Indépendance ou fédéralisme? Depuis les années 60,[6] le débat est ouvert.[7] Toute[8] la vie politique du Québec dépend de cette question.

[1]*will*   [2]*de... of becoming free*   [3]*say*   [4]cinquante virgule six pour cent
[5]mil neuf cent quatre-vingt quinze   [6]*Depuis... Since the 1960s*   [7]*open*   [8]Toute... *The whole*

A. Révisons! Reread the **Flash-culture,** then create logical sentences using elements from the two columns.

_____ 1. Beaucoup de Québécois désirent

_____ 2. Le référendum de 1995

_____ 3. Aujourd'hui le Québec

_____ 4. Les indépendantistes sont représentés

_____ 5. Les fédéralistes sont

a. reste membre de l'état fédéral.
b. toujours une force majeure au Québec.
c. par le Parti québécois.
d. créer un état à majorité française.
e. donne 50,6 % (non) contre 49,4 % (oui).

B. On est branché! For Internet links to complete the following activities, visit the *Vis-à-vis* website at www.mhhe.com/visavis.

1. Qui est le chef actuel (*current*) du Parti québécois? Quelle est sa fonction dans le gouvernement de la province?

2. Qui était (*was*) René Lévesque? Donnez quelques détails sur sa biographie et ses apports (*contributions*).

STUDY HINTS: LEARNING GRAMMAR

Learning grammar is important, but this alone will not make it possible for you to *communicate* in French. To acquire a meaningful command of French using *Vis-à-vis*, be sure to follow all of these steps:

- Start by *reading the grammar explanations*, paying close attention to the examples.

- The *brief dialogues* that introduce each point are very important, because they illustrate how the grammar is used in everyday communication. *Read through them* silently several times, and *repeat them* with a partner.

- Do the *exercises* in your text and your Workbook/Laboratory Manual. When you are certain your answers are correct, *practice out loud* with a partner. Keep repeating until the answers "feel" natural to you.

- Working with a partner, use the new material to *talk about yourselves*. Use the exercises and brief dialogues as starting points, create your own variations, and chat freely. Always remember that learning grammar is only a means to a much more important end: communication.

- Learning a language is cumulative, so you will want to *create flash cards* and *review* material from previous chapters frequently. Just five to ten minutes a day of reviewing (rather than one long cram session each week) will bring you lasting confidence and success in communicating in French.

LEÇON 3: STRUCTURES

Les questions à réponse affirmative ou négative
Getting Information

● ●

A. Qui est-ce? You want to know more about Khaled, the new student in your biology course. Ask questions using **est-ce que.**

> MODÈLE: étudier la chimie → Est-ce que tu étudies la chimie?

1. être français _____

2. parler anglais _____

3. aimer les États-Unis _____

Now ask more questions, using inversion.

> MODÈLE: manger au resto-U → Manges-tu au resto-U?

4. aimer le jazz _____

5. être ordonné (*tidy*) _____

6. étudier aussi les maths _____

B. Une amie curieuse. Suzanne wants to know everything about the new couple next door. Write out the questions that make up her half of the conversation.

> MODÈLE: SUZANNE: _____Est-ce qu'ils s'appellent Chevalier_____?
> ROLAND: Oui, ils s'appellent Paul et Marianne Chevalier.

1. SUZANNE: _____

   ROLAND: Oui, elle est française.

2. SUZANNE: _____

   ROLAND: Oui, c'est une amie de Mlle Duval.

3. SUZANNE: _____

   ROLAND: Oui, elle travaille à l'université.

4. SUZANNE: _____

   ROLAND: Oui, elle aime beaucoup le football américain.

5. SUZANNE: _____

   ROLAND: Non, il n'est pas français, il est canadien.

6. SUZANNE: _____

   ROLAND: Oui, il parle très bien français.

7. SUZANNE: _____

   ROLAND: Non, ils ne visitent pas souvent la France.

C. Où (Where) sont-ils? Annick is looking for some friends and wonders if they are at their usual haunts. Use the expressions given to ask the questions she might, as in the example.

> MODÈLE: Georges / à la bibliothèque → Est-ce que Georges est à la bibliothèque?

1. Salima / en boîte (*at the disco*)

   _____

2. Claire et Simone / à la librairie

   _____

3. M. Martin / avec Mlle Dupont

   _____

4. Naima / au resto-U

   _____

5. Philippe et Madeleine / à la cité-U

   _____

6. Henri / au café

   _____

 D. Au Prisunic. Listen to these comments that you might overhear in a French department store. You will hear each one twice. Write the name of the person who probably said it, based on the drawings.

Richard Cassandre Émilie Monique Sylvain

1. _____   4. _____

2. _____   5. _____

3. _____

E. La curiosité. You want to know more about your friend's new boyfriend, but she has not said much. Listen to each of these things you want to know, and ask her a direct question.

> Use questions with intonation or with **est-ce que.**

Vous entendez: Vous voulez savoir si (*You want to know whether*) Augustin est sympathique.

Vous dites: Il est sympathique, Augustin?

ou Est-ce qu'Augustin est sympathique?

1. ... 2. ... 3. ... 4. ... 5. ...

Les prépositions *à* et *de*
Mentioning Specific Places or People

• •

A. Départ. Mme Aubré's family is moving. She's writing a list of all the things that must be returned to their rightful owners before they leave.

MODÈLE: le livre ___des___ Ratier

1. la radio _____ Mme Laporte

2. le dictionnaire _____ professeur de Robert

3. le livre _____ copine de Valérie

4. la flûte _____ amie de Kotfi

5. les disques _____ amis de Solange

6. les chaises _____ appartement de Robert

B. À ou *de*? Caption each pair of drawings, using **à** in one sentence and **de** in the other. (Remember the combined forms **au** and **du**.)

MODÈLE: Pierre / arriver / court de tennis →

Pierre arrive au court de tennis. Pierre arrive du court de tennis.

1. les jeunes filles / arriver / bibliothèque

_____ _____

_____ _____

2. la femme / parler / monsieur

 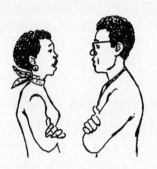

_____   _____

_____   _____

3. Claire / jouer / (basket-ball) (piano)

_____   _____

_____   _____

C. Une soirée tranquille. First, you will hear a description of this scene. Listen to it once or twice before you do the following exercise.

Now, answer the following questions according to the scene pictured.

Vous entendez: Où habitent les étudiants?
Vous dites: Ils habitent à la cité-U.

1. ...   2. ...   3. ...   4. ...   5. ...

LEÇON 4: PERSPECTIVES

Faire le bilan

• •

✳ **A. Vos préférences.** For each piece of clothing, write a sentence giving your color preference. Be careful to make adjectives and nouns agree.

> MODÈLE: un chapeau → J'aime les chapeaux noirs.

1. un pantalon _____

_____

2. une chemise _____

_____

3. un short _____

_____

4. des chaussettes _____

_____

5. un manteau _____

_____

6. des chaussures _____

_____

7. des tennis _____

_____

B. Enquête. (*Investigation.*) Use your boss's notes to write a list of questions to be asked in your investigation of industrial espionage. Use inversion and **est-ce que.**

> MODÈLE: M. Baladur / parler italian? →
>   M. Baladur parle-t-il italien? Est-ce que M. Baladur parle italien?

1. les amis de M. Baladur / rêver de voyager?

_____

_____

2. M. Baladur / travailler beaucoup?

_____

_____

3. les employés de M. Baladur / détester Paris?

_____

_____

4. Mme Baladur / aimer danser?

_____

_____

5. les secrétaires de M. Baladur / chercher un autre travail?

_____

_____

C. Les expressions avec _avoir_. Complete the following statements in a logical manner, using an expression with **avoir**.

MODÈLE: Tu es fatigué. → Tu as sommeil.

1. Il fait 35° C (degrés Celcius). Nous _____.

2. En général, les enfants n'aiment pas le noir. Ils _____.

3. Pour écrire au tableau, le professeur _____ une craie.

4. Léon gagne 2 000 euros au casino. Il _____.

5. Vous jouez au football pendant une heure. Vous _____.

6. Elle skie mais elle porte un tee-shirt. Elle _____.

7. Robert _____ chez le dentiste.

8. Après le cours de français, nous mangeons au resto-U. Nous _____.

Prononciation

Les voyelles orales. (_Oral vowels._) Some French vowel sounds are represented in the written language by a single letter. Others have a variety of spellings: The [o] sound, for example, can be spelled **o, au, eau, ô**. Practice recognizing and pronouncing some of the different vowel sounds, paying close attention to the highlighted letters.

Répétez les expressions suivantes. Vous les entendrez deux fois.

1. [a]: **a**mi / m**a**dame / c**a**nadien
2. [i]: **i**ci / d**î**ner / typ**i**que
3. [o]: **au**ssi / radi**o** / b**eau**coup / dr**ô**le
4. [ɔ]: **o**bjet / h**o**mme / sn**o**b
5. [y]: **u**niversité / r**u**e / fl**û**te

6. [e]: **é**couter / excus**ez** / cah**ier**
7. [ɛ]: qu**e**stion / tr**è**s / **ê**tre / tr**ei**ze / **ai**mer
8. [ø]: **Eu**rope / séri**eu**se / b**œu**fs
9. [œ]: j**eu**ne / profess**eu**r / b**œu**f
10. [u]: courag**eux** / **où** / c**oû**te

Les voyelles nasales. (*Nasal vowels.*) When the letter **n** or **m** follows a vowel or a combination of vowels, it frequently gives the vowel a nasal pronunciation. The **n** or **m** itself is not pronounced in these cases.

Répétez les expressions suivantes. Vous les entendrez deux fois.

1. [ɑ̃]: amphithéâtre / employer / attendez / français / plan / centre

2. [ɔ̃]: onze / oncle / bonjour / bon / nombre

3. [ɛ̃]: impatient / intéressant / synthèse / sympathique / peintre / américain

À l'écoute!

Anne-Marie Blanchard. Anne-Marie Blanchard, a young French-Canadian clothing designer, is being interviewed on the radio. Listen to the conversation as many times as necessary, then indicate whether each statement you hear is true (**vrai, V**) or false (**faux, F**).

Vocabulaire utile: les friperies   second-hand clothing stores

1. V   F   Pour Anne-Marie, le confort est très important.

2. V   F   Elle déteste les friperies.

3. V   F   Elle préfère le blanc et le jaune pour l'automne.

4. V   F   Aujourd'hui, Anne-Marie porte un tailleur.

5. V   F   Elle porte aussi une cravate d'homme.

6. V   F   Elle aime beaucoup le noir.

Par écrit

Purpose: Describing another person

Audience: Your instructor and classmates

Goal: A two-paragraph character sketch

PARAGRAPHE 1

Julie est une jeune fille individualiste. Elle habite Los Angeles. Elle aime parler de musique et de littérature. Elle n'aime pas parler de télévision. En général, elle porte un pull-over noir, un jean et des bottes noires.

PARAGRAPHE 2

Julie admire John Coltrane, Wynton Marsalis et Bobby McFerrin. Elle n'aime pas Madonna. Elle adore jouer du piano et écouter la radio. Elle est sociable et optimiste. C'est une personne dynamique.

Steps

1. Make a list of questions that will elicit the same type of information as is given in the model: **Tu habites Cincinnati? Tu es excentrique? Tu aimes la musique?**, etc.

2. During the interview, jot down the answers in abbreviated form.

3. Next, circle the responses you want to include in your composition. Start writing, adding additional descriptions whenever possible. Use the model as a guide, but try to write in your own personal style.

4. Have a classmate check your work and share his or her overall reaction.

5. Prepare your final draft, taking into account your classmate's most germane suggestions.

Do a last check for spelling, punctuation, and grammar, paying particular attention to adjectives and to the prepositions **à** and **de**.

Journal intime
●●

Write about yourself. Be sure to use complete sentences. Include the following information:

- How would you describe yourself as a person? (**Je suis…**) as a student? Review the adjectives in the chapter if you need to.
- What kinds of clothing do you like to wear? What colors do you prefer (**aimer mieux**)?

Name _____ Date _____ Class _____

CHAPITRE 4

À la maison

LEÇON 1: PAROLES

Christine, Michel et la voiture

A. Où se trouvent-ils? (*Where are they?*) Where are Christine and Michel? Circle the right preposition according to what you see.

1.

Michel est (sur / sous) le banc. Il attend Christine.

2.

Christine arrive. Elle est (dans / devant) la voiture.

3.

Michel est (sur / devant) la voiture.

4.

Christine est (à côté de / dans) la voiture. Michel est (derrière / sur) la voiture.

5.

Michel pousse la voiture. Il est
(derrière / dans) la voiture.

6.

Christine est (sous / sur) la voiture.
Elle est par terre.

 B. Où sont les hamsters de Dorothée? Listen to the following questions, then describe where Dorothée's hamsters are.

Expressions utiles: à côté de, sur, dans, derrière, devant, sous

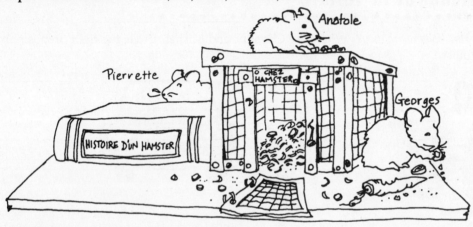

Vous entendez: Anatole est dans la cage?
Vous dites: Non, Anatole est sur la cage.

1. …   2. …   3. …   4. …   5. …

Deux chambres d'étudiants

A. La chambre est en ordre. Circle the logical word or expression.

MODÈLE: Les livres sont (sur) / *sous* le bureau.

1. Il y a des vêtements *dans / sur* la commode.

2. Les livres sur l'étagère sont *à côté des / derrière les* revues.

3. Il y a une lampe et un réveil *sur / sous* la table de nuit (*night*).

4. Le miroir est sur *le mur / le canapé.*

5. Il y a des chapeaux dans *l'armoire / le lit.*

6. Il y a une chaîne stéréo sur *le tapis / la commode.*

7. Les rideaux sont devant *la chaise / la fenêtre.*

8. Les affiches sont sur *le mur / le tapis.*

9. Les disques compacts sont à côté *de la lampe / de la platine laser.*

10. Le papier est dans *le bureau / le lavabo.*

✳ **B.** **Ma chambre à moi!** Describe your room.

MODÈLE: Sur la table, il y a... →
Sur la table, il y a des magazines et des fruits.

1. Sur le bureau, il y a _____

_____.

2. À côté de la porte, il y a _____

_____.

3. Sur les étagères, il y a _____

_____.

4. Dans la commode, il y a _____

_____.

5. Sous le lit, il y a_____

_____.

6. Les livres sont _____

_____.

✳ **C.** **On est bien chez soi!** Give a brief, personal answer.

1. Combien est-ce qu'il y a d'étagères dans votre chambre?_____

2. Avez-vous des appareils pour écouter de la musique? Lesquels (*Which ones*)?_____

_____

_____

3. Quels autres meubles avez-vous dans votre chambre? _____

_____

_____

4. Quels sont les objets importants que vous n'avez pas? _____

_____

_____

D. Un nouveau décor. You are listening to someone describe the decoration of her room. Sketch the items she mentions in their proper place. You will hear each sentence of the description twice.

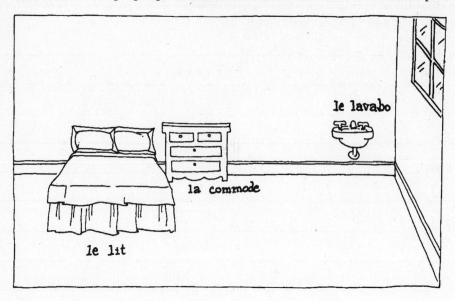

1. ...   2. ...   3. ...   4. ...   5. ...   6. ...

Les réponses se trouvent en appendice.

✳ In your opinion, what is still missing from this room? Write your answer in French.

Dans cette chambre, il n'y a pas de...

_____

_____

_____

_____

_____

LEÇON 2: STRUCTURES

Les articles indéfinis après *ne... pas*
Expressing the Absence of Something

• •

A. Qu'est-ce qui ne va pas? What's missing in this office? List five of the missing things.

MODÈLE: Les employés n'ont pas de chaises.

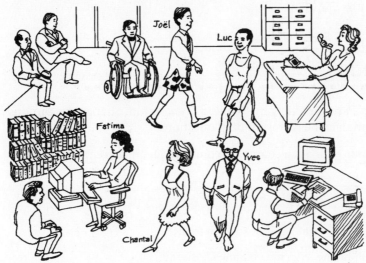

1. _____

2. _____

3. _____

4. _____

5. _____

 B. Un crime: le locataire (*tenant*) **sous le lit.** M. Lemont, a police inspector, is interrogating the apartment manager, Mme Hareng. Answer the questions for her. Turn the page to see the example.

Vous entendez: Il y a des visiteurs dans la chambre?
Vous dites: Non, il n'y a pas de visiteurs.

1. …   2. …   3. …   4. …   5. …   6. …   7. …

C. L'inspecteur continue son enquête (*investigation*). Mme Hareng has decided not to cooperate and systematically says *no* to each question. Answer the questions for her.

Vous entendez: Vous avez un chien dans l'immeuble?
Vous dites: Non, je n'ai pas de chien.

1. …   2. …   3. …   4. …   5. …

Les mots interrogatifs
Getting Information
• •

A. À Paris III. You are in Paris interviewing Sylvie, a French student, for your campus newspaper. Here are her answers. Complete the corresponding questions.

Expressions utiles: pourquoi, d'où, comment, combien de, qu'est-ce que, avec qui

VOUS: _____¹ êtes-vous?

SYLVIE: Je suis de Megève, une petite ville dans les Alpes.

VOUS: _____² habitez-vous maintenant?

SYLVIE: Maintenant j'habite avec ma cousine Catherine.

VOUS: _____³ vous étudiez?

SYLVIE: J'étudie les maths et la physique.

VOUS: _____⁴ étudiez-vous les maths?

SYLVIE: Parce que j'aime ça! Et pour trouver un bon job après.

VOUS: _____⁵ cours de maths avez-vous cette année (*this year*)?

SYLVIE: J'ai quatre cours de maths.

VOUS: _____⁶ sont les cours?

SYLVIE: Ils sont en général excellents.

B. Vous ne savez pas… (*You don't know…*) You are trying to find out more about a new acquaintance. Listen to each situation, then ask an appropriate question with **comment, où, d'où, pourquoi, qui, quel(le),** or **quand.**

Vous entendez: Vous ne savez pas le nom de la nouvelle étudiante. Que demandez-vous?
Vous dites: Comment t'appelles-tu?

1. …   2. …   3. …   4. …   5. …   6. …

C. Au Forum à Paris. It's hard to hear your friends over the noise at the Forum shopping mall. Listen to their remarks and respond with a question. Use **qu'est-ce que, qui est-ce que,** or **à qui est-ce que.**

Vous entendez: Je cherche un maillot de bain.
Vous dites: Qu'est-ce que tu cherches?

1. …   2. …   3. …   4. …   5. …

CORRESPONDANCE

Le courrier
• •

Complete the e-mail using the following expressions: **a, l'armoire, chambre, chance, charmant, loin, nouvel.**

DE: Caroline@universpar.fr

À: Sophie@image.qu.ca

Ma petite Sophie chérie,

Tu m'invites à passer l'été chez toi, dans ton _____¹ appartement? Si je suis riche avant l'été,

c'est garanti: j'arrive! L'appartement _____² l'air vraiment _____.³ Ça va être super avec

_____⁴ ancienne que vous avez! Tu as de la _____⁵! Moi aussi, je suis heureuse dans

ma petite _____.⁶ Bon, je finis ce message, parce que dans dix minutes, j'ai rendez-vous avec

un ami dans un café pas _____⁷ d'ici.

Gros bisous,

Caroline

Info-culture
• •

Reread the **Flash** and **Portrait** boxes in your text, then complete the following sentences with the words found in the right column.

1. On utilise parfois un autre nom pour parler du roi Louis

   XIV. On l'appelle le Roi-_____.

2. Louis XIV construit un grand château. Il s'appelle le

   château de _____.

3. Louis XIV invente un système de règles pour ses

   courtisans. Ce système s'appelle _____.

4. Au XVIIᵉ siècle, Montréal s'appelle _____.

5. Montréal est la deuxième ville de langue _____ au monde.

6. Dans les rues de la vieille ville de Montréal, on a encore

   l'impression d'être en _____.

a. l'étiquette
b. française
c. Soleil
d. Europe
e. Ville-Marie
f. Versailles

Sophie à l'appareil!

Au revoir, Sophie! This is the last time we hear Sophie. She is on the phone with her husband who is at home today. Listen to their conversation as many times as necessary, then choose all the correct answers for the following questions.

Expressions utiles: **Mais bien sûr** But of course
le médecin physician

1. Jérémie ne va pas bien aujourd'hui. Quels sont ses symptômes?
   a. Il a chaud.
   b. Il a froid.
   c. Il a faim.
   d. Il a soif.
   e. Il a sommeil.
   f. Il a peur du chat.

2. L'aspirine n'est pas facile à trouver. Où est-ce que Patrick cherche l'aspirine?
   a. Dans l'armoire.
   b. À droite du lavabo.
   c. Sous la commode.
   d. Derrière le canapé.
   e. Entre la chaîne stéréo et la lampe.
   f. Devant la télévision.

Flash-culture

> ### Paris et ses trésors
>
> Est-ce que Paris est la plus belle ville du monde[1]? À vous de décider. Mais que visiter en priorité? Le château de Versailles (1668[2]), ce palais gigantesque et somptueux élevé à la gloire de Louis XIV? Le Centre Pompidou (1977[3]) et son architecture révolutionnaire? La Grande Arche de la Défense (1989[4]) et ses lignes futuristes? La Bibliothèque Nationale de France (BNF) avec ses quatre immeubles en forme de livres ouverts?
>
> Oui, absolument! Il faut voir tout ça,[5] mais aussi la tour Eiffel, l'Arc de Triomphe, la pyramide du Louvre (1989) et l'Opéra!

[1]*world*   [2]seize cent soixante-huit   [3]dix-neuf cent soixante-dix-sept   [4]dix-neuf cent quatre-vingt-neuf
[5]Il… *One must see all of this*

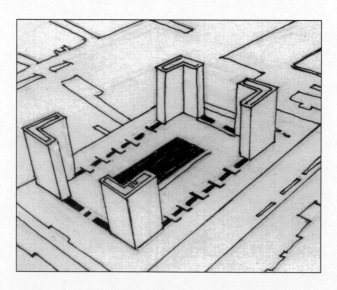

Les quatre livres ouverts de la BNF

A. Révisons! Reread the **Flash-culture** and match the names of the Paris sights to their descriptions.

1. trois exemples d'architecture moderne

   française: _____ _____ _____

2. le nouveau domicile des livres français: _____

3. les deux monuments parisiens les plus célèbres:

   _____ _____

4. le palais de Louis XIV: _____

   a. la tour Eiffel
   b. le château de Versailles
   c. la Grande Arche de la Défense
   d. la Bibliothèque Nationale de France
   e. la pyramide du Louvre
   f. l'Arc de Triomphe
   g. le Centre Pompidou

B. On est branché! For Internet links to complete the following activities, visit the *Vis-à-vis* website at www.mhhe.com/visavis.

1. Choisissez un monument parisien célèbre et recherchez des informations sur son histoire, son quartier et comment le visiter.

2. Cherchez des informations sur la nouvelle Bibliothèque Nationale de France (quartier Tolbiac). Quelles expositions (*exhibitions*) sont actuellement (*currently*) à la BNF?

LEÇON 3: STRUCTURES

Les verbes en *-ir*
Expressing Actions

• •

STUDY HINTS: LEARNING NEW VERBS

• Be sure to learn a *complete* conjugation (pronoun followed by stem + ending) for any new group of verbs and for all irregular verbs.

• Your different senses reinforce each other, so practice *saying, writing, reading,* and *hearing* all new verb forms. (Working with a partner helps!)

• Once you feel confident of the forms, ask and answer simple questions with a partner. Touch on each new verb at least once.

• Always learn the meaning of a new verb *in context.* Write out a brief, original sentence illustrating its meaning: **Je réfléchis aux questions.**

• Whenever possible, break up your studying into several short periods rather than one major cram session. You will feel fresher, learn more quickly, and retain more.

A. **Ah! les verbes!** Fill in the chart with the appropriate verb forms.

	AGIR	RÉUSSIR
les femmes		*réussissent*
je (j')		
Jean et moi	*agissons*	
tu		
vous		
une personne travailleuse		

B. **Situations.** Read the two paragraphs, then complete them using the verbs on the right.

Prudent ou impulsif? J'ai des amis qui (*who*) _____[1] avant

d'agir. Moi, par contre, je suis un impulsif: j'_____[2] souvent sans

(*without*) réfléchir. Et je _____[3] quelquefois le mauvais chemin

(*wrong path*). Mais je _____[4] en général par être content de mon choix.

agir
choisir
finir
réfléchir

Des cinéphiles. Mes amis et moi sommes passionnés de cinéma. Le vendredi, nous regardons les critiques de films récents et nous _____.[5]

Nous _____[6] quatre ou cinq films intéressants et ensuite nous votons: nous _____[7] un film pour vendredi soir. Après le film, nous _____[8] souvent par discuter nos réactions au café.

choisir
finir
réfléchir

C. Une nouvelle vie. Arthur and Mireille are looking for new jobs. Listen to Mireille, and write in the missing verbs. Listen as many times as you need to.

En ce moment, Arthur et moi, nous _____[1] de nouveaux postes (*jobs*). Nous _____[2] beaucoup aux choix possibles. Chez nous, on est raisonnable, on n'_____[3] pas avec précipitation. Mais point de vue travail, nous _____[4] assez le risque et les voyages. Nous ne voulons (*want*) pas _____[5] par trouver une situation médiocre. Ce n'est pas comme ça qu'on _____[6] sa vie. Nous, nous _____[7] une vie moins tranquille.

C'est pourquoi, en mars, nous partons pour le Sénégal…

Les réponses se trouvent en appendice.

D. La décision d'Arthur et de Mireille. Now listen to the following questions and answer them as if you were Arthur.

Vous entendez: Mireille et toi, vous cherchez de nouveaux appartements ou de nouveaux postes?
Vous dites: Nous cherchons de nouveaux postes.

1. …   2. …   3. …   4. …

La place de l'adjectif qualificatif
Describing People, Places, and Things

A. Attention à la place et à l'accord! Insert the adjectives in parentheses into the following sentences. Concentrate on both the agreement of the adjectives and their placement.

MODÈLE: J'aime les tapis. (petit, marron) →
          J'aime les petits tapis marron.

1. Marie porte une jupe. (long, bleu)

   _____.

2. Robert achète une voiture. (rouge, nouveau)

   _____.

3. C'est une étagère. (blanc, vieux)

   _____.

4. Quelle maison! (beau, ancien)

   _____.

5. Voici des fleurs. (joli, jaune)

   _____.

B. Le déménagement. Pascal is moving into a new apartment. Rewrite his description to make it more interesting by adding the adjectives given in parentheses in the correct place and in the correct form.

> C'est un appartement (beau / ancien) avec trois chambres (petit / ensoleillé). Dans le salon, il y a un canapé (bleu / beau) et des chaises (vieux) en bois. Je partage la cuisine (grand) avec deux étudiants (étranger / jeune). Dans le quartier, je rencontre souvent des personnes (nouveau / sympathique).

_____

_____

_____

_____

_____

_____

_____

_____

C. Les voisines. (*Neighbors.*) Listen to the following conversation, then indicate whether the statements you hear are true (**vrai, V**) or false (**faux, F**).

Antoinette, une jeune étudiante belge, parle avec sa voisine, Mme Michel, une dame d'un certain âge, qui vit avec son chien et ses chats. Mme Michel a l'air triste.

Vrai ou faux?

1. V F Mme Michel peut (*can*) déjeuner au café aujourd'hui.

2. V F Mme Michel achète beaucoup de nourriture pour animaux.

3. V F Mme Michel cherche un nouvel appartement.

4. V F Antoinette a de la sympathie pour sa voisine.

5. V F L'immeuble de Mme Michel a un nouveau propriétaire.

6. V F Mme Michel est allergique à son vieux chien.

7. V F C'est la première fois que Mme Michel a ce problème.

D. La vie de Mme Michel. Listen to the following statements, then contradict each one with the opposite adjective, according to the example.

Vous entendez: C'est un nouvel appartement.
Vous dites: Non, c'est un vieil appartement.

1. ...   2. ...   3. ...   4. ...   5. ...   6. ...

LEÇON 4: PERSPECTIVES

Faire le bilan

∙∙∙∙∙∙∙∙∙∙∙∙∙∙∙∙∙∙∙∙∙∙∙∙∙∙∙∙∙∙∙∙∙

✳ **A. Personnalités compatibles.** Fill out this questionnaire so the university housing service can find you a roommate.

SERVICE DE LOGEMENT
Questionnaire personnel

Date_____

Votre nom _____ Prénom _____ Téléphone _____

Adresse _____ Ville _____ Code postal _____

Date de naissance _____ M _____ F _____ Langue(s) _____

Nationalité _____

Logement: _____ près de l'univ. _____ loin de l'univ.

Chambre partagée? _____oui _____non

Faculté _____ Année d'études _____

Programme d'études _____

Préférences: Musique: _____ classique _____ jazz _____ rock _____ country

Sports: _____ tennis _____ jogging _____ ski _____ basket

_____(autre)

Cinéma, télévision: _____ amour _____ aventure _____ documentaire

_____ science-fiction _____ informations (*news*)

_____(autre)

Pour passer le

week-end: _____ Vous étudiez le français _____ jouez / travaillez à l'ordinateur

_____ jouez du saxophone _____ écoutez de la musique

_____ organisez une fête _____ regardez un film

Autre(s) passe-temps: _____

Divers: Vous étudiez: _____ dans votre chambre _____ à la bibliothèque

Vous parlez au téléphone: _____ constamment _____ beaucoup _____ un peu

Vous avez: _____ un chien _____ un chat

Vous avez: _____ une voiture _____ une mobylette (*scooter*)

Vous finissez: _____ tôt (*early*) _____ tard

Personnalité: _____ sympathique _____ dynamique _____ génial(e)

_____ charmant(e) _____ sérieux/ieuse _____ poli(e)

_____ sportif/ive _____ (autre)

Politique: _____ libéral(e) _____ conservateur/trice

Physique: taille: _____ cheveux: _____ yeux: _____

B. Ah! les verbes! Take a moment to review the two regular conjugations and the two irregular verbs you have learned so far.

	LOUER	CHOISIR
je		
mes amis		
Laure	*loue*	
tu		*choisis*
vous		
Khaled et moi		

	ÊTRE	AVOIR
tu		
Jacqueline		
les étudiants		
je (j')		*ai*
Michaël et moi	*sommes*	
vous		

✳ **C. Questions à poser.** The housing service has found you some possible roommates. Write out four questions you will ask these people when they call to say they're interested.

1. _____
2. _____
3. _____
4. _____

✳ **D. Réflexions sur la vie.** Give your own answers.

1. Quel âge avez-vous? _____

   _____

2. À votre avis, quel est l'âge idéal? Pourquoi? _____

   _____

3. Qu'est-ce que vous avez envie de faire (*to do*) dans la vie? _____

   _____

4. De quoi avez-vous besoin pour réussir votre vie? _____

_____

5. En général, avez-vous de la chance ou non dans la vie? Commentez. _____

_____

E. Posez des questions! Imagine the questions that might elicit the following answers.

MODÈLE: Qui a 20 ans dans la classe de français? →
Ce n'est pas le professeur!

1. _____

Demain, si je n'ai pas beaucoup de travail.

2. _____

Il est incroyablement (*incredibly*) sympathique!

3. _____

Mon cousin Paul étudie aussi le français.

4. _____

Il y a vingt étudiants dans le cours.

5. _____

Parce qu'elle a peur de parler en cours.

6. _____

Nous finissons le livre vendredi, je pense.

7. _____

Non, je loue une chambre à côté de l'université.

8. _____

Je porte un jean. Ça va?

Prononciation

● ●

Les accents. In French, some accent marks do not influence pronunciation. The **accent grave** (`) on **a** and **u,** for example, is used to distinguish words spelled alike but having different meanings: **la** (*the*) versus **là** (*there*), or **ou** (*or*) versus **où** (*where*). The **accent circonflexe** (^), as well, sometimes has no influence on pronunciation. Other accent marks do affect pronunciation. In the following exercise, pay close attention to how the sound of **e** changes with different accents, to the sound of **o** with the **accent circonflexe,** and to the independent vowel sounds indicated by the **tréma** (¨). Also take note of the soft **c** sound produced by the **cédille** (¸).

Répétez les expressions suivantes. Vous les entendrez deux fois.

1. cité / numéro / cinéma / téléphone / étudiante / répétez

2. très / système / problème / sincère / fière / bibliothèque

3. être / fenêtre / prêt / forêt / honnête / bête

4. drôle / hôtel / Jérôme

5. Noël /naïf / Joël

6. ça / façon / fiançailles

À l'écoute!

Un camarade de chambre. Gabriel, a rather eccentric young man, is looking for a roommate. He is reading aloud the ad he is about to place in the paper. Listen to him as many times as necessary, then select the answers that best complete the following sentences.

1. Le camarade de chambre idéal de Gabriel est _____.
   a. intelligent et amusant
   b. naïf et patient

2. La chambre à louer est _____.
   a. dans un nouvel immeuble
   b. près de l'université

3. Gabriel recherche un camarade qui a _____.
   a. une chaîne stéréo, un ordinateur, un canapé, une télévision et deux lits
   b. une chaîne stéréo, un ordinateur, un canapé, une télévision et un téléphone

4. Gabriel passe beaucoup de temps _____.
   a. à l'université
   b. au café

Par écrit

Function: More on describing a person

Audience: School newspaper

Goal: An article about Izé Bola, a new exchange student

Izé tells about herself: «Je m'appelle Izé Bola. J'habite en Côte-d'Ivoire. Je suis aux États-Unis pour améliorer mon anglais. Je me spécialise en sciences. Un jour, je veux (*want*) être médecin comme mon père.»

Steps

1. Complete the following sentences. Then write two or three sentences of your own, making inferences based on Izé's statements and making up plausible details.

   Izé est étudiante en biologie. Elle veut (*wants*)…

   Elle a aussi envie…

   Elle a l'air…

   Elle a _____ ans.

   Elle étudie aux États-Unis parce que…

   C'est une jeune fille…

Elle parle…

Elle aime surtout (*especially*)… mais elle n'aime pas du tout…

2. Try to make Izé come alive for your readers. A few techniques:

- Give vivid and specific details about Izé's personality, interests, taste in clothing, and so on.

- Include some direct quotes from Izé. How does she express herself?

- Place the most interesting points at the beginning or end of a sentence, so that they stand out.

As always, read your first draft "cold" (perhaps after taking a break) for organization and flow. It is best if you and a classmate check each other's work. Double-check your final draft for spelling, punctuation, and grammar, especially your use of verbs.

Journal intime
• •

Describe one of the following places in as much detail as possible: your room at home or the room of your dreams (**la chambre idéale**). Be sure to use complete sentences. Include the following information:

- What objects are in the room?

- What is the atmosphere of the room like?

- What kinds of things go on there?

MODÈLE: Ma chambre est unique parce qu'elle…

RÉCAPITULONS! CHAPITRES 1 À 4

> **Récapitulons!** is a review section that appears after **Chapitres 4, 8, 12,** and **16** of *Vis-à-vis*. It gives you the opportunity to practice vocabulary and grammatical structures you learned in the preceding chapters.

A. Toujours les bonnes manières! Ask the questions that correspond to the following answers.

1. —_____

—De rien!

2. —_____

—Très bien, merci. Et toi?

3. —_____

—Je m'appelle Rémi Caron.

4. —_____

—Salut Gabriel!

5. —_____

—Ah oui! je comprends. Merci, madame.

B. À la réception. You are working at the lobby desk at the International House on campus. Listen to various students' phone numbers. Write down the missing figures.

KENNETH: 03–43–48–(23)–31
AIMÉE: 03–59–22–_____–17
BERNARD: 03–18–_____–30–21
JACQUELINE: 03–36–13–59–_____
MARIE: 03–27–_____–14–08

Les réponses se trouvent en appendice.

C. Nous sommes étudiants. Write correct and complete sentences with the following elements.

1. Robert / étudier / physique / et / biologie / à / université

_____

2. il / être / étudiant / et / habiter / à / Marseille

_____

3. Marie et Jacques / aimer / rock / mais / Patrice / aimer mieux / musique classique

_____

4. Sophie et moi, nous / regarder / télévision / et / nous / écouter / radio

_____

5. nous / manger bien / et / ne... pas / fumer

_____

D. Étudiants francophones. Listen to separate statements by Marie-Laure and Khaled, two French-speaking students studying in Los Angeles. As you listen, fill in the chart.

	MARIE-LAURE	KAHLED
Nationalité?		
Âge?	23 ans	ans
Activités		
Études?		
Travail?		
		dans une galerie d'art moderne
Intérêts et distractions?		
	la danse	
		jouer au volley-ball

Les réponses se trouvent en appendice.

E. Voici Monique. Combine the following elements to create complete sentences.

1. Monique / ne... pas / être / sportif / mais / elle / être / dynamique

_____

2. elle / avoir / cheveux / blond / et / yeux / marron

_____

3. elle / aimer porter / vêtements / beau / confortable

_____

4. le / ami de Monique / arrive / Europe / aujourd'hui

_____

5. il / avoir / 30 ans / et / jouer / piano

_____

F. Dictée. Listen to Grégoire and Virginie talk about Grégoire's wardrobe needs. Then, listen a second time while you complete the passage in writing.

GRÉGOIRE: Nous partons pour le week-end, _____[1]? Écoute, Virginie, mes

_____[2] vraiment impossibles.

VIRGINIE: _____[3] vrai. Ton _____[4]-là par exemple,

_____[5]...

GRÉGOIRE: Regarde, au Puce Market _____[6] et des jeans

_____[7] et pas chers.

VIRGINIE: Tu _____ [8] les grands magasins (*department stores*): le Printemps,

les Galeries Lafayette?

GRÉGOIRE: Tu sais que _____ [9]... pour les vêtements.

Les réponses se trouvent en appendice.

G. Un dîner au restaurant. Ask the questions that correspond to the following answers.

1. _____

   Ils sont *au restaurant*.

2. _____

   Ils vont au restaurant *parce qu'ils ont faim!*

3. _____

   Robert aime *les steaks*, mais Thomas aime mieux *le poisson* (*fish*).

4. _____

   Ce restaurant est *excellent*.

5. _____

   Il y a *trente-six* clients au restaurant.

H. Une vie satisfaisante. Marie-Claude is describing her life to an old friend. Look at the following list. Then, as you listen, check off the items that she says are part of her life.

_____ un petit studio   _____ un micro-ordinateur

_____ une villa magnifique à Monaco   _____ de bons amis

_____ une camarade de chambre   _____ des cours intéressants

_____ un canapé confortable   _____ des cours d'art

_____ un magnétoscope (*VCR*)   _____ des profs intelligents

Les réponses se trouvent en appendice.

De génération en génération

LEÇON I: PAROLES

Trois générations d'une famille

> **Attention!** Starting in this chapter, most directions are given in French.

A. Les parents. Choisissez l'expression logique. (**é. = épouse** [*marries*])

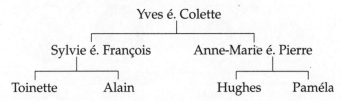

Yves é. Colette

Sylvie é. François   Anne-Marie é. Pierre

Toinette   Alain   Hughes   Paméla

MODÈLE: Paméla est *la cousine* / *la sœur* de Toinette.

1. Alain est *le frère* / *le fils* de Sylvie.

2. Anne-Marie est *la fille* / *la femme* de Pierre.

3. Paméla est *la fille* / *la petite-fille* de Colette.

4. Toinette est *la sœur* / *la fille* d'Alain.

5. Sylvie est *la tante* / *la cousine* d'Hughes.

6. François est *le frère* / *le mari* de Sylvie.

7. Alain est *le cousin* / *le neveu* de Pierre.

8. Yves est *l'oncle* / *le père* d'Anne-Marie.

B. La famille au complet. Complétez les phrases.

1. Le père de ma (*my, f.*) mère est mon (*my, m.*) _____.

2. Le fils de ma fille est mon _____.

3. La mère de mon frère est ma _____.

4. Le frère de ma cousine est mon _____.

5. La fille de mon oncle est ma _____.

6. Le fils de mes parents est mon _____.

7. Le frère de ma fille est mon _____.

8. La sœur de mon père est ma _____.

 C. Notre arbre généalogique. Écoutez Georges Monnier et regardez son arbre généalogique. Écrivez le prénom des membres de sa famille.

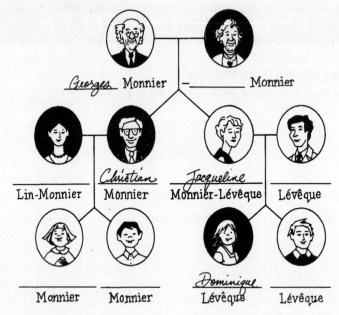

Les réponses se trouvent en appendice.

 D. La famille de Dominique. Regardez la position de la petite Dominique Lévêque sur l'arbre généalogique, puis répondez aux questions. Qui sont ces personnes par rapport à (*in relation to*) Dominique?

Vous entendez: Qui est Jacqueline?

Vous écrivez: C'est: (sa mère) / sa sœur / sa tante

1. C'est: sa mère / sa sœur / sa tante

2. C'est: son grand-père / son oncle / son frère

3. C'est: son grand-père / son oncle / son frère

4. Ce sont: ses parents / ses grands-parents / ses cousins

5. Ce sont: ses sœurs / ses cousins / ses cousines

Chez les Chabrier
• •

A. Un bel appartement. Écrivez le nom de chaque pièce sur le dessin.

1
_____

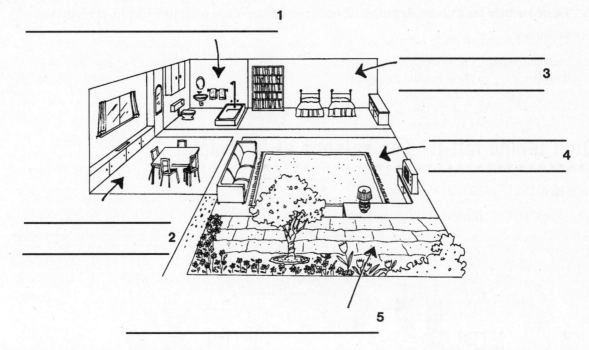

3
_____
_____

4
_____
_____

2
_____

5
_____

Maintenant décrivez l'appartement.

6. La salle de séjour est _____.

7. Il y a _____

   mais il n'y a pas _____.

8. Dans la cuisine, _____.

9. La salle de bains a _____.

10. Il y a aussi_____.

 B. Chez les Dubois. Regardez la maison et les membres de la famille. Écoutez chaque phrase, puis indiquez si elle est vraie (**V**) ou fausse (**F**).

Voici M. et Mme Dubois, leur fils Jean-Louis, leur fille Micheline, et M. et Mme Carnot, les parents de Mme Dubois.

1. V F   5. V F

2. V F   6. V F

3. V F   7. V F

4. V F   8. V F

C. Le décor chez les Dubois. Regardez de nouveau l'image de la page précédente, et répondez aux questions.

Vous entendez: Où se trouve le canapé?
Vous dites: Dans la salle de séjour.

1. …   2. …   3. …   4. …   5. …   6. …

Quel temps fait-il? Les saisons et le temps

La météo. Décrivez le temps qu'il fait.

MODÈLE: Il pleut et il fait du vent.

1. _____

_____

2. _____

_____

3. _____

_____

4. _____

_____

LEÇON 2: STRUCTURES

Les adjectifs possessifs
Expressing Possession

• •

A. Qui possède quoi? Récrivez les phrases suivantes en faisant les substitutions indiquées.

1. Nous parlons à *notre sœur.*

   a. (grands-parents) _____

   b. (oncle) _____

   c. (enfant) _____

2. Toi, tu habites avec *ta mère?*

   a. (frères) _____

   b. (amie) _____

   c. (mari) _____

3. J'étudie avec *mon professeur.*

   a. (amis) _____

   b. (dictionnaire) _____

   c. (sœur) _____

4. Vous dîner avec *vos amis.*

   a. (parents) _____

   b. (fils) _____

   c. (famille) _____

B. Sophie et Guy. Complétez de manière logique avec **son, sa, ses, leur** ou **leurs.**

1. Guy a une fille. C'est _____ fille.

2. Sophie a aussi une fille. C'est _____ fille.

3. Guy a un fils. C'est _____ fils.

4. Sophie a aussi un fils. C'est _____ fils.

5. Guy a des enfants. Ce sont _____ enfants.

6. Sophie a des enfants aussi. Ce sont _____ enfants.

7. Guy et Sophie sont mari et femme. _____ enfants sont Mirabelle et Cédric.

8. Voici le chien de Guy et Sophie. Bobino est _____ chien.

✳ **C. Générosité.** Que partagez-vous? (*What do you share?*) Pour chaque personne, mentionnez deux ou trois choses qu'elle partage et deux ou trois choses qu'elle ne partage pas.

  MODÈLE: Je partage ma cuisine, mes livres et mon auto, mais je ne partage pas mes
       chaussures, ma brosse à dents (*toothbrush*) ou mes vêtements.

1. Je partage _____

_____

_____.

2. Ma famille et moi, nous partageons _____

_____

_____

_____.

3. Mon copain/Ma copine partage _____

_____

_____

_____.

 D. Qui arrive aujourd'hui? Réagissez aux remarques de Sylvie en suivant le modèle.

Vous entendez: Voici la mère de mon père.
Vous dites: Ah! c'est ta grand-mère, alors.

1. … 2. … 3. … 4. … 5. …

E. **Deux cousins.** Cet après-midi, Luc et Sophie jouent chez leur grand-mère. Regardez le dessin et répondez aux questions.

Vous entendez: C'est la cravate de Luc?
Vous dites: Non, ce n'est pas sa cravate.

1. ... 2. ... 3. ... 4. ... 5. ...

Le verbe *aller* et le futur proche
Talking about Your Plans and Destinations

A. **Où est-ce qu'on va?** Vous faites visiter (*are showing*) l'université à un nouvel étudiant.

Suggestions: bibliothèque, (en) boîte (*disco*), librairie, restaurant, salle de récréation…

MODÈLE: nous / envie de manger →
Quand nous avons envie de manger, nous allons au restaurant.

1. les jeunes / envie de danser _____

_____

2. les étudiants / envie d'étudier _____

_____

3. nous / besoin de stylos _____

_____

4. on / faim _____

_____

5. tu / envie de regarder la télé _____

_____

6. je / envie de m'amuser (*have fun*) _____

_____

✳**B.** **Projets.** Indiquez quand que vous allez faire six de ces activités: **danser, manger de la pizza, réussir à un examen, aller au cinéma, parler français, skier, aller en cours, visiter la bibliothèque, téléphoner à _____ , porter un maillot de bain.**

Expressions utiles: aujourd'hui, ce soir, demain, vendredi, la semaine prochaine, en juin

Expliquez votre réponse, si possible.

MODÈLE: Je vais téléphoner à ma sœur lundi, parce que j'aime discuter avec elle.

1. _____

_____

2. _____

_____

3. _____

_____

4. _____

_____

5. _____

_____

6. _____

_____

C. Comment vas-tu? Sylvie parle avec Marc, son cousin. Donnez les réponses de Sylvie en suivant le modèle.

Vous entendez: Salut, Sylvie! Comment vas-tu?
Vous dites: Je vais bien, merci.

1. …   2. …   3. …   4. …   5. …

D. Où va-t-on? Écoutez chaque remarque en regardant le dessin correspondant. Ensuite, repondez à la question.

Vous entendez: Gérard passe le samedi soir à regarder un bon film.
                 Où va-t-il, alors?
Vous dites: Il va au cinéma.

1.   2.

3.   4.   5.

E. Qu'allez-vous faire? Dans chaque cas, répondez à la première question avec **aller** + infinitif, et ensuite répondez vous-même à la deuxième question.

Vous entendez: Aujourd'hui, Martine travaille. Et demain?
Vous dites: Demain, elle va aussi travailler.

Vous entendez: Et vous, vous allez travailler demain?
Vous dites: Non, demain, je ne vais pas travailler.

1. …   2. …   3. …   4. …

CORRESPONDANCE

Le courrier
• •

Complétez la carte postale avec les expressions suivantes: **arrière-grand-mère, ce, faire, il, ma, mariée, quel, rendre.**

CARTE POSTALE

Cher Michel,

_____¹ fait très chaud aujourd'hui. Et en France,

_____² temps fait-il? Cet après-midi, je vais _____³ des

courses avec Mariama, _____⁴ sœur, et _____⁵ soir, je

vais _____⁶ visite à mon copain Amadou. Il habite une

grande maison de Dakar où vivent ensemble cinq générations.

L'_____⁷ d'Amadou est encore vivante, et une de ses

sœurs est _____⁸ et a déjà un fils. La famille est très

importante pour les Sénégalais. J'espère que ton anniversaire

en famille se passe bien.

J'attends une lettre de France!

Ton copain Malik

Info-culture
• •

Relisez le **Flash** et le **Portrait** dans votre livre, puis indiquez si les phrases suivantes sont vraies (**V**) ou fausses (**F**).

1. V F Léopold Sédar Senghor est un homme politique du XIXᵉ siècle.

2. V F C'est un poète et il fait partie de l'Académie française.

3. V F C'est un ancien président sénégalais.

4. V F Un enfant français sur deux naît (*is born*) d'un couple non-marié.

5. V F Les jeunes des grandes villes, les diplômés et les femmes sont plus en faveur de l'union libre.

6. V F Depuis (*Since*) 1995, l'union libre a beaucoup plus d'avantages.

🎧 Malik à l'appareil!

●●●●●●●●●●●●●●●●●●●●●●●●●●●●●●●●●●●●●●●

> In the **Correspondance** section of the *Vis-à-vis* Workbook/Laboratory Manual, for
> **Chapitres 5–8,** you hear Malik, Michel's friend, talking with people throughout
> French-speaking Africa. Remember: Feel free to listen as many times as you need to,
> and aim to grasp the essential information in each conversation.

Salut, Aïché! Malik téléphone à Aïché, une amie de Dakar qui organise des tours. Écoutez leur
conversation, puis indiquez si les phrases suivantes sont vraies (**V**) ou fausses (**F**).

1. V F Aïché a beaucoup d'énergie aujourd'hui.

2. V F Des touristes français arrivent dans un moment.

3. V F Malik refuse d'accompagner les touristes.

4. V F Aïché a déjà préparé (*has already prepared*) un itinéraire.

5. V F Malik aime son travail.

Flash-culture

●●●●●●●●●●●●●●●●●●●●●●●●●●●●●●●●●●●●●

L'Afrique, un continent jeune

Aujourd'hui en Afrique, la moitié[1] de la population a moins de[2] vingt ans. La population du
continent augmente de 2,5 % à 3,7 %[3] par an. À ce rythme,[4] la population d'un pays double en 25
ans maximum.

　　L'origine de cette explosion démographique? En Afrique, la famille est en général une
institution solide. Souvent, les hommes et les femmes ont beaucoup d'enfants parce que l'enfant
apporte[5] le prestige social et le bonheur.[6]

　　Voilà pourquoi en 2025,[7] l'Afrique va être, après l'Asie, le deuxième[8] continent le plus peuplé[9]
au monde!

[1]la… *half*　　[2]moins… *less than*　　[3]2,5… deux virgule cinq pour cent à trois virgule sept pour cent
[4]À… *At that rate*　　[5]*brings, contributes to*　　[6]le… *happiness*　　[7]deux mille vingt-cinq　　[8]*second*　　[9]*populated*

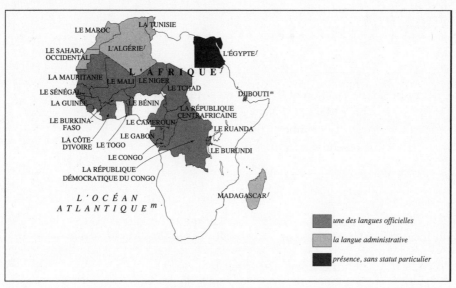

Le français en Afrique

A. **Révisons!** Relisez le **Flash-culture,** puis choisissez la bonne réponse.

1. En Afrique, aujourd'hui, la moitié de la population a moins de _____ ans.
   a. dix   b. vingt   c. vingt-cinq

2. En 25 ans, _____ de certains pays risque de doubler.
   a. l'âge   b. la superficie (*area*)   c. la population

3. En Afrique, en général, l'enfant apporte _____ et le bonheur.
   a. le prestige social   b. la richesse   c. la liberté

4. En 2025, l'Afrique va être le _____ continent le plus peuplé au monde.
   a. premier (1er)   b. deuxième (2e)   c. troisième (3e)

B. **On est branché!** Visitez le site Internet de *Vis-à-vis* (www.mhhe.com/visavis) pour obtenir les liens donnant les réponses aux questions suivantes.

1. Les pays africains francophones participent au Sommet de la Francophonie, un congrès international qui a lieu tous les deux ans (*takes place every other year*). En 1999, les pays membres se réunissent au Canada (à Moncton, au Nouveau-Brunswick.) Trouvez et nommez dix pays francophones d'Afrique membres du Sommet.

2. Trouvez le taux de croissance démographique (*rate of population growth*) de deux ou trois pays africains francophones.

LEÇON 3: STRUCTURES

Le verbe *faire*
Expressing What You Are Doing or Making
• •

A. En vacances. Les Ferretti sont au bord de la mer (*at the seaside*). Mme Ferretti écrit à une amie. Complétez le texte avec le verbe **faire,** puis répondez aux questions.

La vie ici au bord de la mer est très simple. Je _____¹ un peu de cuisine et les enfants

_____² la vaisselle. On ne _____³ pas beaucoup de lessive et nous

_____⁴ le ménage ensemble. C'est vite fait.

Le matin, mon mari et moi _____⁵ du jogging. L'après-midi, j'aime _____⁶

de longues promenades. Les enfants préfèrent _____⁷ du sport. Paul _____⁸

du tennis et Anne _____⁹ de la voile (*sailing*). Tous les deux (*Both*) _____¹⁰

la connaissance de beaucoup d'autres étudiants. C'est une vie bien agréable.

11. Est-ce que Mme Ferretti est contente de ses vacances? _____

12. Qui est sociable dans la famille? _____

13. Et vous, que faites-vous au bord de la mer? _____

B. Que font-ils? Employez une expression avec le verbe **faire** dans vos réponses. Écrivez des phrases complètes.

Mme Delorge   Robert   Marguerite

M. Delatour   M. Henri   Mlle Gervalis   Marie-Rose   M. Duval   Éric

MODÈLE: M. Delatour _____ fait une promenade _____.

1. Mlle Gervais _____.

2. Mme Delorge _____.

3. Marie-Rose _____.

4. Robert _____.

5. Marguerite _____.

6. Éric _____.

C. Et ces gens? Qu'est-ce qu'ils font? Regardez le dessin et répondez aux questions.

Geneviève   Mme Delorge   Robert   Marguerite

La Poste

M. Delatour   M. Henri   Mlle Gervais   Marie-Rose   M. Duval   Éric

Vous entendez: Qui fait un voyage?
Vous dites: C'est Marie-Rose.

1. ...   2. ...   3. ...   4. ...   5. ...   6. ...   7. ...   8. ...

D. Obligations. Écoutez la situation, et répondez à la question.

Expressions utiles: faire mes devoirs, du sport, la cuisine, le ménage, la vaisselle

Vous entendez: Tes amis arrivent et ton appartement est en désordre.
                 Qu'est-ce que tu as besoin de faire?
Vous dites: J'ai besoin de faire le ménage.

1. ...   2. ...   3. ...   4. ...

Les verbes en *-re*
Expressing Actions

A. Ah! les verbes! Complétez le tableau.

	PERDRE	RENDRE	ATTENDRE	VENDRE
mon neveu				
mes cousines				
je/j'				
nous				

B. Visite au musée d'Orsay. Complétez le texte avec les verbes de la colonne de droite.

Les amis _____¹ l'autobus pendant 20 minutes devant leur immeuble.

Maurice donne 20 francs au conducteur, qui lui _____² sa monnaie

(*change*). Quand ils _____³ le conducteur annoncer leur arrêt (*stop*), ils

_____⁴ devant le musée. Geoffroy ne veut pas (*doesn't want*)

_____⁵ une minute. Il va tout de suite regarder les tableaux de Cézanne.

Maurice, lui, pose toutes sortes de questions, mais Geoffroy _____⁶

sans beaucoup réfléchir. Il rêve d'être artiste.

Après deux heures (*hours*) au musée, ils _____⁷ visite à Olivier, un

étudiant en médecine qui habite dans le quartier.

attendre
descendre
entendre
perdre
rendre (2)
répondre

✳**C. Qu'est-ce qui se passe?** Décrivez la scène en vous servant des verbes suivants: **attendre, perdre, répondre, entendre, descendre.**

_____

_____

_____

_____

_____

_____

D. Une visite. Écoutez l'histoire de François en regardant les dessins. Mettez les dessins dans l'ordre chronologique selon l'histoire. Numérotez les images de 1 à 4.

_____   _____   _____   _____

E. François et Carine. Écoutez chaque question et écrivez la réponse. Basez vos réponses sur les dessins de l'exercice **D.**

Vous entendez: Sur le dessin numéro 1, qu'est-ce que François attend?

Vous écrivez: _____*Il attend*_____ un coup de téléphone.

1. _____ le téléphone.

2. Oui, _____ au téléphone.

3. _____ des fleurs.

4. _____ rue Meursault.

5. _____ à Carine.

6. Non, _____ leur temps.

Les réponses se trouvent en appendice.

LEÇON 4: PERSPECTIVES

A. Un peu de généalogie. Complétez l'arbre généalogique d'après (*according to*) les phrases suivantes.

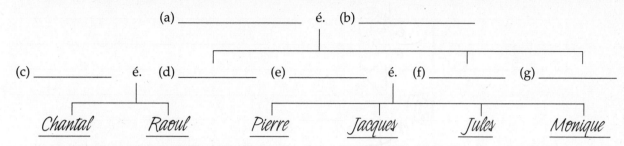

(a) _____ é. (b) _____

(c) _____ é. (d) _____ (e) _____ é. (f) _____ (g) _____

Chantal   *Raoul*   *Pierre*   *Jacques*   *Jules*   *Monique*

1. Le père de Monique s'appelle Geoffroy.
2. Mathilde est sa femme.
3. Catherine Morin a quatre petits-fils et deux petites-filles.
4. Marie-France est la fille de Catherine et d'Arthur.
5. Monique a une cousine qui s'appelle Chantal.
6. La tante de Chantal s'appelle Marie-Christine.
7. Mathilde a deux belles-sœurs, Marie-Christine et Marie-France, et trois fils, Pierre, Jacques et Jules.
8. Marie-France est leur tante.
9. Le fils de Marie-France s'appelle Raoul.
10. Jules est le neveu de Rémi.

B. Réactions. Complétez chaque phrase avec un adjectif.

Suggestions: courageux, drôle, fatigué, impatient, paresseux, poli, timide, travailleur

MODÈLE: mes parents / faire le marché →
         Quand mes parents font le marché, ils sont impatients.

1. nous / faire les devoirs _____

_____

2. je / faire des courses _____

_____

3. je / faire la connaissance d'un professeur _____

_____

4. mon père (ma mère) / faire la cuisine _____

_____

5. mes amis / faire une promenade _____

_____

✳**C. Parents, amis.** Nommez cinq personnes—des membres de votre famille ou des amis—et faites un commentaire sur chacune (*each*).

MODÈLE: Ma cousine Mary Ellen habite en Californie avec son mari et ses trois enfants.

1. _____

2. _____

3. _____

4. _____

5. _____

D. Voici Mauricia! Dans cet article tiré du magazine *20 Ans*, on présente une Française d'outre-mer (*overseas*). Lisez-le, puis répondez aux questions avec des phrases complètes.

Vocabulaire utile: croise   *meets*
un mannequin   *fashion model*

Nom: Francis
Prénom: Mauricia
Née à Sainte-Lucie
Agence: Zen
Age: 21 ans
Taille: 1,76 m
Yeux: noirs
Cheveux: noirs
Signe: Taureau

À 15 ans, elle quitte Rémir-Mont-Joli en Guyane, ses parents et ses trois sœurs chéries pour finir ses études dans un pensionnat d'Arcachon. C'est en vacances là-bas qu'elle croise le directeur d'un magazine féminin. Vous êtes mannequin? Non, pourquoi? Mister Goodluck lui ouvre son calepin. Elle y pique quelques adresses d'agences.

1. Quel est le nom de famille de Mauricia? _____

2. Dans quel pays habite sa famille? _____

   Sur quel continent? _____

3. Combien de personnes est-ce qu'il y a dans sa famille? _____

   _____

4. Pourquoi est-elle en France? _____

   _____

5. Qu'est-ce que le directeur du magazine féminin propose à Mauricia? _____

   _____

Prononciation

L'intonation. Intonation refers to the rise and fall of the voice in an utterance. It conveys the emotion and intention of the speaker. In French declarative sentences (that is, sentences conveying facts), the intonation rises within each breath group. It falls at the end of the sentence, within the final breath group. In exclamations and commands, intonation starts rather high at the beginning and falls toward the end of the sentence.

Répétez les phrases suivantes.

1. Je m'appelle Marcel Martin.

2. Ma sœur s'appelle Evelyne.

3. Il y a beaucoup de monde chez nous.

4. Quelle famille charmante!

5. Que tu es gentil!

6. Écoutez bien!

L'intonation interrogative. In a question calling for a *yes* or *no* answer, French intonation rises at the end. In an information question, intonation begins at a high level and descends at the end.

Répétez les phrases suivantes.

1. Ça va?

2. C'est ta mère?

3. Tu viens?

4. As-tu envie de danser?

5. Comment allez-vous?

6. Quand arrive-t-on?

7. Qu'est-ce que c'est?

8. Pourquoi ne manges-tu pas?

À l'écoute!

Quelle animation! Sandrine relit à voix haute la lettre qu'elle va envoyer à son amie. Écoutez sa lettre, puis choisissez les réponses aux questions suivantes.

1. Comment s'appelle la femme de Raphaël?
   a. Alice   b. Danielle

2. Qui est Frédéric?
   a. le cousin de Sandrine   b. l'oncle de Sandrine

3. Et ce matin, qu'est-ce qu'on fait?
   a. le ménage   b. la cuisine

4. Quel temps fait-il aujourd'hui?
   a. Il fait chaud.   b. Il fait froid.

5. Avec qui est-ce que Frédéric va arriver?
   a. avec Tatie Danielle   b. avec une jeune fille

Par écrit

> Remember, **Par écrit** activities require only vocabulary and structures you have already learned. You do *not* need to use a dictionary.

Function: Describing a place

Audience: Your classmates and instructor

Goal: Write a description of a home

Steps

1. Start by brainstorming. What is "home" for you? Jot down adjectives that describe it, its furnishings, its real or ideal inhabitants, and what you do there.

2. Choose the general tone you wish to adopt: A detached or objective tone would result from a simple, factual description and a more emotional tone would result from your focusing on your feelings. It might include such words as **aimer, adorer,** and **détester**.

3. Settle on a vantage point. Will you move through a number of rooms and convey what you see there? Will you describe your home from one fixed point, like the living room or the garden?

4. Organize your ideas and create an outline.

5. Write your first draft. Take a break, then reread it for organization and consistency.

6. Have a classmate check your work.

7. Prepare your final draft, taking into account your classmate's most germane remarks. Check the draft for spelling, punctuation, and grammar. Focus especially on your use of possessive adjectives and on the verbs **faire** and **aller**.

Journal intime

Dessinez (*Draw*) votre arbre généalogique. Puis choisissez trois ou quatre membres de votre famille et décrivez l'aspect physique de chaque personne.

> MODÈLE: Paul est mon petit frère. Il a dix-sept ans. Grand, brun et il a les cheveux longs et les yeux verts. Ses amis aiment bien Paul parce qu'il est drôle et sympathique...

CHAPITRE

6

À table!

LEÇON 1: PAROLES

STUDY HINTS: PRACTICING FRENCH OUTSIDE OF CLASS

By itself, the time you spend in class each week will not allow you to gain a deep or lasting knowledge of French. Once you have completed the activities in your Workbook / Laboratory Manual, how else can you practice French?

- Most importantly, take advantage of and create opportunities to *speak French with others*. Language is a social tool: It withers and fades in isolation.

- Hold a *regular conversation hour*—perhaps at a café—with other students in your class.

- *Practice* your French *with native speakers*. Is there an International House on your campus? A French Table at lunch or dinner? Are there French-speaking professors or students? Try out a few phrases every chance you get.

- Explore the myriad *French resources on the Internet*, including chat rooms, Web pages, and virtual museums.

- Make a habit of *viewing French-language films*: at the movies, on VCR at the library, or at home. Organize **soirées de cinéma** with classmates!

- Check local bookstores, newsstands, libraries, and record stores for *French-language publications and music*.

- Listen to *French-language radio broadcasts* and watch *French-language television programs*. You may find them difficult at first, but if you persevere, you will be surprised how quickly your understanding grows. Contact your local cable company or French consulate for a list of French-language programs in your area.

Les repas de la journée
• •

A. Les catégories. Classez les noms suivants dans les catégories appropriées. (Les catégories sont à la page suivante.)

du lait	un gâteau	une fourchette
une mousse	un couteau	une tarte
des haricots verts	du vin	un bifteck
une pomme	du thé	du café
une cuillère	une banane	du jambon
des pommes de terre	une poire	une fraise
de la bière	du poulet	du porc

1. FRUITS   3. LÉGUMES   5. VIANDE

_____   _____   _____

_____   _____   _____

_____   _____   _____

2. BOISSONS   4. COUVERTS (*place settings*) 6. DESSERTS

_____   _____   _____

_____   _____   _____

_____   _____   _____

_____

✳ **B. Et vous?** Répondez aux questions suivantes.

1. Nommez cinq plats que vous choisissez souvent au restaurant. _____

_____

_____

2. Nommez trois plats que vous mangez rarement au restaurant. _____

_____

C. Devinettes. (*Riddles.*) Écoutez les descriptions, puis répondez.

> You don't need to understand every
> word of the description to figure out
> the name of the food.

Vous entendez: Ce sont des fruits rouges ou verts. On les mange nature (*without anything on them*),
ou on en fait des tartes. Rambour et Granny Smith sont des variétés de ce fruit.
Qu'est-ce que c'est?

Vous dites: Ce sont des pommes.

1. ...   2. ...   3. ...   4. ...   5. ...

D. Trouvez l'intrus. Écoutez le narrateur, et indiquez l'aliment qui *ne va pas* avec les autres.

Vous entendez: Vous choisissez des fruits.
Vous entendez et écrivez: ⓐ les croissants   b. les pommes   c. les bananes

1. a b c   4. a b c

2. a b c   5. a b c

3. a b c

Exprimer ses préférences: le verbe *préférer*
• •

Des projets de voyage. Conjuguez les verbes entre parenthèses.

Ma famille et moi, nous _____¹ (espérer) visiter Venise l'année prochaine. Je

_____² (considérer) ça important de prendre quelques cours d'italien avant notre

départ, même si les professeurs _____³ (répéter) souvent les mêmes choses. Ma femme

adore les mets italiens, mais les enfants _____⁴ (préférer) le fast-food. Demain, nous

_____⁵ (célébrer) notre anniversaire de mariage et je vais offrir à ma femme les billets

pour Venise. J'_____⁶ (espérer) qu'elle va être contente.

À table
• •

A. Au restaurant. Vous êtes au restaurant. Voici votre couvert. Que dites-vous à la serveuse?

MODÈLE: Excusez-moi, madame, je n'ai pas de couteau.

1. Excusez-moi, madame,

_____.

2. Excusez-moi, madame,

_____.

3. Excusez-moi, madame,

_____.

4. Excusez-moi, madame,

_____.

B. Qu'est-ce qu'on utilise? Écoutez la question et répondez avec une expression de la liste suivante.

Expressions utiles: avec un couteau, avec une cuillère, avec une fourchette, dans une bouteille, dans une tasse, dans une assiette

Vous entendez: Avec quoi est-ce qu'on coupe (*cut*) une tarte?
Vous dites: Avec un couteau.

1. …   2. …   3. …   4. …   5. …

C. Qu'est-ce qui n'est pas sur la table? Regardez les dessins, écoutez la description et complétez la description.

Vous entendez: C'est le petit-déjeuner. Voici le pain, mais il n'y a pas de…
Vous dites: Il n'y a pas de beurre.

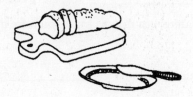

1.

2.

3.

4.

5.

LEÇON 2: STRUCTURES

Les verbes *prendre* et *boire*
Talking about Food and Drink

● ●

A. Ah! les verbes! Complétez le tableau par la forme correcte du verbe.

	PRENDRE	BOIRE
mes amis		
je		
vous		
Jean et moi		
mon père		

B. Que dit Georges? Utilisez le verbe **prendre**.

Mots possibles: un autobus, l'avion, le petit-déjeuner, une photo, ma valise, un verre

MODÈLE: « Je prends une photo. »

1.   « Nous _____
_____ »

2.   Ils _____
_____

3.   « Ils _____
_____ »

4.   « Je _____
_____ »

5. « Il _____

_____ ! »

C. Voyages, boissons. Complétez les paragraphes suivants avec la forme correcte des verbes de droite.

Claudine _____¹ beaucoup quand elle voyage parce

qu'elle essaie (*tries*) de /d' _____² la langue du pays

qu'elle visite. Quand elle _____³ une boisson dans

un café ou quand elle _____⁴ le train, elle

_____⁵ du vocabulaire. Pour elle, voyager, c'est apprendre.

apprendre
comprendre
prendre

    Mes amis français _____⁶ du Perrier aux repas. Mais

mon fils Paul ne _____⁷ pas comment ils aiment cette eau

minérale. «C'est mauvais!» dit-il. Mais les Français ne _____⁸

pas pourquoi Paul _____⁹ du lait avec ses repas. «En France,

dit son ami Jacques, nous ne _____¹⁰ pas beaucoup de lait.

C'est la boisson des enfants.»

boire
comprendre

D. La bonne boisson. Complétez les phrases suivantes avec le verbe **boire** et une expression de la liste. Ajoutez (*Add*) une explication.

Boissons: de la bière, des boissons froides, du café, du champagne, du chocolat, du lait, du thé, du vin chaud…

    MODÈLE: Au petit-déjeuner, nous buvons du café parce que nous avons sommeil.

1. En été, je_____

    _____.

2. Au petit-déjeuner, nous _____

    _____.

3. Le premier janvier, il y a des personnes qui _____

    _____.

4. En hiver, les enfants_____

    _____.

5. À l'Action de grâce (*Thanksgiving*), ma famille _____

_____.

E. Chez Madeleine. Thérèse et Jean-Michel dînent au restaurant. Regardez le menu à prix fixe.

chez Madeleine

Menu à prix fixe
100 francs

Hors-d'oeuvre
œufs mayonnaise
pâté de campagne
sardines à l'huile

Entrées
soupe de poisson
escargots

Plats principaux
filet de sole
veau à la crème
rôti de bœuf

Légumes
haricots verts
pommes frites

Salade verte

boisson comprise

Fromages
Camembert
Brie

Desserts
tarte aux pommes
glace au chocolat
tarte aux fraises
mousse au chocolat

Écoutez la conversation. Marquez les aliments que Thérèse ne prend jamais (*never has*).

_____ le poisson   _____ les pommes de terre   _____ le vin

_____ le pâté   _____ les fraises   _____ l'eau minérale

_____ le fromage   _____ le chocolat

F. Le repas de Thérèse. Regardez le menu. Écoutez les questions et donnez les réponses de Thérèse.

Vous entendez: Bonsoir, mademoiselle. Vous buvez du vin ce soir?
Vous dites: Non, merci. Je prends une eau minérale.

Vous entendez: Comme hors-d'œuvre, vous prenez les œufs mayonnaise ou les sardines à l'huile?
Vous dites: Je prends les œufs, s'il vous plaît.

1.. …   2. …   3. …   4. …

Les articles partitifs
Expressing Quantity
• •

A. À table. Article défini ou partitif?

1. —Adèle, qu'est-ce que tu manges?

—_____ ª fromage, pourquoi?

—Mais tu n'aimes pas _____ ᵇ fromage. Tu détestes _____ ᶜ fromage!

—C'est vrai, mais _____ ᵈ fromage français est exceptionnel.

2. —Que désirez-vous, madame?

—_____ ᵃ vin rouge, s'il vous plaît, et _____ ᵇ café pour monsieur.

—Désirez-vous _____ ᶜ sucre?

—Non, merci, je n'aime pas _____ ᵈ café avec _____ ᵉ sucre.

3. —Est-ce qu'il y a _____ ᵃ bifteck au resto-U ce soir?

—Ah! _____ ᵇ bifteck, ça n'existe pas au resto-U, mais il y a _____ ᶜ pommes de terre,

_____ ᵈ jambon et _____ ᵉ pain.

B. Conséquences. Complétez les phrases suivantes en utilisant une expression de quantité: **assez de, beaucoup de, peu de, trop de, un peu de.**

MODÈLE: On perd du poids (*weight*) si on mange ____peu de____ desserts.

1. On perd du poids si on mange _____ céleri.

2. Si tu es diabétique, tu manges _____ sucre.

3. Si vous avez très soif, vous buvez _____ eau.

4. On grossit (prend du poids) si on mange _____ beurre.

5. Un plat n'est pas bon si on ne met (*put*) pas _____ sel.

6. Les végétariens mangent _____ légumes.

C. On fait la cuisine. Choisissez les ingrédients nécessaires.

MODÈLE: Pour faire un ragoût (*stew*), on utilise des carottes, du vin rouge et de la viande. On n'utilise pas de poisson.

1. Pour faire une soupe, on utilise _____

_____

_____ .

2. Pour faire un sandwich, on prend _____

_____

_____ .

3. Pour faire une omelette, on prend _____

_____

_____ .

4. Pour faire un gâteau, on utilise _____

_____

_____ .

 D. Morowa fait le marché. Écoutez la recommandation des marchands, et donnez les réponses de Morowa. Suivez le modèle.

Vous entendez: Le vin rouge est excellent.
Vous dites: Bon, alors, du vin rouge, s'il vous plaît.

1. …   2. …   3. …   4. …   5. …   6. …

E.   Quels sont les ingrédients? Vous êtes gastronome. Donnez une réponse logique aux questions suivantes.

Vous voyez: viande / œufs
Vous entendez: Y a-t-il de la viande dans une salade César?
Vous dites: Non, il n'y a pas de viande, mais il y a des œufs.

1. olives / chocolat
2. bananes / tomates
3. oignons / fraises
4. poisson / sel
5. pommes / œufs

F. **Après le pique-nique.** Répondez aux questions en utilisant les suggestions suivantes.

Vous voyez: un peu
Vous entendez: Il y a de la bière?
Vous dites: Oui, il y a un peu de bière.

1. beaucoup
2. un peu
3. un litre
4. assez
5. trois bouteilles
6. trop

CORRESPONDANCE

Le courrier
• •

Complétez la carte postale avec les expressions suivantes: **carottes, déjeune, de l', espère, gazeuse, préfère, prends, repas.**

CARTE POSTALE

Salut Malik!

Alors, tu es maintenant en Côte-d'Ivoire! C'est un pays que j'adore! Et sa cuisine...
miam-miam! Je rêve encore du poulet Soumbara de mes dernières vacances à Abidjan!
Mais quand j'ai faim, moi, je _____ ¹ passer à l'action. Alors c'est du resto-U
que je t'écris, entre la salade de _____ ² et le poulet-frites. Pour accompagner ce
délicieux _____ ³ (hum!), je bois _____ ⁴ eau minérale. Du Perrier. L'eau
_____,⁵ ça aide la digestion. Quand je _____ ⁶ au resto-U, je
_____ ⁷ mes précautions!

Bon, passe une bonne journée! J'_____ ⁸ avoir une lettre très bientôt.
Michel

Info-culture
• •

Relisez le **Flash** et le **Portrait** dans votre livre et indiquez si les phrases suivantes sont vraies (**V**) ou fausses (**F**).

1. V F   Paul Bocuse apprend à faire la cuisine chez des grands chefs à Paris.

2. V F   Le restaurant de Paul Bocuse a maintenant une réputation internationale.

3. V F   La cuisine allégée a un énorme succès en France.

4. V F   Une des spécialités culinaires du Sud-Ouest de la France s'appelle la bouillabaisse.

Malik à l'appareil!
• •

Bonjour, Jeniette! Malik téléphone à Jeniette. Elle organise des tours et fait des réservations dans les restaurants et les hôtels. Qu'est-ce que Malik lui demande (*ask of her*)? Écoutez leur conversation, puis complétez les phrases suivantes.

1. Malik téléphone à Jeniette _____.

   a. très tôt

   b. très tard

2. Malik a besoin _____.

    a. d'une villa à la mer (*sea*)

    b. de faire des réservations dans un restaurant

3. Les touristes de Malik veulent (*want*) _____.

    a. manger un couscous

    b. visiter le désert du Sahara

4. On parle aussi _____.

    a. de boisson et de dessert

    b. de sport et de magasins

5. Jeniette a horreur (déteste) que Malik _____.

    a. l'appelle (*calls her*) à sept heures du matin

    b. l'appelle à minuit

Flash-culture

L'Algérie, le Maroc, la Tunisie: la cérémonie du couscous

Le couscous est une spécialité du Maghreb.[1] C'est un plat unique que l'on sert pour le déjeuner ou pour le dîner, en général le vendredi, jour de repos chez les musulmans.[2] Il est composé de semoule,[3] de viande (mouton,[4] poulet), de légumes et d'un bouillon. Dans les familles traditionnelles, si l'on vous offre de partager[5] un couscous, d'abord vous vous lavez les mains[6] dans un récipient d'eau. Puis vous mangez dans le plat commun avec les trois doigts[7] de la main droite.[8]

[1]Afrique du Nord   [2]*Muslims*   [3]*semolina (type of cracked wheat)*   [4]*lamb*   [5]*share*
[6]vous... *you wash your hands*   [7]*fingers*   [8]la... *your right hand*

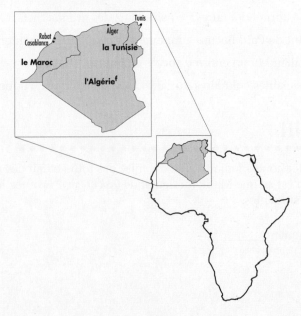

A. Révisons! C'est généralement typique de la France ou du Maghreb? Relisez le **Flash-culture** et décidez!

1. la France   le Maghreb   Le couscous est une des spécialités.

2. la France   le Maghreb   Un fromage du pays, un vin excellent, voilà le bonheur!

3. la France   le Maghreb   Le foie gras est une spécialité du Sud-Ouest.

4. la France   le Maghreb   Le vendredi est un jour de repos.

5. la France   le Maghreb   On mange ensemble dans un plat commun.

6. la France   le Maghreb   On aime les grenouilles, les escargots et les huîtres.

B. On est branché! Visitez le site Internet de *Vis-à-vis* (www.mhhe.com/visavis) pour obtenir les liens donnant les réponses aux questions suivantes.

1. Nommez un autre plat maghrébin traditionnel et énumérez les ingrédients qui le composent.

2. Quand est-ce que chacun des pays du Maghreb a obtenu son indépendance? Nommez un lieu ou fait caractéristique de chaque pays maghrébin.

3. Qui sont les Berbères? Quelles langues parlent-ils? Quelle est leur situation dans le Maghreb?

LEÇON 3: STRUCTURES

L'impératif
Giving Commands

● ●

A. Allons-y! Donnez une légende à chaque dessin.

MODÈLE:

_____ Dînons. _____

1. _____

2. _____

3. _____

4. _____

B. De bons conseils (*advice*). Donnez des conseils aux personnes suivantes en utilisant les suggestions.

MODÈLE: Il y a un bal ce soir, mais Georges ne sait pas danser. Que devrait-il (*should he*) faire? (rester dans sa chambre / apprendre à danser / aller regarder les autres) →
Ne reste pas dans ta chambre! Apprends à danser! Va regarder les autres!

1. Vos parents sont en visite à l'université et ils ont faim. Que devraient-ils faire? (dîner à la cafétéria / choisir un restaurant français / aller chez McDonald's) _____

_____

_____

2. Votre ami a besoin d'une nouvelle voiture. Il n'a pas beaucoup d'argent (*money*), mais il aime impressionner les autres. Que devrait il faire? (acheter une Honda / choisir une Volkswagen décapotable (*convertible*) / prendre le bus / demander de l'argent à ses parents) _____

_____

_____

3. Marielle et Solange ont envie de décorer leur chambre, mais Marielle adore le violet et Solange aime mieux le jaune. Que devraient-elles faire? (changer de logement / choisir un tapis rouge / utiliser beaucoup de blanc / être sympathique)_____

_____

_____

C. Une bonne recette. Vous écoutez un chef-cuisinier à la radio. D'abord, lisez la recette du chef.

SAUCE HOLLANDAISE (formule très simplifiée)

200 g de beurre • 2 œufs • 1 cuil. à café de vinaigre
sel et poivre • 1 citron[1]

- Mettre dans un bol le bon beurre et les jaunes d'œufs crus,[2] du sel, le vinaigre. Mettez ce bol dans l'eau bouillante[3] et tournez sans laisser cuire. 1 jus de citron. Poivre.

- Si la sauce devient trop épaisse,[4] mouiller[5] d'un peu d'eau chaude.

- Cette sauce fait merveille avec le poisson cuit au court-bouillon (Turbot, Barbue, etc...).

---

[1]*lemon*   [2]*raw*   [3]*boiling*   [4]*thick*   [5]*moisten*

Maintenant, écoutez le chef expliquer la recette et répétez chaque instruction en utilisant l'impératif.

Vous entendez: Bon, d'abord, je prends deux cents (200) grammes de beurre.
Vous dites: Prenez deux cents grammes de beurre.

Vous entendez: J'ajoute (*add*) deux jaunes d'œufs.
Vous dites: Ajoutez deux jaunes d'œufs.

1. ...   2. ...   3. ...   4. ...   5. ...   6. ...

D. Au marché en plein air (*open-air*). Écoutez les suggestions de vos amis et répondez en vous basant sur les modèles.

Vous entendez: On fait le marché cet après-midi?
Vous dites: Oui, faisons le marché!

Vous entendez: On va au marché en plein air?
Vous dites: Oui, allons au marché en plein air!

1. ...   2. ...   3. ...   4. ...   5. ...

L'heure
Telling Time

• •

A. **Quelle heure est-il?** Regardez les dessins suivants. Donnez l'heure, puis décrivez ce que fait chaque personne.

Verbes utiles: écouter, jouer, manger, parler, regarder

MODÈLE: Il est sept heures du matin. Le jeune homme mange un croissant.

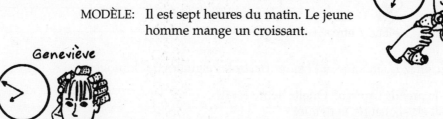

1. _____

_____

2. _____

_____

3. _____

_____

4. _____

_____

les copains

5. _____

_____

B. L'heure correcte. Écoutez la situation et l'heure. Tracez les aiguilles des horloges.

Vous entendez: —Je prends l'apéritif. Quelle heure est-il?
　　　　　　　　—Il est six heures et demie.

Vous écrivez:

1.

2.

3.

4.

5.

6.

Les réponses se trouvent en appendice.

LEÇON 4: PERSPECTIVES

Faire le bilan
• •

A. La nourriture et les boissons. Complétez le dialogue.

FATIMA: qu'est-ce que vous / prendre / dîner?

_____

JOËL: on / prendre / jambon / et / salade

_____

FATIMA: manger / vous / assez / fruits?

_____

JOËL: oui, nous / manger / souvent / poires / et / pommes

_____

FATIMA: prendre / vous / beaucoup / vin?

_____

JOËL: non / nous / ne… pas / boire / vin

_____

FATIMA: nous, nous / boire / eau minérale

_____

JOËL: qui / faire / cuisine?

_____

FATIMA: hélas (*alas*) / être / souvent / moi

_____

B. Miam-miam! Vous allez au supermarché pour acheter les ingrédients nécessaires à la recette suivante. Faites une liste des ingrédients. (N'oubliez pas l'article partitif.)

_____

_____

_____

_____

_____

_____

_____

_____

Le pain perdu

1 verre de lait   ½ verre de sucre

Fouette[1] les œufs avec le sucre...

...puis ajoute le lait.

Laisse fondre[2] une noix de beurre dans la poêle.

Trempe[3] une à une les tranches de pain...

...et fais-les dorer[4] sur les 2 faces.

Saupoudrées de[5] sucre, accompagnées de confiture, c'est un délicieux goûter.

[1]*Beat*
[2]*Melt*
[3]*Dip*
[4]fais... *brown them*
[5]Saupoudrées... *Dusted with*

C. **À quelle heure?** Qu'est-ce que vous faites aux heures suivantes?

MODÈLE: 7 h 30 →
À sept heures et demie, je prends le petit-déjeuner au resto-U.

1. 9 h 45

_____

2. 12 h 30

_____

3. 14 h 30

_____

4. 17 h

_____

5. 20 h 15

_____

6. 23 h 50

_____

Prononciation

Les consonnes (*consonants*) **françaises.** In both English and French, a given consonant can represent more than one sound.

- In French, the letter **s** is pronounced [z] when it occurs between vowels, but [s] in other contexts. Listen for the difference: **musique, chaise; snob, idéaliste**.

- The letter **c** is pronounced [k] before consonants, at the end of some words, and before the vowels **a, o,** and **u: action, avec, calme, conformiste, cubiste**. It is pronounced [s] before the letters **e, i,** and **y: centre, cinéma, Nancy**.

- The letter **g** is pronounced [g] before consonants, **a, o,** and **u: agréable, garçon, golf, guide**. In other contexts, it is pronounced [ʒ]: **géant, girafe, gymnaste**.

Répétez les expressions suivantes.

1. excusez / visiter / télévision / salut / sport / sociologie
2. crêpe / flic / canadien / comment / culinaire / célibataire / cité / cyclisme
3. grand-mère / gâteau / gourmand / guitare / gentil / hygiène / gymnastique

À l'écoute!

Des vacances gastronomiques. À la radio française, vous entendez une annonce pour des vacances originales. Écoutez cette annonce, puis indiquez quand a lieu (*takes place*) chaque activité.

_____ 1. On apprend à préparer le repas.

_____ 2. On va choisir les légumes, le poisson et la viande.

_____ 3. On apprend comment on fait les produits de la région.

_____ 4. On mange.

a. vers 6 h 30.
b. au retour du marché.
c. vers une heure de l'après-midi.
d. après le repas.

Par écrit

Function: Writing about daily habits

Audience: Someone you do not know

Goal: Write a passage describing your eating habits. Use the following questions as a guide.

PARAGRAPHE 1
Combien de repas par jour prenez-vous? En général, mangez-vous bien ou mal? Expliquez.

PARAGRAPHE 2
Que prenez-vous au petit-déjeuner?

PARAGRAPHE 3
Où mangez-vous à midi? Prenez-vous un repas complet au déjeuner?

PARAGRAPHE 4
Mangez-vous pendant l'après-midi? Qu'est-ce que vous mangez?

PARAGRAPHE 5

Qui prépare le dîner chez vous? Passez-vous beaucoup de temps à table?

PARAGRAPHE 6

Quand invitez-vous des amis à dîner chez vous? À quelle occasion préparez-vous un repas spécial?

Steps

1. Jot down brief answers to the questions.

2. Look over your answers, then create a topic sentence to sum up the main point in each paragraph. (Refer to the **Avant de lire** section in **Chapitre 5**, **Leçon 4** of your main text for information on topic sentences.)

3. Write a first draft, take a break, then check it for organization and style. Have a classmate critique your draft, and incorporate his or her most important suggestions into your final draft.

4. Check your final draft for spelling, punctuation, and grammar, particularly the use of partitive articles. Underline the topic sentence in each paragraph before you hand in your composition.

Journal intime
• •

Décrivez ce que vous prenez d'habitude au petit-déjeuner, au déjeuner et au dîner.

- Où et avec qui mangez-vous?
- Quels plats choisissez-vous? Pourquoi?
- Quels plats est-ce que vous évitez (*avoid*)? Pourquoi?
- Prenez-vous des plats différents en hiver et en été?

  MODÈLE: En général, je prends le petit-déjeuner au café Bari près de chez moi, quelquefois avec mon amie Rosa…

Les plaisirs de la cuisine

LEÇON I: PAROLES

Les magasins d'alimentation

• •

A. Les courses. Une amie vous demande de faire les courses. Regardez la liste et indiquez les magasins où vous allez trouver ces aliments.

MODÈLE: 500 g de jambon → à la charcuterie

1. un camembert _____

2. deux baguettes _____

3. 500 g de viande hachée _____

4. une boîte de haricots verts _____

5. trois douzaines d'huîtres _____

6. du pâté de campagne _____

B. Analogies. Suivez le modèle.

MODÈLE: le beurre : le couteau = le sucre : _____la cuillère_____

1. le poisson : la poissonnerie   = le pain : _____

2. la baguette : le pain   = l'éclair : _____

3. le champagne : la boisson   = le camembert : _____

4. le bifteck : la viande   = les haricots verts : _____

5. le poulet : la viande   = le vin : _____

6. choisir : le choix   = boire : _____

7. la viande : la faim   = le lait : _____

8. la soupe : la cuillère   = le bifteck : _____

C. Dans quel magasin...? Vous faites des courses dans une petite ville française avec Karen, une amie américaine. Répondez à ses questions.

Expressions utiles: la boucherie, la boulangerie, la charcuterie, l'épicerie, la pâtisserie, la poissonnerie

Vous entendez: Où est-ce que j'achète des baguettes et des petits pains?
Vous dites: Eh bien! à la boulangerie.

1. ...   2. ...   3. ...   4. ...   5. ...

Au restaurant

A. Votre carte. Vous écrivez une carte de restaurant. Classez les plats selon les catégories.

mousse au chocolat	sole meunière	truite aux amandes
camembert	brie	crème caramel
pâté de campagne	tarte aux fraises	steak-frites
poulet à la crème	sardines à l'huile	roquefort
crêpes suzette	vin rouge / rosé / blanc	glace maison
rôti de porc	eau minérale	cocktail de crevettes

Entrées
_____
_____
_____

Plats garnis
_____
_____
_____
_____

Fromages
_____
_____
_____

Desserts
_____
_____
_____
_____

Boissons
_____
_____

B. Qui est au restaurant? Écoutez les descriptions et identifiez ces personnes, selon le modèle. C'est **un client, une cliente, un serveur** ou **une serveuse?**

Vous entendez: Mme Gilles prend sa place à table. Qui est-ce?
Vous dites: C'est une cliente.

1. …   2. …   3. …   4. …   5. …   6. …

Les nombres supérieurs à 60

A. Faites vos courses. Vous achetez les aliments suivants au super-marché. Calculez les prix en francs et en euros et écrivez-les en toutes lettres (*in full*).

39^F 90
le kilo
6,11 EUROS
Pâté de campagne au poivre vert

12^F 90
1,98 EURO
Crème fraîche AOC "d'Isigny" 40% m.g.
Le pot de 40 cl
Soit le litre 32,25 F

9^F 95 le kilo
1,52 EURO
Pomme de terre
CONTINENT
Variété Ratte, origine France. calibre 30/120g, cat. 1

8^F 95
1,37 EURO
Limonade artisanale du pêcheur
La bouteille de 75 cl
Soit le litre 11,94 F

1. Un pot de crème fraîche coûte _____

   _____.

2. Trois kilos de pommes de terre coûtent _____

   _____.

3. Un kilo de pâté de campagne coûte _____

   _____.

4. Une bouteille de limonade coûte _____

   _____.

B. Qu'en pensez-vous? (*What do you think?*) Écrivez les nombres en toutes lettres.

   MODÈLE: Ma grand-mère a _____ quatre-vingt-trois _____ ans.

1. Dans une année, il y a _____ jours.

2. On est «vieux» quand on a _____ ans.

3. Il reste (*There remain*) _____ jours de classe avant la

   fin du semestre / trimestre.

4. Un prix raisonnable pour un livre de classe est _____

   dollars.

5. La température normale d'une personne est _____

   degrés Fahrenheit.

6. Le nombre juste avant quatre-vingts est _____.

7. Dans trois heures, il y a _____ minutes.

8. Vingt-trois plus soixante-deux font _____.

9. Le nombre juste après quatre-vingt-dix est _____.

C. Messages. Écoutez les messages que vous trouvez sur votre répondeur téléphonique. Notez les numéros à rappeler.

1. Claude: _____-_____-_____-*91*-_____

2. Ginette: _____-_____-*68*-_____-_____

3. Léonard: _____-_____-*11*-_____-_____

4. Mireille: _____-_____-_____-_____-*66*

Les réponses se trouvent en appendice.

D. La Maison de Jacques. D'abord, lisez le menu suivant.

La Maison de Jacques vous propose...

Le menu à 90 francs*
(14 euros)

L'entrée
(choisissez une entrée)
La soupe de légumes
Les moules marinières

Le plat principal
(choisissez un plat)
L'omelette (au choix)
Le hamburger

Le dessert
Les fruits de saison
Les ananas au sirop
La glace ~ 3 boules
au choix

Vin de la maison/
eau minérale/
café/
thé

Le menu à 120 francs*
(19 euros)

L'entrée
(choisissez une entrée)
Les escargots (6)
La soupe de légumes
Les moules marinières

Le plat principal
(choisissez un plat)
Le veau à la crème
Le jambon aux choux
Le poulet farci
Le hamburger
L'omelette maison

Le dessert
Les fruits de saison
Le fromage au choix
La glace ~ 3 boules
au choix
Le mystère
Le citron/l'orange givré(e)

Vin de la maison/
eau minérale/
café/
thé

*Le service de 15% est compris

Vous dînez à La Maison de Jacques avec deux amis. Écoutez la serveuse et les réponses de vos camarades. Ensuite, donnez votre choix.

1. ...   2. ...   3. ...   4. ...   5. ...   6. ...

LEÇON 2: STRUCTURES

L'adjectif interrogatif *quel*
Asking about Choices

• •

A. Un sondage (*poll*). Le directeur du restaurant universitaire fait un sondage. Quelles questions est-ce qu'il pose?

MODÈLE: ___Quels légumes___ mangez-vous le plus souvent (*most often*), des petits pois ou des haricots verts?

1. _____ est-ce que vous aimez mieux, les pommes ou les poires?

2. _____ préférez-vous, le bœuf ou le porc?

3. _____ préférez-vous, la glace ou la tarte?

4. _____ préférez-vous, le camembert ou le gruyère?

5. Et _____ prenez-vous le plus souvent, de l'eau minérale ou du vin?

6. _____ préférez-vous, le déjeuner ou le dîner?

B. Questions. Vous faites la connaissance d'un(e) camarade de classe. Préparez six questions à lui poser. Attention aux accords masculin ou féminin.

MODÈLE: couleur préférée → Quelle est ta couleur préférée?

Suggestions: chansons préférées, cours favori, disques préférés, films favoris, livre favori, repas préféré

1. _____

2. _____

3. _____

4. _____

5. _____

6. _____

C. Déjeuner à deux. Vous déjeunez avec quelqu'un (*someone*) qui ne fait pas très attention. Réagissez (*React*) à ses remarques en choisissant la forme correcte de l'adjectif quel.

Vous entendez: Tu veux aller dans ce restaurant?

Vous entendez et écrivez: Mais, [quel quelle quels quelles] restaurant?

Allez à la page suivante.

1.	quel	quelle	quels	quelles	4.	quel quelle quels quelles
2.	quel	quelle	quels	quelles	5.	quel quelle quels quelles
3.	quel	quelle	quels	quelles	6.	quel quelle quels quelles

Les réponses se trouvent en appendice.

D. La curiosité. Écoutez les phrases suivantes et posez la question correspondante. Suivez les modèles.

Vous entendez: Vous ne savez pas quel jour nous sommes aujourd'hui.
Vous dites: Quel jour sommes-nous aujourd'hui?

Vous entendez: Vous voulez savoir quels films votre camarade préfère.
Vous dites: Quels films préfères-tu?

1. …   2. …   3. …   4. …   5. …

Les adjectifs démonstratifs
Pointing out People and Things
• •

A. Choses à transformer. Vous n'êtes pas content(e) de votre logement. Voici une liste de choses à transformer. Utilisez l'adjectif démonstratif qui convient. Puis cochez (✓) les cinq objets que vous désirez le plus (*most*) changer dans votre chambre.

MODÈLE: ___ce___ miroir

1. _____ rideaux

2. _____ tapis

3. _____ lampe

4. _____ arbre devant ma fenêtre

5. _____ bureau

6. _____ meubles

7. _____ quartier

8. _____ petites tables

9. _____ livre de français

10. _____ affiche

B. Une mère soucieuse. Écoutez la conversation. Ensuite, complétez les phrases.

Mᵐᵉ Brachet et son fils Marcel font une promenade en ville.
Ils parlent des projets de mariage de Marcel et de sa fiancée, Jeanne.

Mᵐᵉ BRACHET: Alors, Marcel, _____[1]…

les parents de Jeanne habitent ici?

MARCEL: Oh oui, tout près, maman! Dans

_____,[2] justement.

Mᵐᵉ BRACHET: Et toi et Jeanne, vous louez un appartement

dans _____,[3] en face?

MARCEL: Oui, maman. Regarde _____[4]

et _____[5] balcon.

(*Ils montent au cinquième étage.*)

MME BRACHET: Tous ces escaliers… _____ ,⁶ elles sont minuscules!

_____ ,⁷ _____⁸ sans rideaux…

MARCEL: Mais voyons, maman, _____⁹ est bien situé, et nous ne

sommes pas difficiles!

MME BRACHET: Peut-être…

MARCEL: Et de toute façon, Jeanne et moi, nous avons l'intention de continuer à venir

déjeuner chez toi, au moins le dimanche!

Les réponses se trouvent en appendice.

 C. Un caractère indépendant. Vous ne prenez jamais ce qu'on vous offre! Répondez aux questions selon le modèle.

Vous entendez: Tu as envie de ce sandwich?
Vous dites: Non, donne-moi plutôt cette tarte!

1.   2.

3.   4.

5.

CORRESPONDANCE

Correspondance

• •

Complétez la carte postale avec les expressions suivantes: **campagne, cette, faut, morceau, plat, puis, quelle, rôti, veut.**

CARTE POSTALE

Cher Michel,

Mmmm! Du coq au vin avec des petits oignons! Et _____¹ un petit _____² de fromage après le _____³ principal? Tes amis ont beaucoup de chance! Je voudrais bien passer _____⁴ soirée avec vous tous! Mais non! Ici, c'est ma copine Khadi qui nous invite chez elle. J'ai peur! La cuisine n'est pas sa spécialité. Elle ne mange pas de viande, ce qui _____⁵ dire quelle va probablement servir du riz et des bananes plantain. Pas de coq au vin pour ton ami Malik, pas de pâté de _____,⁶ pas de filet de sole au champagne ou de _____⁷ de porc à l'ail. _____⁸ tragédie, hein?

Ah! mes touristes sont de retour. Il _____⁹ que je te laisse.

À plus tard!

Malik

Info-culture

• •

Relisez le **Flash** et le **Portrait** dans votre livre, puis complétez les phrases avec l'une des options proposées.

1. Tahar Ben Jelloun est né _____.
   a. au Maroc
   b. en Côte-d'Ivoire

2. Tahar Ben Jelloun est _____.
   a. un chanteur légendaire
   b. un écrivain

3. Le message de Tahar Ben Jelloun est basé sur _____.
   a. les injustices sociales et les dangers du racisme
   b. la beauté de l'Afrique

4. Au Sénégal et en Côte-d'Ivoire, _____ représente une ressource importante.
   a. le poisson
   b. l'artichaut

5. La pêche est la deuxième ressource _____.
   a. de la Côte-d'Ivoire
   b. du Sénégal

6. Il s'agit en grande partie de pêche _____.
   a. industrielle
   b. traditionnelle

Malik à l'appareil!

Dînons chez moi! Aujourd'hui Malik téléphone à Marité, une amie ivoirienne. Elle est propriétaire d'une épicerie. On y trouve des poissons et des œufs frais, du bon café, du cacao et des épices. Écoutez leur conversation, puis indiquez si les phrases suivantes sont vraies (**V**) ou fausses (**F**).

> **Vocabulaire utile:** **les crudités**   raw vegetables
>   **Non, ce n'est pas la peine.**   No thanks, it's not necessary.

1. V F   Marité refuse l'invitation de Malik parce qu'elle est prise (*busy*).

2. V F   On va dîner chez Marité.

3. V F   Marité va préparer un couscous aux légumes.

4. V F   Malik va apporter du vin.

5. V F   Marité veut aussi du fromage et un gâteau.

Flash-culture

Faire ses courses en France

Quelle différence est-ce qu'il y a entre les croissants que vous achetez au supermarché et les croissants que vous achetez à la boulangerie? Les premiers sont en paquet, les seconds sont frais, chauds et parfumés.[1]

Pour les Français, l'idéal est de faire ses courses dans des magasins spécialisés: boulangeries, fromageries, charcuteries, boucheries, épiceries. C'est une garantie de qualité. Les Français aiment aussi les marchés en plein air.[2] Les produits y sont frais, savoureux[3] et bon marché.[4]

Pour les gens pressés,[5] il y a aussi les grands supermarchés. Mais là, tout est anonyme et déshumanisé...

[1]*fragrant*   [2]*en... outdoor*   [3]*tasty*   [4]*bon... inexpensive*   [5]*in a hurry*

À chaque région, son fromage!

A. Révisons! Relisez le **Flash-culture**, puis choisissez la bonne réponse.

1. Pour les Français, l'idéal c'est de faire ses courses dans les _____.
   a. magasins spécialisés   b. supermarchés   c. pharmacies

2. On apprécie les marchés en plein air parce que les produits y sont _____.
   a. anonymes et déshumanisés   b. très chers   c. frais et savoureux

3. En France, on va au supermarché surtout (*primarily*) quand on _____ .
   a. a très faim   b. est pressé   c. n'a plus de pain

B. On est branché! Visitez le site Internet de *Vis-à-vis* (www.mhhe.com/visavis) pour obtenir les liens donnant les réponses aux questions suivantes.

1. La France produit environ 365 fromages. Trouvez plusieurs fromages français, puis indiquez —sur la carte de France dans *Vis-à-vis*, ou sur une carte de France électronique—les régions d'où ils viennent.

2. Quels aliments ou plats est-ce qu'on associe avec les régions ou villes françaises suivantes? Côte-d'Azur (Marseille), Bretagne, Bourgogne (Bourg-en-Bresse), Alsace, Lorraine, Périgord. Utilisez un moteur de recherche.

LEÇON 3: STRUCTURES

Les verbes *vouloir, pouvoir,* et *devoir*
Expressing Desire, Ability, and Obligation
● ●

A. Ah! les verbes! Complétez le tableau.

SUJETS	DEVOIR	VOULOIR	POUVOIR
je			
nous	*devons*		
		veut	
			pouvez
mes cousins			

B. Préférences. Complétez chaque phrase avec les formes correctes de **vouloir** et de **devoir**. Attention au sens!

MODÈLE: Les étudiants ___doivent___ étudier, mais ils ___veulent___ sortir.

Le week-end

1. Notre professeur _____ travailler, mais il _____ voyager.

2. Mes amis et moi _____ rester ici, mais nous _____ partir en vacances.

3. Mes amis _____ faire la sieste, mais ils _____ étudier.

4. Je _____ faire le ménage, mais je _____ faire une promenade.

L'après-midi

5. Nous _____ aller à la bibliothèque, mais nous _____ prendre un café.

6. Les étudiants _____ finir leurs devoirs, mais ils _____ regarder la télé.

7. Le professeur _____ préparer ses cours, mais il _____ rentrer à la maison.

C. **On ne peut pas!** Dites ce que les personnes suivantes *ne peuvent pas* faire.

> MODÈLE: Marie et Sophie n'ont pas de voiture. →
> Elles ne peuvent pas habiter à la campagne.

habiter à la campagne	manger du pain
faire du ski	prendre un dessert
faire du jogging	inviter un ami / une amie au restaurant
boire du café	

1. Georges est allergique à la farine de blé (*wheat flour*). Il _____

   _____ .

2. Il fait –7° C aujourd'hui. Nous_____

   _____ .

3. Madeleine a la jambe cassée (*a broken leg*). Elle _____

   _____ .

4. Je n'ai plus d'argent (*money*). Je_____

   _____ .

5. Mes parents sont allergiques à la caféine. Ils_____

   _____ .

6. Le sucre vous rend (*makes you*) malade. Vous _____

   _____ .

D. **Probabilités.** Écoutez la phrase et donnez une explication. Utilisez le verbe **devoir**.

Expressions utiles: avoir faim, être au régime, être fatigué(e), être formidable, être impatient(e), être malade

Vous entendez: Marie n'est pas en classe.
Vous dites: Elle doit être malade.

1. … 2. … 3. … 4. … 5. …

E. **Déjeuner à la cafétéria.** D'abord, regardez le dessin. Ensuite, écoutez le passage, et marquez les réponses aux questions suivantes.

1. Qui n'a pas d'argent aujourd'hui?   Richard   Marlène   Louise

2. Qui peut payer son déjeuner?   Richard   Marlène   Louise

3. Qui doit moins manger?   Richard   Marlène   Louise

4. Qui veut prendre des gâteaux?   Richard   Marlène   Louise

L'expression impersonnelle *il faut*
Expressing Obligation and Necessity
●●

Les ingrédients essentiels. Guy veut faire une ratatouille, mais il n'a pas la liste des ingrédients. Lisez la préparation de la recette, puis répondez aux questions de Guy en utilisant l'expression **il faut.**

Préparation:

Laver les aubergines, les tomates et les courgettes,[1] et les couper en rondelles épaisses, sans les éplucher.[2]

Éplucher et couper l'oignon en tranches, laver et couper le poivron en lanières.[3]

Faire revenir[4] tous les légumes, sauf les tomates, dans l'huile d'olive.

Ajouter les tomates, saler, poivrer et laisser cuire à feu doux 30 minutes.

Incorporer les herbes de Provence[5] 5 minutes avant la fin de la cuisson, bien mélanger.

Manger chaud ou froid.

---

[1]zucchini   [2]sans... *without peeling them*   [3]strips   [4]Faire... *Brown*   [5]herbes... *mix of thyme, rosemary, oregano, savory, marjoram, and basil*

1. Quels genres de légumes est-ce qu'il faut pour préparer une ratatouille?_____

   _____

2. Quels types d'assaisonnement (*seasoning*) entrent dans la préparation?

   _____

3. Quel corps gras (*fat*) faut-il avoir pour préparer ce plat?

   _____

4. Quel légume est-ce qu'il ne faut pas faire revenir dans l'huile?

   _____

5. Quel ingrédient est-ce qu'il faut ajouter à la toute fin (*at the very end*)?

   _____

LEÇON 4: PERSPECTIVES

Faire le bilan

• •

A. Un snob. Loïc est assez snob. Il préfère tout ce qui est vieux et classique. Il aime les lignes simples et élégantes. Exprimez son point de vue.

MODÈLE: J'aime ____cette maison-ci____, mais je n'aime pas ____cette maison-là____.

1. _____ est belle. Mais je trouve

_____ ridicule.

2. _____ sont trop modernes. Mais

_____ sont superbes.

Hôtel Moderne   Hôtel Georges V

3. _____ n'est pas confortable, mais

_____ a l'air excellent.

B. Les universitaires. Dans cet article sur les professeurs d'université en France, il y a huit chiffres écrits en toutes lettres (*spelled out*). Soulignez-les (*Underline them*) et écrivez leur équivalent en chiffres arabes.

MODÈLE: 1. ___55___

2. _____

3. _____

4. _____

5. _____

6. _____

7. _____

8. _____

**UN TIERS[1]
DES UNIVERSITAIRES
ONT AU MOINS[2]
CINQUANTE-CINQ ANS.**

L'âge moyen[3] d'un professeur d'université est de cinquante-deux ans; un peu plus de quarante-six ans pour un maître de conférences,[4] près de trente-huit ans pour un assistant. Les enseignants[5] sont généralement plus âgés en lettres et sciences humaines, moins en sciences. En lettres, plus de 28 %[6] des professeurs ont au moins soixante ans. Plus de la moitié[7] ont au moins cinquante-cinq ans, contre 40 % en santé,[8] 27 % en sciences ou en droit. Toutes disciplines confondues,[9] plus du tiers des professeurs d'université ont au moins cinquante-cinq ans, moins de 5 % ont moins de quarante ans.

[1]*third*
[2]*au... at least*
[3]*average*
[4]*maître... lecturer*
[5]*Les... Educators*
[6]*pour cent*
[7]*half*
[8]*health*
[9]*combined*

C. Complétez les phrases avec la forme correcte du verbe indiqué.

pouvoir

1. —Est-ce que vous _____ skier cet après-midi?

   —Non, pas cet après-midi, mais demain nous _____.

2. —Est-ce que tu _____ aller au cinéma ce soir?

   —Non, je ne _____ pas.

3. Je _____ aider mon ami à faire la cuisine, et il

   _____ regarder la télé.

vouloir

4. —Est-ce que vous _____ danser?

   —Oui, je _____ bien.

5. —Est-ce que tu _____ apprendre le français?

   —Oui, et mon amie Sonia _____ apprendre le tchèque

6. Nous ne _____ pas faire le ménage, mais nos parents ne

   _____ pas avoir des enfants paresseux. Alors, nous faisons le ménage.

devoir

7. Tu _____ faire tes devoirs, je _____

   travailler et Maurice _____ faire les courses.

8. Les professeurs _____ corriger leurs examens.

9. —Qu'est-ce que vous _____ faire à l'université?

   —Nous _____ réussir aux examens.

Prononciation

La lettre r. Whereas the English **r** sound is made with the tongue, the French **r** is generally guttural, produced in the back of the mouth: **Robert, rhinocéros**.

Répétez les expressions suivantes. Vous les entendrez deux fois.

1. cours / sur / cher / soir
2. mardi / heureux / bureau / soirée
3. jardin / exercice / pardon / merci
4. rose / rouge / rue / russe
5. nombre / France / trois / quatre

La lettre l. The French **l** is produced in the front of the mouth, with the tongue firmly pressed against the back of the upper teeth: **le lac, la librairie**.

Répétez les expressions suivantes. Vous les entendrez deux fois.

1. livres / mademoiselle / calme / bleu / avril
2. un film à la faculté
3. Lisez-le lundi.
4. Salut! Allons-y!
5. Elle va aller au bal.

À l'écoute!

Un client difficile. Dans ce bistro, c'est Yvonne qui prend la commande (*order*). Qu'est-ce qui se passe avec ce client? Écoutez leur conversation, puis choisissez les bonnes réponses.

1. Le client s'intéresse aux (*is interested in*) vins _____.
   a blancs
   b. rouges

2. Yvonne propose deux vins à plus de (*more than*) _____ francs la bouteille.
   a. 100
   b. 1 000

3. Comme plats, Yvonne mentionne _____.
   a. la salade niçoise et la quiche lorraine
   b. le filet de bœuf et le poulet rôti

4. Le client demande si l'on peut commander du _____.
   a. chocolat
   b. bourgogne (*burgundy* [*wine*])

5. Le client finit par commander (ends up ordering) _____.
   a. de la soupe et du thé
   b. une entrecôte et une carafe de vin

Par écrit

Function: More on describing (a place)

Audience: A friend or classmate

Goal: Write a note to a friend inviting him or her to dinner.

To persuade your friend to come, describe your chosen restaurant using the following questions as a guide. **Dans quel restaurant préférez-vous dîner? Mangez-vous souvent dans ce restaurant? Quand? Est-ce qu'il est fréquenté (*visited*) par beaucoup de clients? Est-ce que la carte est simple ou recherchée? Quel est votre plat préféré? Quelle est la spécialité du chef?** Begin the letter with **Cher/Chère _____**. End with **À bientôt...** (*See you soon . . .*)

Steps

1. Begin your first draft with a strong introduction—an intriguing question or an amusing thought to attract your friend's attention: **Veux-tu prendre un repas délicieux avec un ami/une amie très sympathique?**

2. Write the body of the note, answering the questions just posed.

3. Write a conclusion. Include some interesting information about the restaurant, or specific plans for the date and time of your dinner.

4. Take a break, then revise your composition, checking the organization of the opening and closing paragraphs. Have a classmate check your work. Prepare the final draft, keeping an eye on spelling, punctuation, and grammar (particularly your use of adjectives).

Journal intime

Imaginez que vos amis (ou des membres de votre famille) décident de fêter votre anniversaire au restaurant. Décrivez la soirée de vos rêves.

- Où allez-vous dîner?
- Qui est invité?
- Qu'est-ce que vous mangez et buvez? (Décrivez le menu en détail.)
- Que faites-vous avant et après le repas?

   MODÈLE: Voici la soirée de mes rêves: un pique-nique au jardin du Luxembourg
   à Paris, avec mon ami Joël...

CHAPITRE 8

Vive les vacances!

LEÇON 1: PAROLES

Les vacances en France

A. Activités sportives. Dans chaque catégorie, nommez trois ou quatre sports.

1. Sports d'hiver: _____

2. Sports d'été: _____

3. Sports qu'on pratique à la maison: _____

   _____

4. Sports qui ne nécessitent pas d'équipement: _____

5. Sports qu'on pratique à la montagne: _____

B. Choisir ses vacances. Complétez les phrases suivantes avec une des nouvelles expressions verbales.

MODÈLE: Si on aime la montagne, on peut ____faire de l'alpinisme____.

1. Si vous aimez dormir en plein air (*sleep outside*), vous pouvez _____.

2. Si vous avez besoin de repos, vous pouvez _____.

3. Pour passer des vacances sportives, on peut _____.

4. Si vous aimez la mer, vous pouvez _____.

5. En hiver, on peut_____.

6. Si on veut voir la campagne (*countryside*) française, on peut _____.

 C. Que fait Chantal en vacances? Répondez à chaque question en regardant les dessins.

Vous entendez: Que fait Chantal sur la rivière?
Vous dites: Elle fait du bateau.

1.

2.

3.

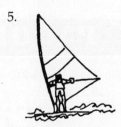
4.

5.

 D. Mes vacances préférées. Écoutez la question et les réactions de deux personnes. Ensuite, répondez vous-même.

> Vous entendez: Qu'est-ce que tu aimes faire en montagne? —Je suis alpiniste. Je fais de l'alpinisme. —Moi, j'aime faire de la marche. —Et toi?
> Vous dites: Moi, j'aime faire du cheval.

1. …   2. …   3. …   4. …

Au magasin de sports

A. Soupe de lettres. Trouvez les expressions suivantes dans le jeu: **anorak, lunettes de ski, maillot de bain, sac de couchage, serviette de plage, tente.**

```
L A I S K S D E P L A I N B R E
I K S E D S E T T E N U L F R E
S E R V I E T T E D E P L A G E
O U P R I T E N T E D O N N E R
S E R A N O R A B L E P A I N S
O M A I L L O T D E B A I N S I
I M P R A N O R A K M A I L O T
O O L M A R I O E V E L M O N I
L E U S L K A T H A L B O G R E
L E I L I E E M P R U N T E R E
D R E G A H C U O C E D C A S F
```

B. De quoi a-t-on besoin? Écoutez les phrases suivantes, et mettez un cercle autour de l'objet qui *n'est pas nécessaire.*

Vous entendez: Pour faire du bateau, on a besoin d'une rivière et…

Vous écrivez: (d'une voiture) / d'un gilet de sauvetage (*life jacket*) / d'un kayak

1. d'un maillot de bain / d'une raquette / d'un masque

2. d'un sac de couchage / d'un pantalon de ski / de provisions

3. de skis / d'une tente / d'une planche

4. d'un parapluie / de gants de ski / d'un anorak

5. d'un sac à dos / d'un casque (*helmet*) / de lunettes de soleil

Le verbe *acheter*

Les préparatifs de vacances. Complétez les phrases suivantes en conjuguant le verbe **acheter** à la bonne personne.

1. Jules et toi, vous allez faire du camping. Vous _____ une tente et des sacs de couchage.

2. Cet été, je vais aller à la plage, j' _____ donc des lunettes de soleil et un maillot. Mais l'hiver prochain, je vais aller faire du ski à Chamonix avec mon frère. Nous _____ des skis et des vêtements chauds.

3. Ma colocataire, elle, part pour l'Angleterre. Elle _____ une nouvelle valise et un parapluie.

4. Mes parents vont aller faire une randonnée dans les Rocheuses. Ils _____ de nouvelles chaussures de randonnée.

Des années importantes

A. Leçon d'histoire. Écrivez les années en toutes lettres, selon le modèle. Devinez (*Guess*), si vous n'êtes pas certain(e).

Années: 1257, 1436 (environ [*circa*]), 1643, 1789, 1803, 1861, 1918

MODÈLE: Louis XIV monte sur (*takes*) le trône de France en ___ seize cent quarante-trois ___.

1. La Première Guerre mondiale (*World War I*) finit en _____

_____.

2. La Révolution française commence en _____

_____.

3. La Sorbonne est fondée (*founded*) par Robert de Sorbon en _____

_____.

4. La France vend la Louisiane aux États-Unis en _____

_____.

5. La guerre de Sécession (*Civil War*) aux États-Unis commence en _____

_____.

6. Gutenberg invente l'imprimerie en _____

_____.

 B. Un peu d'histoire européenne. Mettez un cercle autour de la date que vous entendez.

Vous entendez: La victoire de Charlemagne contre les Saxons, c'est en sept cent quatre-vingt-cinq…
c'est en sept cent quatre-vingt-cinq.

Vous écrivez: la victoire de Charlemagne contre les Saxons   (785)   885

1. la fondation de l'Université de Paris   1142   1120

2. la première croisade (*Crusade*)   1096   1076

3. la mort (*death*) de Jeanne d'Arc   1431   1471

4. la guerre de Sept Ans   1776   1756

5. l'exécution de Louis XVI   1793   1796

6. l'abdication de Napoléon   1814   1804

Les réponses se trouvent en appendice.

 C. Moments historiques. Écoutez la question. Trouvez la réponse dans la liste des années et prononcez-la (*it*). Devinez si vous n'êtes pas certain(e)!

Vous entendez: Quelle est l'année de l'arrivée de Christophe Colomb en Amérique?
Vous dites: quatorze cent quatre-vingt-douze

    1492   1776   1865
    1620   1789   1903

1. …   2. …   3. …   4. …   5. …

LEÇON 2: STRUCTURES

Quelques verbes irréguliers en *-ir*
Expressing Actions
• •

A. Ah! les verbes! Complétez le tableau.

	MES COPAINS	TU	NOUS	MOROWA
sortir				
venir				
sentir				
dormir				
servir				

B. Dimanche matin. Complétez les histoires suivantes, puis répondez aux questions.

Dimanche soir (dormir, sentir, servir ou sortir?)

Après un long week-end, Line est si fatiguée qu'à six heures elle _____[1] déjà.

Charles téléphone et demande si elle veut _____.[2] Il a envie d'aller dans un

restaurant où on _____[3] de la pizza napolitaine. Au restaurant, Line

_____[4] l'odeur de la pizza, et elle n'a plus sommeil.

• Est-ce que Line préfère dormir ou manger? _____

✳ Et vous? _____

Au petit-déjeuner (dormir, partir, sentir ou servir?)

Le matin nous _____[5] souvent jusqu'à (*until*) sept heures et demie. Au resto-U

on _____[6] le petit-déjeuner de sept à huit heures. Quand nous entrons dans la

salle à manger, nous _____[7] l'odeur des tartines (*toast*) et du café. On mange

bien, et puis on _____[8] en cours.

• À quelle heure ces personnes doivent-elles quitter leur chambre pendant la semaine?

_____

✳ Et vous? _____

C. Mystères. Expliquez ces situations en utilisant le verbe **venir de**.

Suggestions: faire de l'aérobic, dîner, habiter au Mexique, vendre sa société (*entreprise*) à une multinationale

MODÈLE: Pourquoi est-ce que votre amie n'a pas faim? → Elle vient de dîner.

1.   Pourquoi n'avez-vous pas soif? _____

_____

2.   Pourquoi avez-vous le visage (*face*) tout rouge? _____

_____

3.   Pourquoi vos cousines parlent-elles si bien l'espagnol? _____

_____

4.   Pourquoi est-ce que votre oncle est si riche? _____

_____

✳ 5.   Et vous, pourquoi êtes-vous content(e) maintenant?_____

_____

D. J'aimerais savoir… Écoutez la phrase, et changez-la en utilisant le nouveau sujet.

Vous entendez: Jeanne sort-elle ce soir?
Vous voyez: vous
Vous dites: Sortez-vous ce soir?

1.   Jacqueline
2.   les enfants
3.   la famille

4.   je
5.   vous

E. Qui est le plus aventureux? Écoutez cette conversation entre Michèle, Édouard et Jean-Pierre, et complétez les phrases.

Michèle   Édouard   Jean-Pierre

Michèle et Édouard…

•   _____¹ faire un safari-photo.

•   _____² bientôt en Afrique.

- _____³ sous la tente ou à la belle étoile (*outdoors*).

- adorent _____⁴ la nuit dans le désert.

Jean-Pierre…

- _____⁵ seulement pour aller à la plage.

- _____⁶ très bien dans sa chambre d'hôtel.

- descend dîner quand il _____⁷ la bonne soupe qu'on _____⁸ à l'hôtel.

Les réponses se trouvent en appendice.

Le passé composé avec l'auxiliaire *avoir*
Talking about the Past

A. Ah! les verbes! Conjuguez les verbes au passé composé.

	TRAVAILLER	RÉUSSIR	VENDRE
j'			
on			
les copains			
vous			
nous			
tu			

B. Formes. Donnez le participe passé des verbes suivants.

1. agir _____

2. tenir _____

3. perdre _____

4. vouloir _____

5. dormir _____

6. recevoir _____

7. avoir _____

8. devoir _____

9. obtenir _____

10. boire _____

11. pleuvoir _____

12. pouvoir _____

C. Vacances à la mer. Un groupe de jeunes gens racontent leurs vacances à des amis. Utilisez le passé composé des verbes appropriés.

Nous _____[1] deux semaines sur la Côte d'Azur l'été dernier.

On _____[2] d'aller à Nice, et puis à Marseille. Claire et Vincent

_____[3] un hôtel charmant près de la plage et nous avons passé

cinq jours à nager et à faire du bateau.

choisir
passer
trouver

Un jour, Claire et Claudine _____[4] un voilier (*sailboat*). Moi,

j'_____[5] d'aller avec elles. Mais Vincent _____[6]

aller prendre une limonade au café, et Thierry _____[7] à faire

du ski nautique.

apprendre
décider
louer
préférer

Un soir nous _____[8] visite à nos amis à Saint-Tropez. Ces

vacances _____[9] vraiment formidables. _____-tu

_____[10] nos photos?

être
rendre
voir

✳Nommez deux activités que vous avez pratiquées pendant vos dernières (*last*) vacances.

_____

_____

✳ **D. Avez-vous passé un bon week-end?** Utilisez les expressions données et dites ce que vous avez fait ou n'avez pas fait pendant ces deux jours. **Rappel:** les articles indéfinis et partitifs changent après le négatif.

MODÈLE: manger de la pizza → Je n'ai pas mangé de pizza.

1. dormir dix heures par nuit _____

2. boire du champagne _____

3. prendre de l'aspirine _____

4. avoir peur _____

5. porter un maillot de bain _____

6. recevoir une lettre _____

7. regarder la télévision _____

8. accepter une invitation _____

Énumérez trois activités que vous avez pratiquées pendant le week-end.

Verbes possibles: boire, écouter, manger, obtenir, porter, regarder

_____

_____

_____

E. Les vacances de Bernard. Écoutez l'histoire suivante et numérotez les images de 1 à 4.

A. _____

B. _____

C. _____

D. _____

F. Le déménagement. (*Moving day.*) Annette répond aux questions d'une amie au téléphone. Écrivez les réponses.

—Oui, dans le journal (*newspaper*). _____¹ un gros camion (*truck*) à louer, pas trop

cher, et Jeff et moi, _____² tous les préparatifs.

—Oui, _____³ par emballer (*packing*) nos livres.

—Oui, _____⁴ Georges et Solange à nous aider aussi, mais ils sont en voyage.

—Non, pas vraiment, _____⁵ de difficulté à descendre les meubles.

—Oui, _____⁶ à tout placer dans le camion, enfin…

—Simon et Marie _____⁷ les courses pour nous.

Les réponses se trouvent en appendice.

G. **Et toi?** Écoutez chaque conversation, et dites ce que vous avez fait la semaine dernière.

Vous entendez: Nicole a discuté avec ses parents. —Moi, j'ai discuté avec mes amis. —Et toi?
Vous dites: Moi, j'ai discuté avec mes profs.

1. …   2. …   3. …   4. …   5. …   6. …

CORRESPONDANCE

Le courrier

Complétez la carte postale avec les expressions suivantes: **avons, campagne, lac, matinée, plage, rentrés, resté, sommes, trouvé.**

CARTE POSTALE

Cher Malik,

As-tu _____ ¹ l'énergie d'aller un peu nager, ou es-tu toujours sur ta serviette de _____ ²? Moi, mes vacances se passent bien. La Loire est vraiment une belle région.

Hier, je suis _____ ³ au lit jusqu'à dix heures, puis, après le petit-déj', mon frère et moi, nous _____ ⁴ décidé d'aller au _____ ⁵ qui se trouve près de chez grand-mère. Nous sommes partis à vélo et nous _____ ⁶ arrivés vingt minutes plus tard. La _____ ⁷ a passé vite: nous avons nagé et puis nous avons fait une petite randonnée.

Le grand calme! Nous sommes _____ ⁸ à l'heure du dîner.

Tes aventures me font toujours rêver, mais finalement, tu sais, j'aime aussi ma _____ ⁹!

Allez, salut!

Michel

Info-culture

Relisez le **Portrait** et le **Flash** dans votre livre, puis complétez chacune des phrases à l'aide d'une des options proposées.

1. Bernard Dadié est un _____ africain renommé.
   a. écrivain   b. peintre

2. Son œuvre montre son opposition à l'exploitation des Africains par les _____ blancs.
   a. philosophes   b. colonisateurs

3. *Afrique debout!* est le nom de son premier _____.
   a. recueil de poésies   b. tableau

4. Aujourd'hui, les Français ont _____ semaines de congés payés par an.
   a. deux   b. cinq

5. Pendant les vacances d'hiver, de nombreux Français vont à la _____.
   a. montagne   b. plage

6. Ceux qui aiment la _____ participent à ce que l'on appelle le « tourisme vert » .
   a. campagne   b. plongée sous-marine

🎧 Malik à l'appareil!

Au revoir, Malik! C'est la dernière fois que nous entendons Malik. Il est aujourd'hui au téléphone avec Adrien, un ami français qui lui téléphone pour lui parler de sa triste vie. Écoutez la conversation, puis dites si les phrases suivantes sont vraies (**V**) ou fausses (**F**).

1. V F   Quand il téléphone, Adrien est à Tignes, dans les Alpes.

2. V F   Adrien vient de passer des vacances au bord de la mer.

3. V F   Il fait mauvais à Paris.

4. V F   Malik et ses touristes ont passé d'excellentes vacances à Dakar.

5. V F   Ils ont fait beaucoup d'activités pendant la journée et n'ont pas beaucoup dormi la nuit.

6. V F   Adrien va aller au Maroc cet été.

Flash-culture

Destination Afrique: les parcs nationaux

Au Sénégal, le Parc national de Niokolo-Koba; au Cameroun, le Parc de la Bénoué; en Côte-d'Ivoire, le Parc national de la Comoé: le continent africain a une réserve d'espaces naturels unique au monde.

Depuis quelque temps, les gouvernements créent des parcs nationaux, immenses étendues de savane,[1] de forêts ou d'îles. Dans ces territoires protégés, la nature se développe sans être menacée[2] par les humains. Avec un guide, vous pouvez visiter ces parcs et même y[3] passer la nuit. Les animaux mythiques de l'Afrique y vivent[4] tranquillement: lions, buffles, éléphants, antilopes, hippopotames, singes[5]... Mais attention: ces animaux n'aiment pas la présence des humains! Pour les voir, levez-vous tôt[6] le matin!

---

[1]étendues... *expanses of grassland*   [2]*threatened*   [3]*there*   [4]y... *live there*   [5]*apes*   [6]levez-vous... *get up early*

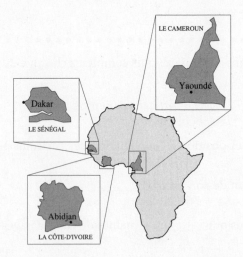

A. Révisons! Relisez le **Flash-culture,** puis trouvez la fin de chaque phrase.

_____ 1. L'Afrique a une réserve

_____ 2. Les animaux ne sont pas menacés

_____ 3. Avec un guide, vous pouvez visiter

_____ 4. Les animaux des parcs nationaux d'Afrique

_____ 5. Donc, il faut aller voir les animaux

a. les parcs nationaux d'Afrique.
b. très tôt le matin.
c. n'aiment pas la présence des humains.
d. d'espaces naturels unique au monde.
e. car les territoires sont protégés.

B. On est branché! Visitez le site Internet de *Vis-à-vis* (www.mhhe.com/visavis) pour obtenir les liens donnant les réponses aux questions suivantes.

1. En quelle saison est-ce qu'on aime visiter les parcs nationaux de Niokolo-Koba, de la Bénoué et de la Comoé? Qu'est-ce qu'on voit dans chaque parc: la savane, les forêts, les îles, etc.?

2. Utilisez un moteur de recherche pour trouver le site Web d'un parc national dans votre région (des États-Unis ou du Canada). Pour quelles raisons est-ce qu'on aime passer du temps dans ce parc?

LEÇON 3: STRUCTURES

Le passé composé avec l'auxiliaire *être*
Talking about the Past

• •

A. Ah! les verbes! Conjuguez les verbes au passé composé.

	ARRIVER	PARTIR	RENTRER
vous, madame			
Déo et moi			
les visiteurs			
Marie-Anne, tu			

B. Qu'est-ce qui s'est passé? Faites des phrases logiques (affirmatives ou négatives) au passé composé.
Rappel: le participe passé s'accorde avec le sujet.

> MODÈLE: Vendredi, nous avons eu un examen de biologie très difficile.
> Jeudi, nous: aller au cinéma / rentrer du laboratoire à onze heures du soir →
>
> Jeudi, nous ne **sommes** pas allés au cinéma. Nous **sommes** rentrés du laboratoire à onze heures du soir.

1. Il a plu à verse (*It rained cats and dogs*) dimanche après-midi. Mes amies: aller à la piscine / rester

à la maison / sortir dans le jardin / monter à cheval_____

_____

_____

_____

_____

2. Martine est allée en Afrique. Elle: passer par Dakar / rester une semaine à Marrakech / aller au

Teatro alla Scala / rentrer à cheval _____

_____

_____

_____

_____

3. Le marquis de La Fayette a participé à la Révolution américaine. Il: naître en 1757 / mourir en 1834 / partir pour l'Amérique en avion / devenir président des États-Unis _____

_____

_____

_____

✳ 4. Moi, je: naître avant 1970 / entrer à l'école primaire à cinq ans / arriver à l'université en avion / rentrer à la maison ce semestre _____

_____

_____

_____

_____

C. **Une jeune femme francophone.** Euzhan Palcy est une cinéaste martiniquaise. Reconstituez quelques moments importants de sa vie en utilisant les verbes **naître, devenir, partir, rentrer** et **venir** dans les phrases suivantes. Ensuite, numérotez les phrases selon leur ordre chronologique.

_____ En 1983, son premier grand film _____ célèbre à Paris.

_____ Jeune fille, elle _____ de Martinique pour faire ses études cinématographiques en France.

_____ Après le succès de *Rue Cases Nègres* (*Sugar Cane Alley*), Euzhan Palcy

_____ aux États-Unis pour tourner un autre film, cette fois-ci avec Marlon Brando et Donald Sutherland, *A Dry White Season*.

___1___ Elle _____ à la Martinique dans une famille d'artistes.

_____ Elle _____ à la Martinique faire son premier grand film, *Rue Cases Nègres*.

• Dans quels pays est-ce que Palcy a habité? _____

• Combien de films est-ce qu'elle a tournés? _____

D. **Baudelaire.** Mettez ce texte au passé. Attention: on utilise **être** ou **avoir** comme auxiliaire? Charles Baudelaire, célèbre poète français du 19e siècle, *naît*[1] à Paris en 1821. Il *a*[2] une relation difficile avec son beau-père, alors il *part*[3] pour Lyon.

Il *revient*[4] bientôt à Paris, où il *continue*[5] ses études. Il *habite*[6] alors le Quartier latin, où il *mène*[7] une vie de bohème. Il *part*[8] de Paris en 1841 pour faire un voyage en bateau qui *enrichit*[9] sa sensibilité. De retour à Paris, son héritage paternel lui *permet*[10] de vivre (*to live*) dans le luxe pendant un moment, mais il *finit*[11] sa courte vie dans la misère. Il *meurt*[12] en 1867, mais ses poèmes, connus dans le monde entier, *survivent*.[13] Dans «L'Invitation au voyage», il nous rappelle les joies du voyage.

_____

_____

_____

_____

_____

_____

_____

_____

_____

E. Un premier voyage. Maryvonne, qui a douze ans, voyage seule pour la première fois. Écoutez les directives de son père, et marquez les activités qu'il mentionne.

_____ aller sur le quai   _____ changer de train à Grenoble

_____ acheter un billet   _____ rencontrer des amis

_____ prendre sa valise   _____ aller voir tante Lucie

_____ monter dans le train   _____ rentrer dans deux semaines

_____ prendre le déjeuner   _____ faire une randonnée

_____ descendre à Lyon

Trois jours plus tard, Maryvonne écrit une carte postale à son père. Elle raconte son voyage *au passé*. Complétez sa carte postale.

CARTE POSTALE

Cher Papa,

Oui, à la gare je suis allée sur le quai. Je/J' _____ [1] ma valise.

Je/J'_____ [2] dans le train. Je/J'_____ [3]

à Lyon. Je/J'_____ [4] nos amis. Je/J'_____ [5]

voir tante Lucie. Et maintenant, Papa, j'ai envie de rentrer. Est-ce que tu peux

venir me chercher?

Gros bisous,

Maryvonne

Les réponses se trouvent en appendice.

Un week-end en ville. Racontez le week-end de Marceline au passé composé.

> Vous entendez: Marceline achète son billet.
> Vous dites: Marceline a acheté son billet.

> Vous entendez: Son train arrive.
> Vous dites: Son train est arrivé.

1. ...   2. ...   3. ...   4. ...   5. ...   6. ...   7. ...   8. ...

Les prépositions devant les noms de lieu
Expressing Location

● ●

A. Test de géographie. Connaissez-vous (*Do you know*) votre géographie?

> MODÈLE: Pour faire du ski sans quitter les États-Unis, on va ____au Colorado____.

Londres	Colorado	Japon
Amérique du Sud	Amérique du Nord	Moscou
Allemagne	Virginie	Californie
Chine	Afrique	Madrid

1. Le Mexique est_____.

2. On a inventé la Volkswagen _____.

3. Les voitures Nissan viennent _____.

4. On mange beaucoup de riz (*rice*) _____.

5. Le théâtre Bolchoï se trouve _____.

6. Le musée du Prado est _____.

7. Notre café vient _____.

8. George Washington est né_____.

9. La Côte-d'Ivoire est   _____.

10. Les grands vins américains viennent _____.

B. Des annonces. Lisez ces annonces publiées dans un magazine pour étudiants, *Le Monde de l'éducation*, puis répondez aux questions.

Stages et loisirs

Prof. organise voyage en août 89, Chine-Tibet-Népal et H.-Kong, circuit complet, bonnes prestations.
Tél: 01-43-40-66-84, soir.

Le Maroc en bus, 21 jours août, 4.600 F tt comp., camping style cool. Doc. à Foyer rural, 52000 Euffigneix.
Tél: 01-25-32-31-46, soir.

Voyage en Chine, Route de la soie, 1 mois, juillet, août, 15 900 F TC, M. Chen, 60 bd Magenta, 75010 Paris.

Corse Porticcio, loue été, F3, dans villa calme, 500 m de la plage
Tél: 01-93-20-18-14 ou 01-93-63-42-22, le soir.

VACANCES ANGLAISES POUR JEUNES
Joignez l'utile à l'agréable. Améliorez votre anglais sans peine dans l'ambiance chaleureuse de notre home. Cours particuliers et sorties variées.
FAMILY INTERNATIONAL
11 Ashwell Road
Whissendine, OAKHAM
Leics LE 15 7EN. G. B.
Tel : 19 44 66 479 219.

---

1. Que proposent ces annonces? _____

2. Où peut-on passer 21 jours en août? _____

3. Combien coûte le voyage en Chine sur la route de la soie (*silk*)? _____

4. Quels sont les trois pays où le professeur organise un voyage? _____

5. Dans quelle ville de Corse est-ce qu'on peut louer une villa? _____

＊6. Quelle annonce vous intéresse (*interests you*) le plus? Où aimeriez-vous aller? Pourquoi?

   _____

   _____

C. Voyages d'affaires. M. Auteuil est représentant (*salesman*) pour une entreprise internationale. Il voyage beaucoup. Racontez ses voyages selon son calendrier.

Verbes utiles: aller, arriver, être, partir, quitter, rentrer, revenir, visiter

septembre

lundi	mardi	mercredi	jeudi	vendredi	samedi	dimanche
				1	2	3
4	5 *Rio*	6	7 →	8	9	10
11	12 *Marseille*	13 *Italie*	14 *Allemagne* →	15	16 →	17
18	19	20 *Japon*	21	22	23	24
25 →	26 →	27	28	29 *Angleterre* →	30 →	

MODÈLE: Mardi le cinq, il va à Rio où il passe trois jours. Il rentre du Brésil le huit.

1. Mardi le douze _____

   _____.

2. Mercredi le treize _____

   _____.

3. Jeudi le quatorze _____

   _____.

4. _____

_____

5. _____

_____

D. Voyages de rêve. Écoutez les projets de voyage suivants, puis donnez la destination de ces gens.

Vous entendez: Sylvie veut voir des ruines mayas et aztèques en Amérique. Où va-t-elle?
Vous dites: Elle va au Mexique.

Destinations: l'Australie, la Belgique, le Canada, la Chine, le Mexique, New York, la Tunisie

1. …   2. …   3. …   4. …   5. …   6. …

E. Le retour. Écoutez la description et dites d'où arrive chaque personne.

Cybèle   Monique   Gérard   Florence   Joseph

Vous entendez: Cybèle arrive d'Amérique du Sud. On parle portugais dans le pays qu'elle a visité. À Rio, une ville importante, on célèbre le carnaval du Mardi gras au mois de février. D'où arrive Cybèle?
Vous dites: Elle arrive du Brésil.

1. …   2. …   3. …   4. …

LEÇON 4: PERSPECTIVES

Faire le bilan
• •

✳A. Souvenirs. Racontez trois événements de votre vie avant (*before*) l'âge de dix ans.

MODÈLE: J'ai visité la Californie pour la première (*first*) fois avec ma famille.

1. _____

2. _____

3. _____

Racontez trois de vos souvenirs de l'école secondaire.

4. _____

5. _____

6. _____

B. Épisodes de l'histoire de France. Lisez ce texte, puis répondez aux questions suivantes.

La Révolution française commence le 14 juillet mil sept cent quatre-vingt-neuf[a] quand le peuple de Paris prend la Bastille. Louis XVI est guillotiné en mil sept cent quatre-vingt-treize.[b]

Napoléon Bonaparte devient empereur en mil huit cent quatre,[c] mais, après sa défaite à la bataille de Waterloo en mil huit cent quinze,[d] Louis XVIII monte sur le trône. Son frère, Charles X, devient roi (*king*) mais il s'échappe (*escapes*) en Angleterre pendant la Révolution de mil huit cent trente.[e]

Le règne de Louis-Philippe finit en mil huit cent quarante-huit[f] avec une autre révolution. Le peuple proclame la Seconde République. Mais le 2 décembre mil huit cent cinquante et un,[g] Louis-Napoléon Bonaparte prépare un coup d'état.

Après la guerre (*war*) avec la Prusse, en mil huit cent soixante-dix,[h] le peuple proclame la Troisième République, qui va continuer jusqu'en mil neuf cent quarante,[i] au début de la Deuxième Guerre mondiale. Mil neuf cent cinquante-huit,[j] marque le début de la Cinquième République en France.

1. Écrivez en chiffres les dix dates données dans le texte. Donnez aussi l'événement correspondant. (Nous avons commencé la liste pour vous.)

a. 1789—la Révolution française

b. _____

c. _____

d. _____

e. _____

f. _____

g. _____

h. _____

i. _____

j. _____

2. Combien de révolutions est-ce qu'il y a eu en France entre 1770 et 1900? _____

3. Combien de monarques est-ce qu'il y a eu en France pendant cette période? _____

* **C. Et vous?** Répondez aux questions suivantes.

1. Que venez-vous de faire? _____

_____

2. Qu'est-ce que vous avez pris au petit-déjeuner ce matin? _____

_____

3. Jusqu'à quel âge avez-vous dormi avec votre ours en peluche (*teddy bear*)? _____

_____

4. Vous avez un anorak? De quelle couleur? _____

_____

5. Où avez-vous passé les dernières vacances d'hiver? _____

_____

6. En général, combien d'heures dormez-vous par nuit? _____

_____

Prononciation

Les consonnes finales. Final consonants are generally not pronounced in French. To distinguish singular and plural nouns, for example, it is necessary to listen to the article: **le parapluie, les parapluies; la tente, les tentes**. However, there are a few final consonants that are usually pronounced:

- Final **c:** avec, bec, parc
- Final **f:** bœuf, neuf, soif

- Final **l:** bal, mal, mille
- Final **r:** pair, par, pour

Be aware that there are several common words in which the final **c** is not pronounced: **banc, blanc, porc, tabac**. Keep in mind, as well, that final **-er** is sometimes pronounced like French **air,** but often pronounced like **é: fier,** but **chanter, danser, parler**.

Répétez les expressions suivantes. Vous les entendrez deux fois.

1. parc / public / Québec / sac / banc / blanc / porc / tabac
2. chef / neuf / œuf / soif / bœuf / fief
3. alcool / bal / col / bol / mal / pull
4. air / fier / mer / pour / bronzer / nager / quitter / voyager

À l'écoute!

Des vacances originales. Les vacances d'été approchent et Mme Dumas, qui a des enfants, vient d'entendre une annonce à la radio qui l'a beaucoup intéressée. Écoutez cette annonce, puis complétez les phrases suivantes à l'aide des éléments qui conviennent.

Expressions utiles: **le séjour**   stay
un animateur   a camp counselor

1. *Colosympa* organise des vacances réservées aux jeunes de 14 à _____ ans.
   a. 17   b. 18   c. 19

2. Ce concept de vacances mêle (*mixes*) sport, nature et _____.
   a. Internet   b. peinture   c. littérature

3. Ce village de vacances est _____.
   a. à la campagne   b. à la montagne   c. au bord de la mer

4. On peut faire du rafting, du VTT, de la voile et _____.
   a. du camping   b. la cuisine   c. des randonnées

Par écrit

Function: Narrating in the past

Audience: Friends

Goal: Write a story about a disastrous vacation (**des vacances désastreuses**) that you experienced,
                or invent such a situation.

Steps

1. Write an outline of your story.

   • Set the scene. Tell who went with you and where you went.

   • Describe the complications that beset you.

   • Explain your reactions, and those of your companions, to the adverse circumstances.

   • Tell how the vacation ended and how the difficulties were resolved.

2. Complete the outline, fill in any details, and write the first draft.

3. Have a classmate reread the draft to see if what you've written is clear.

4. Finally, make any changes suggested by your classmate that seem germane and check the draft
   for spelling, punctuation, and grammar. Focus especially on your use of the **passé composé**.

Journal intime

Avant d'écrire dans votre journal, lisez les questions suivantes et cochez (✓) les réponses correctes.

Qu'est-ce que vous avez fait l'été passé?

J'ai... / Je suis...

_____ travaillé

_____ allé(e) (où?)

_____ passé beaucoup de temps avec des amis

_____ fait des études

_____ regardé beaucoup de télévision

_____ fait beaucoup de natation

_____ (autre) _____

Maintenant décrivez brièvement ce que vous avez fait l'été passé.

- Où êtes-vous allé(e)?

- Qu'est-ce que vous avez fait?

- Avec qui?

- Qu'est-ce que vous avez appris, acheté, vu, etc.?

MODÈLE: L'été passé, j'ai travaillé comme animatrice (*counselor*) dans un camp de vacances pour enfants handicapés…

RÉCAPITULONS! CHAPITRES 5 À 8

A. Révision de verbes. Complétez les phrases avec la forme correcte du verbe indiqué.

Nous _____[1] (habiter) en banlieue de Rouen. Mon père _____[2] (travailler) en ville où il _____[3] (vendre) des produits pharmaceutiques. Ma mère, qui est informaticienne, _____[4] (avoir) son bureau à la maison. Mon frère Pierre et moi _____[5] (aller) à la même université. Nous _____[6] (réussir) bien dans nos études. Nous _____[7] (voyager) ensemble et _____[8] (prendre) le train tous les jours. Pierre _____[9] (vouloir) acheter une voiture, mais moi, je _____[10] (préférer) les transports en commun. Chez nous, les tâches ménagères _____[11] (être) bien partagées. Quand maman le _____[12] (pouvoir), elle _____[13] (faire) les courses et au retour du travail, c'_____[14] (être) mon père qui _____[15] (faire) la cuisine. Le week-end, Pierre et moi _____[16] (faire) le ménage.

B. À Paris. Jacques et Madeleine discutent des prix chez Fauchon, l'élégant magasin d'alimentation. Écoutez les prix et complétez le tableau suivant.

- le pâté de foie gras: _____F le kilo
- le camembert: _____F la pièce
- les truffes noires: _____ F les 100 grammes
- le vin mousseux de Saumur: _____F la bouteille
- le jambon de Parme: _____ F le kilo

Les réponses se trouvent en appendice.

C. Remèdes. Les personnes suivantes ont de petits problèmes. Proposez une solution logique.

MODÈLE: La maison de Mme Lecoq est complètement en désordre après sa soirée de samedi dernier. Qu'est-ce qu'elle doit faire? → Elle doit faire le ménage.

1. Deux amies ont préparé un dîner délicieux. Maintenant leur cuisine est remplie d'assiettes et de tasses sales. Qu'est-ce qu'elles doivent faire? _____

_____

2. Vous avez besoin de faire un peu d'exercice physique, mais vous n'avez pas d'équipement. Qu'est-ce que vous pouvez faire? _____

_____

3. Vos parents sont curieux parce que vous avez un nouveau petit ami/une nouvelle petite amie. Qu'est-ce qu'ils veulent faire? _____

_____

4. Vous avez des devoirs à faire pour votre cours d'anglais de demain. Mais il est neuf heures du soir. Qu'est-ce que vous devez faire? Qu'est-ce que vous voulez faire?_____

_____

5. Vous avez perdu votre sac à dos et votre portefeuille (*wallet*) avec cinquante dollars. Qu'est-ce que vous pouvez faire? Qu'est-ce que vous allez faire? _____

_____

D. Donnez des ordres. Faites des suggestions logiques à l'aide des expressions suivantes: **aller au lit, boire du café, faire du ski, ne pas faire de pique-nique, jouer au tennis, prendre l'autobus.**

MODÈLE: Il est minuit. (tu) → Va au lit!

1. Il neige. (nous) _____

2. Il fait du soleil. (tu) _____

3. Il pleut. (vous) _____

4. Il est sept heures du matin et vous avez sommeil. (vous) _____

5. La voiture est au garage. (nous) _____

E. Au snack-bar. Écoutez attentivement le dialogue suivant, puis écrivez les expressions qui manquent.

LE SERVEUR: _____,[1] mademoiselle?

CORINNE: _____[2] et une petite

_____[3] niçoise, _____.[4]

LE SERVEUR: _____?[5]

CORINNE: Non, attendez… _____[6] aussi un café crème.

LE SERVEUR: _____?[7]

CORINNE: Pour emporter. _____?[8]

LE SERVEUR: Ça fait _____.[9] Merci, mademoiselle.

CORINNE: _____.[10] Au revoir!

Les réponses se trouvent en appendice.

Maintenant, écoutez les propos du serveur et répondez à la place de Corinne.

1. ...   2. ...   3. ...   4. ...

F. Entendu (*Overheard*) au magasin. Complétez les phrases suivantes à l'aide d'un adjectif démonstratif (**ce, cet, cette** ou **ces**).

À la boulangerie:

« _____[1] boulangerie est fameuse. _____[2] pain est merveilleux et

_____[3] croissants sont excellents. J'adore _____[4] gâteaux. Regarde

_____[5] éclair au chocolat! »

À l'épicerie:

« Moi, j'aime _____⁶ légumes et _____⁷ fruits. Regarde

_____⁸ orange! Elle est superbe. _____⁹ salade semble (*seems*) être

parfaite. _____¹⁰ œufs sont très frais. Mais pourquoi est-ce que _____¹¹

œuf n'est pas marron? »

À la boucherie:

—Je vais prendre _____¹² rôti de bœuf et _____¹³ saucisses.

—Vous voulez un peu de _____¹⁴ pâté?

—Non merci. Je préfère _____¹⁵ côtes de porc.

G. Un tour des îles francophones. Mettez l'histoire suivante au passé composé.

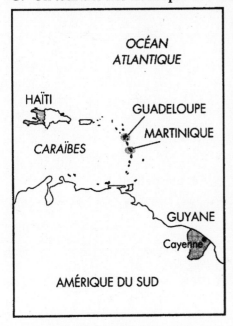
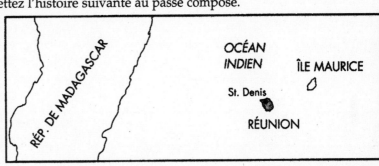
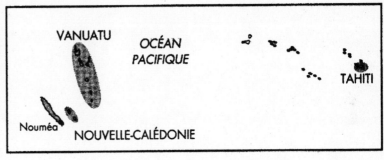

Un jour de septembre, nous _____¹ New York pour aller à la Guadeloupe.

Ensuite, nous _____² à la Martinique. Nous _____³ les

plages de ces îles si reposantes! Après une semaine nous _____⁴ à La

Réunion, une petite île à l'est de Madagascar, dans l'océan Indien.

    Puis, on _____⁵ pour Tahiti où on _____⁶ deux

semaines magnifiques. Moi, je _____⁷ du bateau; mes amis

_____⁸ sur les plages. On _____⁹ des fleurs splendides et…

les villages que Gauguin _____ tant (*so much*) _____.¹⁰

    Moi, je _____¹¹ de visiter la Nouvelle-Calédonie. Mais mes amis

_____¹² à Tahiti. À la fin du voyage, nous _____¹³ ensemble

aux États-Unis. Quand nous _____¹⁴ de l'avion à New York, j'étais (*was*)

triste de voir les couleurs sombres de cette ville—mais très heureux de revoir ma

famille.

aller
partir
quitter
trouver

aimer
bronzer
décider
descendre
faire
partir
passer
rentrer
rester
voir

H. Un week-end à la campagne. Racontez au passé composé le week-end de votre amie Zineb.

> Pay special attention to whether verbs are conjugated with **avoir** or with **être** in the **passé composé.**

Vous ententez: Zineb achète une tente.
Vouse dites: Zineb a acheté une tente.

Vous entendez: Ses amis arrivent.
Vous dites: Ses amis sont arrivés.

1. ...   2. ...   3. ...   4. ...   5. ...   6. ...   7. ...   8. ...

En route!

CHAPITRE 9

LEÇON I: PAROLES

À l'aéroport / À la gare / En route!

A. Analogies. Complétez chaque analogie.

1. _____ : voler = voyage : voyager

2. aéroport : avion = _____ : train

3. steward : hôtesse de l'air = passager : _____

4. _____ : air = bateau : eau

5. conducteur : train = _____ : avion

6. piloter : avion = _____ : moto

7. rouler : voiture = faire : _____

8. _____ : billet = boulangerie : pain

B. Thierry et Serge partent pour la Suisse. Racontez leur départ. Mentionnez les objets marqués d'une flèche (*arrow*).

Thierry et Serge sont au _____[1] pour acheter des _____.[2] Leurs

_____[3] sont par terre. Ils vont en Suisse pour faire du _____.[4]

Le train est déjà à la _____.⁵ Serge et Thierry attendent sur le _____⁶

Pour l'instant, ils sont les seuls _____⁷

Ils ont réservé des places dans un _____⁸ non-fumeurs.

C. À l'aéroport international. Trouvez le numéro du vol sur le tableau et écrivez les informations que vous entendez.

Vous entendez: Le vol numéro quatre-vingt-treize arrive du *Maroc* à *dix-sept heures quinze.*
Vous écrivez:

N° DU VOL	ARRIVE DE/DU/DES	HEURE D'ARRIVÉE
61		9 h 40
74		13 h 30
79		
81	*Russie*	
88		
93	*Maroc*	17 h 15
99	*Mexique*	

Les réponses se trouvent en appendice.

D. Le voyage de Sabine. Écoutez l'histoire en regardant les dessins. Mettez les dessins en ordre en les numérotant de 1 à 6.

Sabine est étudiante en sociologie à Rouen. L'été passé, elle a fait un voyage d'études en Côte-d'Ivoire.

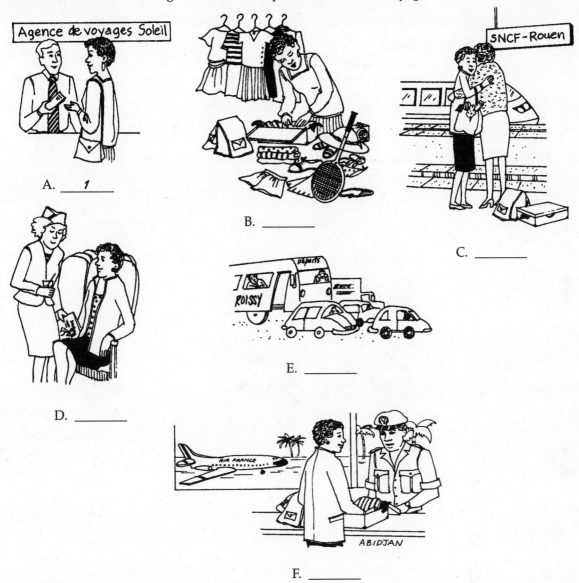

A. _____1_____

B. _____

C. _____

D. _____

E. _____

F. _____

 E. Et vous? Réfléchissez à un voyage en train ou en avion que vous avez fait récemment, et donnez votre propre réponse aux questions suivantes. Vous n'entendrez pas de réponses suggérées.

Vous entendez: Pourquoi as-tu fait ce voyage?
Vous voyez: J'ai fait… pour…
Vous dites: J'ai fait ce voyage pour voir ma famille.

1.   J'ai voyagé…
2.   J'ai pris…
3.   J'ai choisi…
4.   Oui, j'ai emporté… (Non, je n'ai pas…)
5.   À mon arrivée…
6.   Oui, j'ai loué (*rented*)… (Non, je n'ai pas…)

Les points cardinaux

Test de géographie. Au nord, au sud, à l'est ou à l'ouest? Consultez les cartes dans votre livre au besoin.

MODÈLE: la France / le Luxembourg → La France est au sud du Luxembourg.

1. le Mexique / les États-Unis _____

2. la Colombie / le Brésil _____

3. le Sénégal / la Côte-d'Ivoire _____

4. l'Allemagne / la Belgique _____

5. l'Italie / la Grèce _____

6. l'Algérie / le Maroc _____

LEÇON 2: STRUCTURES

Le verbe *conduire*
Expressing Actions
● ●

A. Pensées diverses. Complétez les phrases avec les formes correctes de **conduire, construire, détruire, réduire** ou **traduire.**

1. Nous _____ cet article en japonais.

2. Mon amie Cornelia va partout à pied. Elle ne _____ jamais sa voiture.

3. Les Riesel? Oui, ils _____ une nouvelle maison l'année dernière.

4. Notre professeur _____ des poésies de Senghor, il y a trois ans.

5. Léa et moi, nous _____ notre moto prudemment.

6. On _____ beaucoup de villes françaises pendant les deux Guerres mondiales.

7. Dans les villages, les automobilistes _____ la vitesse.

B. Moyens de transport. Écoutez la description et donnez le nom du véhicule.

Vous entendez: Viviane voyage en train sous la ville de Paris.
Comment voyage-t-elle?
Vous dites: Elle voyage en métro.

1. ... 2. ... 3. ... 4. ... 5. ...

Depuis et *pendant*
Expressing How Long, How Long Ago, and Since When
● ●

A. À Chamonix. Mariane et Fanny font connaissance pendant les vacances. Utilisez **depuis, pendant** ou **il y a.**

MARIANE: _____[1] quand es-tu ici à Chamonix?

FANNY: Je suis ici _____[2] trois heures. J'ai envie de faire de l'alpinisme

_____[3] les trois jours que je vais être ici. Tu es ici

_____[4] longtemps?

MARIANE: J'ai pris le train de Lyon _____ [5] une semaine.

_____ [6] six jours, je visite toutes les curiosités de la région: la mer de Glace, le mont Blanc. Et _____ [7] mon arrivée, je goûte à tous les bons plats de la région.

FANNY: Est-ce qu'il fait toujours si beau _____ [8] le mois de juin?

MARIANE: D'habitude, oui. Mais il a neigé en montagne _____ [9] deux semaines.

✴**B. Évolution.** Décrivez vos activités passées et présentes en complétant ces phrases. Notez bien le temps des verbes employés.

1. J'étudie le français depuis _____.

2. Je joue à/de _____ depuis _____.

3. J'habite à _____ depuis _____.

4. J'ai commencé mes études universitaires il y a _____.

5. J'ai acheté _____ la semaine passée.

C. Nouveaux intérêts. Écoutez la conversation entre Bernard et Sophie.

Un soir, à l'hôtel, Bernard Meunier parle avec une jeune femme, Sophie Morin…

Après les vacances. Sophie décrit ses vacances à une copine. Écoutez les questions de sa copine et complétez par écrit les phrases suivantes.

1. Je suis de retour _____ quelques jours seulement.

2. _____ mon retour, je pense à mon nouvel ami Bernard…

3. _____ mes vacances, j'ai passé beaucoup de temps avec Bernard.

4. Nous avons parlé pour la première fois _____ deux semaines.

5. Ce soir-là, nous avons discuté _____ des heures.

D. Question de temps. Écoutez la question et la réponse d'un étudiant. Puis répondez vous-même.

Vous entendez: Quand as-tu vu « *Saving Private Ryan* »? —Moi j'ai vu ce film il y a deux ans! —Et toi?

Vous dites: Moi, il y a un an.

1. …   2. …   3. …   4. …   5. …

CORRESPONDANCE

Le courrier

• •

> In **Chapitres 9–12**, you will find e-mail exchanged by Paul and his former girl-
> friend Nathalie, a journalist traveling through France, Belgium, and Switzerland.
> Remember to read through the e-mail once or twice before completing it. You do
> not need to understand every word in order to complete this activity
> successfully. **Allez-y!**

Complétez le message avec les expressions suivantes: **auberge, encore, ennui, jamais, moto, pas du tout, pendant, station-service, tout, train.**

DE: Paul@universpar.fr

À: Nathalie@media.fr

Nathalie,

Le festival de Cannes? Ta profession est plutôt agréable, dis donc! Cannes est une belle ville et quelle activité au moment du festival! L' _____,[1] c'est que _____[2] le monde veut voir les stars. Il y a des touristes partout. Et _____[3] combien de temps vas-tu rester à Cannes?

Moi, bientôt, je vais avec un copain au Pays basque. Je ne connais _____[4] cette région, mais on me dit que c'est très beau. Comme la voiture est _____[5] à la _____,[6] on va prendre le _____.[7] On va rester dans une _____[8] de jeunesse à Hendaye. Là, on va louer une _____[9] pour pouvoir aller se promener. Sympa comme idée, n'est-ce pas? Comme je ne suis _____[10] allé en Espagne, ça va être l'occasion.

On se voit au retour pour parler de nos expériences à la plage, si tu veux!

Dis bonjour à Juliette Binoche, si tu la vois!

Paul

Info-culture

Relisez le **Flash** et le **Portrait** dans votre livre, puis complétez les phrases suivantes.

1. Jules Verne a écrit *Le Tour du monde en* _____ *jours.*

2. Jules Verne est l'inventeur du roman de _____ à la française.

3. Il vit au _____ᵉ siècle et imagine déjà des voyages sur la lune.

4. _____, c'est l'abréviation de la Société Nationale des Chemins de Fer français.

5. Les _____ qui aiment voyager en train ont droit à de nombreuses réductions.

6. Avec la «carte Inter Rail», on peut voyager dans 29 pays d'_____.

Nathalie à l'appareil!

Quel voyage! Nathalie doit aller sur la Côte d'Azur pour interviewer un des organisateurs du Festival de Cannes. Au dernier moment, elle décide de prendre l'avion, mais son voyage ne se passe pas très bien. À l'arrivée, elle téléphone à un représentant de la compagnie aérienne. Écoutez la conversation, puis indiquez si les phrases suivantes sont vraies (**V**) ou fausses (**F**).

Vocabulaire utile:	**pour vous faire part de**	to let you know of (about)
	perdre de l'altitude	to lose altitude
	être mouillé(e)	to be wet

1. V F   L'avion de Nathalie part de Paris avec deux heures de retard.

2. V F   Dans l'avion, elle est assise en classe affaires.

3. V F   Elle désire boire de l'eau minérale dans l'avion.

4. V F   À Nice, elle ne trouve pas sa valise.

5. V F   Le représentant de la compagnie aérienne lui offre un aller-retour gratuit.

6. V F   La proposition du représentant satisfait Nathalie.

Flash-culture

La petite reine[1] ou la revanche[2] de la bicyclette

Il y a plus de 100 000 cyclistes à Paris! «Auto, c'est trop: la ville aux vélos!», «Paris à vélo et le monde est plus beau!»: voilà les slogans des partisans de «la petite reine». Les jeunes sont les principaux adeptes de ce moyen de locomotion non-polluant.

Réunis en associations et mouvements de défense de la bicyclette, les cyclistes manifestent[3] régulièrement à Paris. Ils protestent contre la dictature de la voiture. Ils demandent la protection des cyclistes: se déplacer[4] sans danger dans les rues de Paris. Et ils obtiennent de bons résultats: il existe maintenant plus de 130 kilomètres de piste cyclable[5] dans la capitale française.

---

[1]*queen*   [2]*revenge*   [3]*demonstrate*   [4]*se... to move about*   [5]*piste... bicycle path*

Mouvement de Défense de la Bicyclette
32 rue Raymond Losserand
75014 PARIS

Tél : 33(0)1 43 20 26 02
Fax : (0)1 43 35 14 06

A. Révisons! Relisez le **Flash-culture**, puis complétez les phrases suivantes.

1. Il y a plus de 100 000 _____ à Paris.

2. Les Parisiens qui choisissent « la petite reine » sont principalement les _____ .

3. La bicyclette, c'est un moyen de locomotion _____.

4. Pour attirer l'attention sur leur point de vue, les cyclistes militants parisiens _____ régulièrement.

5. Ce qu'ils demandent, c'est de pouvoir se déplacer _____ dans les rues de Paris.

 B. On est branché! Visitez le site Internet de *Vis-à-vis* (www.mhhe.com/visavis) pour obtenir les liens donnant les réponses aux questions suivantes.

1. Où est-ce qu'on peut louer une bicyclette à Paris? Donnez des détails pratiques: coût, horaire, etc. Donnez également quelques informations sur les balades guidées.

2. Décrivez l'organisme *Le Monde à Bicyclette*. Nommez trois de ses objectifs à l'agenda.

LEÇON 3: STRUCTURES

Les adverbes affirmatifs et négatifs
Expressing Negation

● ●

A. Mais non! Roger adore contredire (*to contradict*) son ami Bernard. Observez le modèle et aidez Roger à contredire son ami!

> MODÈLE: BERNARD: Marie aime beaucoup l'opéra.
> ROGER: Mais non, elle n'aime pas du tout l'opéra.

1. BERNARD: Maurice est toujours à l'heure.

   ROGER: Mais non, _____.

2. BERNARD: Henri est déjà allé en Italie.

   ROGER: Mais non, _____.

3. BERNARD: Il part souvent en vacances.

   ROGER: Mais non, _____.

4. BERNARD: Sa femme ne part jamais avec lui.

   ROGER: Mais si, _____.

5. BERNARD: Henri travaille encore chez Renault.

   ROGER: Mais non, _____.

6. BERNARD: Sa fille est déjà mariée.

   ROGER: Mais non, _____.

7. BERNARD: Son fils n'est plus à l'université.

   ROGER: Mais si, _____.

B. À l'agence de voyages. Pauvre Yves! Il a toujours moins (*less*) de chance que les autres. Écrivez son rôle dans le dialogue en utilisant **ne... que.**

> MODÈLE: MARC: Chic! (*Cool!*) J'ai mille dollars à dépenser cet été.
> YVES: Moi, je __n'ai que deux cents dollars__ .

MARC: J'ai six semaines de vacances cette année.

YVES: Moi, je _____ [1]

MARC: Il y a une douzaine d'endroits que je voudrais visiter.

YVES: _____ [2]

MARC: Je peux choisir entre six grands hôtels dans plusieurs villes européennes.

YVES: _____ [3]

MARC: Je vais partir pour trois semaines au soleil.

YVES: _____ [4]

C. Paul et Richard. Écoutez la description de Paul et comparez-le à son frère Richard, qui est son opposé.

> Vous entendez: Paul a déjà un diplôme.
> Vous dites: Richard n'a pas encore de diplôme.
>
> Vous entendez: Paul a encore de l'argent.
> Vous dites: Richard n'a plus d'argent.

1. … 2. … 3. … 4. … 5. … 6. …

D. Limites. Écoutez les phrases suivantes et remplacez l'expression **seulement** par **ne… que.**

> Vous entendez: Nous avons seulement deux heures ici.
> Vous dites: Nous n'avons que deux heures ici.
>
> Vous entendez: J'achète seulement un billet.
> Vous dites: Je n'achète qu'un billet.

1. … 2. … 3. … 4. …

Les pronoms affirmatifs et négatifs
Expressing Negation

• •

A. Après les vacances. On parle d'une personne ou d'une chose? Complétez.

> MODÈLES: _Rien n'_ est facile à la douane.
>
> _Personne n'_ est tombé malade.

1. _____ est rentré avant dimanche dernier.

2. _____ a coûté plus de cinq cents francs.

3. _____ va avec la chemise que j'ai achetée à Alger.

4. _____ a aimé le restaurant à Auxerres.

5. _____ a pris le TGV.

6. _____ reste de toutes mes économies.

B. Un esprit de contradiction. Jean-Louis est de mauvaise humeur. Il n'a rien de bon à dire. Répondez à sa place (au négatif!).

> MODÈLE: Avez-vous vu quelqu'un d'intéressant ce matin? →
> Non, je n'ai vu personne d'intéressant.

1. Avez-vous quelque chose à faire cet après-midi?

   _____

2. Avez-vous quelqu'un à voir aujourd'hui?

   _____

3. Est-ce qu'il y a quelque chose de bon au cinéma?

   _____

4. Est-ce que quelqu'un comprend vos problèmes?

   _____

5. Vous êtes encore satisfait de votre travail?

   _____

C. Voir tout en noir. Écoutez chaque question posée par des amis et répondez à la forme négative.

> Use **rien, personne,** or **jamais** as your answer.

Vous entendez: Qu'est-ce que tu as fait samedi soir?
Vous dites: Rien.

Vous entendez: Vas-tu parfois danser le week-end?
Vous dites: Non, jamais.

Vous entendez: Qui t'a invité à dîner cette semaine?
Vous dites: Personne.

1. …   2. …   3. …   4. …   5. …   6. …

D. À minuit. Regardez le dessin et écoutez chaque question. Répondez avec **ne... personne** ou **ne... rien.**

Vous entendez: Est-ce qu'il y a quelqu'un sur le quai?
Vous dites: Non, il n'y a personne sur le quai.

1. …   2. …   3. …   4. …   5. …

E. Un pessimiste. Donnez les réactions d'une personne pessimiste.

> Use **personne de/d'** + adjective
> or **rien de/d'** + adjective in your
> answer.

Vous entendez: Il y a quelque chose d'amusant à faire.
Vous dites: Non, il n'y a rien d'amusant à faire.

Vous entendez: Quelqu'un d'intéressant est ici.
Vous dites: Non, personne d'intéressant n'est ici.

1. …   2. …   3. …   4. …

LEÇON 4: PERSPECTIVES

Faire le bilan
• •

A. Associations. À quels autres mots associez-vous les mots suivants?

MODÈLE: le professeur: les étudiants, la salle de classe, les livres

1. l'avion: _____, _____, _____

2. conduire: _____, _____, _____

3. le wagon: _____, _____, _____

4. le passager: _____, _____, _____

✳**B. Questions personnelles.** Répondez aux questions suivantes en faisant des phrases complètes et en employant **depuis, pendant** et **il y a.**

1. Depuis quand est-ce que vous allez à l'université?

   _____

2. Quand est-ce vous avez commencé à étudier le français?

   _____

3. Vous pratiquez votre français pendant combien de minutes (ou d'heures) chaque jour?

   _____

4. Depuis quand est-ce que vous habitez dans cette ville?

   _____

5. Quand avez-vous quitté la maison de vos parents?

   _____

C. Questionnaire. Complétez chaque phrase avec **quelque chose de** ou **quelqu'un de** + un adjectif.

Adjectifs utiles: passionnant (*fascinating*), frais, formidable, cher, surprenant, charmant, nouveau, facile, intellectuel, amusant

MODÈLE: Je voudrais manger quelque chose de frais.

1. Je voudrais épouser (*to marry*) _____

2. Je voudrais boire _____

3. Je voudrais faire _____

4. Je voudrais parler avec _____

5. Je voudrais danser avec _____

6. Je voudrais voir _____

✳ **D.** **Et vous?** Donnez votre réponse, en utilisant les nouvelles expressions du chapitre.

1. Avez-vous déjà des neveux? _____

_____

2. Prenez-vous toujours du vin au petit-déjeuner? _____

_____

3. Qui parle latin dans votre classe? _____

_____

4. Voyez-vous quelque chose d'intéressant ou quelqu'un d'intéressant en ce moment?_____

_____

5. Quand espérez-vous partir à l'étranger? _____

_____

Prononciation

Révision d'orthographe. (*Spelling review.*) Répétez les lettres de l'alphabet et les mots correspondants.

a	abricot	h	haricot	o	omelette	u	ustensile
b	baguette	i	italien	p	pain	v	viande
c	carotte	j	jambon	q	quiche	w	whisky
d	dessert	k	kaki	r	raisin	x	xérès
e	escargot	l	lait	s	salade	y	yaourt
f	fondue	m	marron	t	tarte	z	zeste
g	gâteau	n	noisette				

Les accents. Épelez et prononcez les mots suivants. Attention aux accents.

Vous entendez: hôtel
Vous dites: H-O accent circonflexe-T-E-L, hôtel

Vous entendez: étagère
Vous dites: E accent aigu-T-A-G-E accent grave-R-E, étagère

1. voilà
2. théâtre
3. où
4. français
5. Noël

À l'écoute!

Un service de la SNCF. Vous allez entendre une publicité pour la SNCF. Écoutez attentivement, puis indiquez ce qui correspond au concept auto/train.

Avec le concept auto/train...

1. on arrive _____.
   a. fatigué   b. en forme

2. on conduit _____.
   a. trop longtemps   b. peu

3. on est _____.
   a. en sécurité   b. en danger

4. on arrive _____.
   a. à l'heure   b. en retard

5. les vacances commencent _____.
   a. bien   b. mal

Par écrit

• •

Function: Persuading

Audience: Students, staff, and faculty of your college or university

Goal: Write an article for the campus newspaper on the problems of transportation at your college or university. Use the following questions as a guide.

1. Quels sont les problèmes de transport sur le campus? Est-ce qu'il est difficile de garer (= stationner) sa voiture? Est-ce qu'il y a trop de voitures, assez de transports en commun? Est-il facile de sortir le soir sans voiture? Peut-on se déplacer à pied (*get around on foot*) sans ennuis?

2. Quel moyen de transport préfèrent la plupart (*majority*) des étudiants? Êtes-vous d'accord avec ces étudiants? Pourquoi ou pourquoi pas?

3. Proposez quelques réformes pour améliorer les problèmes de transport sur le campus.

Steps

1. Jot down some answers to the preceding questions. Make educated guesses and give your own opinions.

2. Start to reorganize your thoughts. Write a brief introduction, using the answer to the first question under number 1 as your topic sentence.

3. Answer the set of questions under number 2 by presenting any evidence you have about the kinds of transportation preferred by students at your college.

4. Suggest some solutions to the problems. Use some of the following expressions: **Il faut** + infinitive; **On doit; On dit que; Il est certain que; Il est probable que** (*It's likely that*); **J'espère que** (*I hope that*); **ne... plus; ne... jamais; Personne... ne; Rien... ne.**

   Autres mots utiles: les parkings (*parking lots*); les transports en commun; les parcomètres (*m., parking meters*); les navettes (*f., shuttles*)

5. Have a classmate read your first draft to see if what you've written is clear.

6. Make any necessary changes suggested by your classmate and check the draft for spelling, punctuation, and grammar errors. Pay attention to the use of the negative expressions and the past tense with **être.**

Journal intime

• •

Décrivez un voyage que vous avez fait.

- Où êtes-vous allé(e)?
- Avec qui?
- À quel moment?
- Pour quelles raisons?
- Qu'est-ce que vous avez fait de mémorable?
- Qu'avez-vous appris?
- Mentionnez aussi deux ou trois endroits que vous avez envie de visiter et expliquez pourquoi.

MODÈLE: L'année dernière, j'ai visité la Polynésie française avec ma famille.
Nous sommes partis en février…

CHAPITRE
10

Le nouveau millénaire

LEÇON 1: PAROLES

Les nouvelles technologies
• •

A. Les nouvelles technologies. Identifiez les dessins suivants, puis répondez à la question.

MODÈLE:    un magnétoscope

1. _____   2. _____

3. _____   4. _____

✳ Quelle forme de communication utilisez-vous le plus? Commentez. _____

_____

_____

B. Le Télétel. Vous utilisez le Télétel, le système d'informations français rattaché au téléphone. Indiquez vos préférences en répondant aux questions. Vous n'entendrez pas de réponses suggérées.

Vous entendez: Préférez-vous consulter la météo ou réserver une chambre d'hôtel?
Vous dites: Je préfère consulter la météo.

1. ...   2. ...   3. ...   4. ...   5. ...

Les médias et la communication

A. Communications. Associez chaque mot avec sa définition.

1. _____ L'endroit où l'on achète des timbres.

2. _____ L'endroit où l'on trouve des magazines.

3. _____ On cherche un numéro de téléphone dans ce livre.

4. _____ L'action que l'on fait pour téléphoner.

5. _____ L'action que l'on fait quand on reçoit des lettres de nos amis.

6. _____ On en a au moins cinq en France, plus si l'on a le câble.

7. _____ C'est dans cet objet que l'on poste les lettres.

8. _____ On regarde cette partie du journal si l'on cherche du travail.

a. les petites annonces
b. l'annuaire
c. lire
d. la boîte aux lettres
e. le kiosque à journaux
f. les chaînes
g. la poste
h. composer le numéro

B. La communication. Écoutez la description des activités. Pour chaque activité, indiquez le dessin correspondant et répondez à la question.

> Before you start, review the vocabulary you need to name the items in the sketches.

Vous entendez: Je veux acheter un *Paris-Match*. Où est-ce que je vais?

Vous voyez et écrivez: a.   b.

Vous dites: Tu vas au kiosque.

1. a.  b.  2. a.  b.

3. a.  b.  4. a.  b.

5. a.  b.  6. a.  b.

 C. Allo Ciné. Comment trouver le film que vous voulez voir à Paris? Écoutez la publicité, et décidez si les phrases suivantes sont vraies (**V**) ou fausses (**F**).

1. V F Allo Ciné vous permet de trouver les films projetés en région parisienne.

2. V F Il suffit de téléphoner.

3. V F On ne peut pas téléphoner après minuit.

4. V F Les lignes d'Allo Ciné ne sont jamais occupées.

5. V F L'appel (*phone call*) ne coûte pas plus qu'un appel normal.

Quelques verbes de communication

A. Ah! les verbes! Conjuguez les verbes suivants.

	DIRE	LIRE	ÉCRIRE	METTRE	DÉCRIRE
nous					
tu					
on					
vous					
mes copains					
je/j'					

B. Correspondances. Complétez chaque phrase avec la forme appropriée d'un des verbes indiqués, puis répondez à la question. Utilisez **écrire, décrire** ou **mettre**.

En France, c'est une tradition d'_____¹ à tous ses amis au début du mois de janvier

pour leur souhaiter (*to wish*) une bonne année. On _____² ses activités de l'année et

on envoie ses meilleurs vœux (*best wishes*). Il y a des personnes qui _____³ tout en

détail, et d'autres qui signent des cartes et elles _____⁴ ces cartes à la poste.

Aux États-Unis et au Canada, nous avons une tradition semblable, mais nous

_____⁵ à Noël. Au lieu d'envoyer une carte, certaines personnes

_____⁶ une lettre photocopiée dans une enveloppe et l'envoient à tous leurs amis.

✳ Que pensez-vous des lettres photocopiées? Commentez. _____

_____

C. L'art de communiquer. Écoutez les questions suivantes, et donnez une réponse logique. Faites attention aux mots de vocabulaire sur le dessin.

Vous entendez: Le matin, qu'est-ce que le vendeur dit à son client?
Vous dites: Il dit bonjour.

1. …   2. …   3. …   4. …   5. …

LEÇON 2: STRUCTURES

L'imparfait
Describing the Past

• •

A. Qu'est-ce qu'on faisait? Le professeur est arrivé cinq minutes en retard. Que faisaient les étudiants quand il est entré dans la salle de classe?

       MODÈLE: (regarder la carte) → Paul et Paule ____regardaient la carte____.

1. (finir son travail) Françoise _____

_____

2. (dormir) François _____

_____

3. (mettre ses affaires sous sa chaise) Morowa _____

_____

4. (lire le journal) Michel et Déo _____

_____

5. (sortir) Patrice _____

_____

6. (penser partir) Nous _____

_____

7. (prendre sa place) Abena _____

_____

8. (écrire au tableau) Pierre et Annick _____

_____

B. «Quand j'avais ton âge...» Complétez les phrases du grand-père.

       MODÈLE: je / réussir à mes examens → Je réussissais à mes examens.

1. mon père / travailler douze heures par jour _____

_____

2. ma mère / commencer à faire le ménage à sept heures du matin _____

_____

3. nous / ne… pas avoir beaucoup d'argent _____

_____

4. … mais nous / être / heureux _____

_____

5. on / aller à l'école à pied _____

_____

C. Créez une atmosphère. Vous êtes romancier/romancière (*novelist*) et vous commencez un nouveau livre. Vous avez déjà composé le paragraphe suivant:

Il est huit heures du matin. De ma fenêtre, je vois le kiosque de la rue de la République. Les rues sont pleines de gens[1] qui vont au travail. Un groupe d'hommes attend l'autobus. Un autre groupe descend dans la station de métro. Près d'une cabine téléphonique, un homme lit le journal et une jeune femme met des enveloppes à la boîte aux lettres. À la terrasse du café, les garçons servent du café et des croissants. Il fait chaud. Je suis content(e).

Mais non! Vous n'êtes pas satisfait(e). Recommencez. Mettez le paragraphe à l'imparfait: «Il était…»

_____

_____

_____

_____

_____

_____

_____

_____

✴ Mais vous n'êtes toujours pas satisfait(e). Essayez encore une fois. Créez une atmosphère sombre et mystérieuse. Commencez par: «Il était onze heures du soir…». Adaptez l'histoire à la nouvelle heure. Utilisez une autre feuille.

D. L'enfance de ma grand-mère. Écoutez Mme Chabot, et indiquez sur la liste qui suit les activités qu'elle mentionne.

Ma grand-mère…

_____ voyait des amis   _____ s'occupait de (*took care of*) ses frères et sœurs

_____ allait à l'école   _____ jouait dans la rue

_____ n'avait pas beaucoup d'argent   _____ plantait des fleurs dans le jardin

_____ aidait ses parents   _____ lisait le soir

_____ habitait à la campagne   _____ écoutait la radio

_____ faisait le ménage

---

[1]**Les gens** (*people*) refers to an indeterminate number of people (**Ces gens-là sont très polis**). If the number of people can be counted, **les personnes** is used (**Il y avait dix personnes dans la salle**). One person is always **une personne.**

E. Mon enfance. Regardez un moment les dessins suivants. Vous êtes un musicien célèbre. Vous répondez aux questions d'un journaliste. Basez vos réponses sur les dessins.

Vous voyez:

Vous entendez: En été, vous alliez à la montagne ou à la plage?
Vous dites: En été, j'allais à la plage.

1.

2.

3.

4.

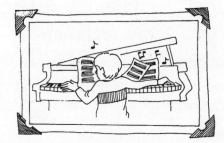

5.

 F. Quand vous aviez treize ans… Écoutez la question et la réponse d'une étudiante. Ensuite, répondez vous-même.

Vous entendez: Aviez-vous beaucoup d'amis? —Non, je n'avais pas beaucoup d'amis, mais mes amis étaient très sympas. —Et vous?
Vous dites: Moi, oui, j'avais beaucoup d'amis.

1. …   2. …   3. …   4. …

Les pronoms d'objet direct
Speaking Succinctly

A. Beaucoup d'anniversaires! Distribuez ces cadeaux à qui vous voulez. (Attention à la préposition!) Puis expliquez pourquoi.

le monsieur

la dame

les enfants

l'étudiant

Wolfgang

MODÈLE: Des shorts Adidas? →
Je les donne aux enfants parce qu'en général, les enfants sont sportifs.

1. Ces rouges (*m.*) à lèvres (*lipsticks*)? _____

   _____

2. Cet argent? _____

   _____

3. Ces cigarettes en chocolat? _____

   _____

4. Cette cravate? _____

   _____

5. Ces anciens livres de classe? _____

   _____

6. Ce parfum (*m.*)? _____

   _____

7. Ces notes de cours? _____

   _____

8. Cette vieille chaussure? _____

   _____

B. J'ai entendu... Pendant une soirée élégante, vous entendez ces bribes (morceaux) de conversation. De quoi parle-t-on? Choisissez deux possibilités pour chaque pronom.

Possibilités:

ce nouveau film	ton chandail
cet exercice	mon livre de grammaire
Guy	le ménage
la nouvelle étudiante	ses amis
la pièce de théâtre	ses parents
Laurent	ton pyjama

1. Paul ne les écoute jamais.

   _____ ou

   _____

2. Nous ne voulons pas le faire ce soir.

   _____ ou

   _____

3. Je l'ai mis dans ta commode.

   _____ ou

   _____

4. Tout le monde l'adore, mais moi, je ne l'aime pas beaucoup.

   _____ ou

   _____

5. Mes amis l'ont trouvée assez intéressante.

   _____ ou

   _____

6. On essaie de le comprendre, mais ce n'est pas facile.

   _____ ou

   _____

C. Conversations. Complétez ces conversations avec les pronoms qui manquent.

Une question de goût

FLORETTE: Pourquoi veux-tu sortir avec André?

PÉNÉLOPE: Parce que je _____[1] trouve sympathique. Mais aussi parce qu'il

_____[2] écoute et qu'il _____[3] comprend.

FLORETTE: Et toi, tu _____[4] comprends? Moi, je _____[5] trouve souvent

bizarre.

PÉNÉLOPE: C'est vrai. Il _____[6] surprend (*surprises*) parfois, mais je _____[7]

trouve charmant quand même (*anyway*).

Maman est curieuse

MAMAN: Avez-vous des nouvelles de Tante Mariette?

LES JUMEAUX (*twins*): Elle _____[8] a appelés la semaine passée de Londres.

MAMAN: Est-ce qu'elle _____[9] a invités à venir à Londres cet été?

LES JUMEAUX: Non, mais nous _____[10] avons vue à Noël et nous espérons

_____[11] revoir au printemps.

D. Personnes et objets. Écoutez les phrases et mettez un cercle autour de la lettre correspondant à l'objet ou à la personne.

Vous entendez: Je les écoute tous les jours.

Vous écrivez: (a.) les informations   b. ma mère

1. a. ma voiture   b. mes devoirs

2. a. les cartes postales   b. la dissertation de sciences po

3. a. la télé   b. le répondeur

4. a. les timbres   b. le journal

5. a. mon piano   b. mes petits chats

6. a. notre voisine   b. notre voisin

E. Ma patronne (*boss*). Éric parle du travail qu'il est obligé de faire au bureau. Complétez les phrases d'Éric selon le modèle.

Vous entendez: Elle me dit d'écrire ces lettres…
Vous dites: …et je les écris.

1. …   2. …   3. …   4. …   5. …

CORRESPONDANCE

Le courrier
• •

Complétez le message avec les expressions suivantes: **avais, boîte, courrier, crois, écris, étais, l', roman, vois, Web.**

| DE: | Nathalie@media.fr |
| À: | Paul@universpar.fr |

Salut mon grand!

Tu as essayé de me téléphoner, mais sans succès. Écoute, je suis désolée, mais tu

_____,[1] le problème, c'est que je n'ai qu'une ligne téléphonique. Je

_____[2] utilisais probablement pour mon modem quand tu as téléphoné. Mais j'ai une

bonne nouvelle: j'ai acheté un portable! J'en _____[3] bien besoin! Alors maintenant, tu

as le choix, et si je ne suis pas là, laisse un message dans ma _____[4] vocale. Et puis,

il y a toujours le _____[5] électronique.

   Quand ton message électronique est arrivé hier, j'_____[6] dans un groupe de

discussion (sur Internet) sur le cinéma en France. Les remarques des participants me donnent

toujours des idées pour mes articles. En ce moment, j'_____[7] un article sur la carrière

d'Emmanuelle Béart. J'ai passé toute la matinée à l'ordinateur à consulter des sites

_____[8] à ce sujet. J'ai trouvé assez d'informations pour écrire tout un

_____![9] Tu _____[10] que c'est une bonne idée? ☺

Je t'embrasse,

Nathalie

Info-culture

Relisez le **Flash** et le **Portrait** dans votre livre, puis complétez chacune des phrases à l'aide d'un des termes de la colonne de droite.

1. Juliette Binoche a reçu un _____ pour son rôle dans *Le Patient anglais*.

2. Juliette Binoche représente le nouveau _____ français.

3. C'est une femme naturelle et une _____ célèbre dans le monde entier.

4. Le précurseur d'Internet en France, utilisé par 14,5 millions de Français, s'appelle le _____.

5. *www.sncf.fr* est l'adresse du site _____ de la SNCF.

6. En France aussi, _____ a de plus en plus (*more and more*) de succès.

   a. cinéma
   b. Internet
   c. Web
   d. Oscar
   e. Minitel
   f. actrice

Nathalie à l'appareil!

Le festival de Montreux. Nathalie est au téléphone avec sa mère et parle d'un article qu'elle va écrire sur un événement qui se passe en Suisse. Écoutez la conversation, puis indiquez si les phrases suivantes sont vraies (**V**) ou fausses (**F**).

1. V F   Nathalie va écrire un article sur un festival de rock en Suisse.

2. V F   Ce festival a lieu tous les ans.

3. V F   C'est en Allemagne que Nathalie a rencontré l'éditeur en chef de la revue.

4. V F   L'année dernière, Nathalie voulait aller à Montreux, mais ça n'a pas été possible.

5. V F   Son article va être publié sur Internet en juillet.

6. V F   En Suisse, on parle trois langues.

7. V F   La mère de Nathalie ne parle pas allemand.

8. V F   Les parents de Nathalie ont acheté un ordinateur l'année dernière.

Flash-culture •••••••••••••••••••••••••••••••••••••

Cinéma français: l'exception culturelle

Depuis des années, le cinéma français doit faire face à[1] un concurrent tout-puissant[2]: le cinéma américain. Comment lutter[3] contre ce géant de la production audiovisuelle?

En 1993, la menace[4] se précise: les accords de libre-échange[5] du GATT (aujourd'hui appelé l'OMC[6]) mettent en danger le cinéma européen. Et pour la France l'audiovisuel ne doit pas devenir le monopole de l'Amérique.

Sous sa pression,[7] l'Europe obtient que le cinéma soit exclu des accords.[8] En effet, pour la France, les films ne sont pas une marchandise ordinaire. Le cinéma est un art, non un produit de consommation.[9] C'est ce que l'on appelle « l'exception culturelle ».

Mesure protectionniste au regard des Américains, l'exception culturelle a une signification économique et idéologique. Elle constitue peut-être la dernière chance d'un cinéma à la fois[10] indépendant et européen.

---

[1]faire... *face up to*   [2]concurrent... *all-powerful competitor*   [3]*to fight, struggle*   [4]*threat*
[5]les... *the free trade agreements*   [6]Organisation mondiale du commerce ou WTO (*World Trade Organization*)
[7]*pressure*   [8]obtient... *is managing to have films be excluded from the (free trade) agreements*
[9]de... *consumer*   [10]à... *at the same time*

A. Révisons! Relisez **Flash-culture,** puis indiquez si les phrases suivantes sont vraies (**V**) ou fausses (**F**).

1. V F Le cinéma européen est le concurrent le plus puissant du cinéma français.

2. V F D'après ce texte, les accords de l'OMC (du GATT) protègent le cinéma européen.

3. V F Le cinéma est exclu des accords de l'OMC (du GATT).

4. V F Pour la France, le cinéma n'est pas un produit de consommation: c'est un art.

5. V F Selon ce texte, les cinéastes français préfèrent imiter les films américains.

B. On est branché! Visitez le site Internet de *Vis-à-vis* (www.mhhe.com/visavis) pour obtenir les liens donnant les réponses aux questions suivantes.

1. Nommez plusieurs films qui ont gagné une Palme d'or à un Festival de Cannes récent. Ces films étaient-ils français? Si non, d'où venaient-ils? Lesquels (*Which ones*) connaissez-vous?

2. Quels films pouvez-vous regarder cette semaine à la chaîne francophone TV5? Lesquels de ces films ont été tournés en France ou dans un pays francophone?

3. Les accords de l'OMC excluent spécifiquement le cinéma européen. À quelles autres sortes de produits est-ce que cette organisation internationale a affaire (*deals with*)?

LEÇON 3: STRUCTURES

L'accord du participe passé
Talking about the Past

• •

A. Georges a fait quoi? Votre ami Georges pense que tout lui appartient. Imaginez une réponse et utilisez un pronom d'objet direct. Attention aux participes passés.

  Suggestions: boire, écouter, emprunter, lire, louer, mettre, porter, regarder

  MODÈLE: Qu'est-ce que Georges a fait de notre voiture? → Il l'a empruntée.

1. Qu'est-ce qu'il a fait des vins français de son père? _____

   _____

2. Qu'est-ce qu'il a fait des lettres de Madeleine? _____

   _____

3. Qu'est-ce qu'il a fait de la chambre de son ami? _____

   _____

4. Qu'est-ce qu'il a fait des chaussures de son camarade de chambre? _____

   _____

5. Qu'est-ce qu'il a fait des disques de sa voisine? _____

   _____

6. Qu'est-ce qu'il a fait de nos photos? _____

   _____

B. Coup de téléphone. (*Phone call.*) Écoutez la conversation d'Odile en regardant le texte suivant. Ensuite, écoutez-la encore une fois en ecrivant les mots qui manquent.

Allô, Brigitte? Oui, c'est moi… Oui, oui, ça va… mais cet après-midi _____[1] mes clés

(*f. pl.*) pendant une heure… Oui, je _____ finalement _____[2] —c'est

incroyable—derrière le sofa et à côté d'une pile de magazines. C'est que ce matin, mes clés

_____[3] près du téléphone. Je _____[4] sur ma table de nuit hier soir, j'en

suis certaine. Mais, vers onze heures, Gérard _____[5] pour nous inviter à déjeuner.

Comme Monique _____,[6] je _____[7].

  Elles _____[8] tomber quand les deux chiens des voisins _____[9]

dans l'appartement. Tu ne comprends toujours pas?… eh bien… tu as encore un moment? Je peux

t'expliquer le reste…

Les réponses se trouvent en appendice.

C. Richard est trop curieux. Écoutez les questions et répondez, en reprenant chaque fois sa deuxième question.

Vous entendez: C'est la motocyclette de Jean-Pierre? Il ne l'a pas prise?
Vous dites: Non, il ne l'a pas prise.

1. Oui,... 2. Oui,... 3. Oui,... 4. Oui,... 5. Non,...

Les verbes *voir* et *croire*
Expressing Observations and Beliefs
• •

A. Ah! les verbes! Écrivez la forme correcte de chaque verbe.

	voir PRÉSENT	croire PRÉSENT	voir PASSÉ COMPOSÉ	croire PASSÉ COMPOSÉ
tu				
mes amis				
tout le monde				
Paul et moi				
ton frère et toi				
je/j'				

B. Question d'identité. Conjuguez **croire** et **voir** dans les phrases suivantes.

—Je _____[1] que j'ai oublié mon passeport dans la chambre.

_____[2] -tu mon sac?

—Non. As-tu ta carte d'identité?

—Je ne _____[3] pas. (*Elle cherche.*) Non, je ne la

_____[4] pas dans mon sac. Tu _____[5]

qu'on doit retourner à l'hôtel?

—Non. Quand on te _____[6] et quand on entend ton accent, on va tout

de suite _____[7] que tu es américaine.

C. Une rencontre fantastique. Écoutez l'histoire en regardant le dessin.

Vocabulaire utile:

les étoiles   stars
des jumelles   binoculars

Un soir, dans son chalet de montagne, Jean-Paul a une expérience terrifiante.

Maintenant, écoutez les questions. Mettez un cercle autour de la lettre qui accompagne la réponse correcte, dans l'histoire de Jean-Paul.

1. a. Les étoiles et les planètes.

    b. Des jumelles.

    c. Des extraterrestres.

2. a. Un avion.

    b. Des fenêtres.

    c. Deux créatures.

3. a. Oui, il en croit ses yeux.

    b. Non, il n'en croit pas ses yeux.

    c. Ce sont des voisins qui descendent.

4. a. Les extraterrestres.

    b. Les voisins.

    c. Les étoiles.

5. a. Oui, toujours.

    b. Non, généralement pas.

    c. Ses parents ont raconté certaines histoires.

6. a. Non, probablement pas.

    b. Oui, on va croire à son histoire.

    c. Oui, cela arrive souvent.

LEÇON 4: PERSPECTIVES

Faire le bilan

• •

A. Un récit. La mère de Monique lui raconte la période de l'après-guerre (*postwar period*) à Clermont-Ferrand (Auvergne). Choisissez un des verbes de la liste à droite pour compléter chaque phrase à l'imparfait.

J'_____[1] encore très jeune; j'_____[2] seulement

sept ans, mais mes souvenirs de cette époque-là sont encore très vifs (*vivid*).

Mon père n'_____[3] pas à la maison; il _____[4] dans

l'armée. Il nous _____[5] beaucoup. J'_____[6] ses lettres

avec impatience. Heureusement, après la Libération, il _____[7]

bientôt rentrer chez nous.

aller
avoir
attendre
écrire
être (2 fois)
habiter

La vie _____[8] difficile. Il n'y _____[9] pas toujours

assez à manger. Nous _____[10] certaines choses au marché noir à

des prix exorbitants. Heureusement les fermiers (*farmers*) _____[11]

peu à peu à vendre leurs produits au marché de la ville. Aux repas, nous

_____[12] de nouveau (*once again*) du beurre, de la viande et

du poisson.

acheter
avoir
commencer
être
manger

Les habitants des villes _____[13] de nouveau dans les

usines (*factories*) qui _____[14] des choses ordinaires—choses qui

n'_____[15] pas de rapport avec la guerre: vêtements, meubles,

pneus (*tires*) de voitures privées. Ils _____[16] des salaires

corrects. Le week-end, nous _____[17] sortir à la campagne

en toute liberté. Nous _____[18] des pique-niques et nous

_____[19] avec nos amis.

avoir
fabriquer (*to make*)
faire
gagner
jouer
pouvoir
travailler

B. La télévision. Voici un sondage (*survey*) qui analyse les préférences des Français en ce qui concerne la télévision. Lisez les résultats et répondez aux questions.

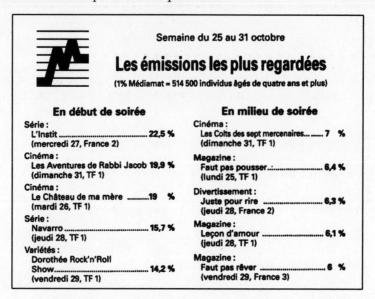

Semaine du 25 au 31 octobre

Les émissions les plus regardées

(1% Médiamat = 514 500 individus âgés de quatre ans et plus)

En début de soirée

Série :
L'Instit .... **22,5 %**
(mercredi 27, France 2)

Cinéma :
Les Aventures de Rabbi Jacob **19,9 %**
(dimanche 31, TF 1)

Cinéma :
Le Château de ma mère ....**19 %**
(mardi 26, TF 1)

Série :
Navarro .... **15,7 %**
(jeudi 28, TF 1)

Variétés :
Dorothée Rock'n'Roll
Show................................... **14,2 %**
(vendredi 29, TF 1)

En milieu de soirée

Cinéma :
Les Colts des sept mercenaires....... **7 %**
(dimanche 31, TF 1)

Magazine :
Faut pas pousser...:................. **6,4 %**
(lundi 25, TF 1)

Divertissement :
Juste pour rire .... **6,3 %**
(jeudi 28, France 2)

Magazine :
Leçon d'amour .... **6,1 %**
(jeudi 28, TF 1)

Magazine :
Faut pas rêver .... **6 %**
(vendredi 29, France 3)

1. On regarde plus la télévision en début de soirée / en milieu de soirée .

2. Les gens préfèrent regarder la chaîne TF 1 / France 2 .

3. Les deux types d'émissions préférées sont les séries / les magazines / les films .

4. L'émission regardée par le plus grand nombre de personnes est _____

C. Touristes au Canada. Il y a trop de répétitions dans les dialogues suivants. Remplacez les mots en italique par un pronom complément d'objet direct ou indirect selon le cas. Utilisez une autre feuille.

1. —Voici le journal. Est-ce que vous avez déjà lu *le journal* ce matin?
   —Non, je n'ai pas lu *le journal*, mais j'ai regardé les nouvelles à la télé. Avez-vous aussi regardé *les nouvelles*?
   —Non, je ne regarde jamais *les nouvelles* le matin.

2. —Quand tu étais à Montréal, écoutais-tu la radio?
   —Oui, j'écoutais souvent *la radio*.
   —Tu comprenais l'accent québécois?
   —Oui, je comprenais *l'accent québécois*, mais avec difficulté. Une fois, j'ai téléphoné à tes amis Jacques et Marie, qui ont un accent assez prononcé.
   —Où as-tu rencontré *Jacques et Marie*?
   —En France.
   —Tu as déjà visité *la France*?
   —Oui, il y a deux ans.

Prononciation

Les voyelles orales. Répétez les phrases suivantes. Faites attention aux voyelles soulignées (*underlined*).

1. C'est un <u>a</u>mi de m<u>a</u>d<u>a</u>me.
2. J'<u>ai</u>me c<u>e</u>tte fen<u>ê</u>tre.
3. <u>É</u>cout<u>ez</u>, rép<u>étez</u>.
4. Yv<u>es</u> d<u>î</u>ne <u>ici</u>.
5. C'est un <u>o</u>bjet n<u>o</u>rmal.
6. Voilà b<u>eau</u>coup d'h<u>ô</u>tels.
7. C'est une <u>ou</u>verture au t<u>ou</u>risme.
8. Cette m<u>u</u>sique est <u>u</u>tile.
9. Ce chant<u>eu</u>r ne mange pas de b<u>œu</u>f.
10. <u>Eu</u>génie étudie le n<u>eu</u>tron.

Répétez les phrases suivantes. Faites attention aux voyelles soulignées.

1. On arrive à Madagascar le vingt-deux novembre? À quelle heure?
2. Vous avez quelque chose de formidable: un safari-photo de quatre jours.
3. Dites-moi encore. Où retrouvons-nous le bateau?

Souvenirs. Écoutez Dominique qui raconte des souvenirs de son enfance. Ensuite, écoutez une deuxième fois, et complétez le passage par écrit. Portez une attention particulière aux voyelles orales.

Les souvenirs les plus agréables _____[1] correspondent sans aucun

doute à _____[2] en Bretagne _____.[3] Alors

que _____[4] toute l'année, _____[5] à la mer au

bord d'_____[6] de quatre kilomètres. _____[7]

vraiment le rêve! _____[8] mes journées (*days*) sur la plage à

_____,[9] à pêcher (*fishing*), à me baigner (*swimming*), à faire des

châteaux de sable (*sand*), etc. Ces vacances _____[10] tellement

_____[11] du reste de l'année que _____[12]

je ne vais _____.[13]

Les réponses se trouvent en appendice.

À l'écoute!

• •

La technologie. Marie-Édith a passé un an dans une université américaine. Elle raconte comment elle est restée en contact avec ses amis de France pendant cette année. Écoutez-la, puis complétez les phrases suivantes à l'aide des termes appropriés.

Vocabulaire utile: **manquer à** to miss (someone)
en direct real-time, live

1. Quand Marie-Édith était aux États-Unis, le téléphone _____.
   a. coûtait trop cher
   b. était pratique pour rester en contact avec la France

2. Un jour, à la télé, elle a vu une publicité pour _____.
   a. les portables
   b. Internet

3. Ses copains de France avaient accès à des ordinateurs _____.
   a. à la fac
   b. chez eux

4. Maintenant, Marie-Édith utilise l'ordinateur pour _____.
   a. faire du traitement de texte
   b. parler avec ses copains américains

Par écrit

Function: Writing letters

Audience: Someone you do not know

Goal: Write a letter to apply for a job.

The situation is the following: The owner of a French restaurant, Madame Dupuy, has advertised in your campus newspaper. She would like to hire an American student waiter (waitress) because many of her clients are English-speaking tourists. She is looking for someone with at least a few months of experience who would benefit from working in France. Apply for the job. Say why you are interested, why you are qualified, and when you are available (**du 6 juin au 15 septembre,** for example). Mention your long-term goals (**le but à long terme**). Ask for more information. A useful opening line: **J'aimerais me présenter pour le poste de serveur (serveuse) publié dans le** (*nom du journal*).

Steps

1. Use the following letter and suggestions as guidelines. In French, a business letter begins with **Monsieur, Madame,** or **Mademoiselle.** If you do not know the gender of the recipient (**le destinataire**), use **Monsieur, Madame** together. Note the conventional closing sentence for the final paragraph of the letter; this sentence is loosely the equivalent of *Please accept my best wishes.*

2. Write a rough draft. It should contain all the information requested under **Goal**.

3. Divide the letter into several paragraphs. Close with a strong statement about why you are qualified for this position.

4. Reread your draft, checking for organization and details. Make sure you used the proper format and that you included your address and the date.

New York, le 8 mai 2000
votre nom
votre adresse

nom du destinataire
adresse du destinataire

Monsieur, Madame,
J'ai l'intention de passer six mois en France pour perfectionner mon français. Pourriez-vous m'envoyer des renseignements sur vos cours de langues pour étudiants étrangers?

Je suis étudiant(e) en Sciences économiques à Columbia University; j'étudie le français depuis huit mois.

Je voudrais donc recevoir tous les renseignements nécessaires sur votre programme: description des cours, conditions d'admission, frais d'inscription, possibilités de logement, etc.

Veuillez agréer, Monsieur, Madame, l'expression de mes sentiments les meilleurs.

---

5. Have a classmate read your letter to see if what you have written is clear and interesting. Make any necessary changes.

6. Reread the composition for spelling, punctuation, and grammar errors. Focus especially on your use of direct object pronouns and the imperfect tense.

Journal intime
• •

Première partie: Décrivez comment vous passiez l'été quand vous étiez à l'école primaire. Donnez autant de détails que possible.

- Alliez-vous quelquefois en colonie de vacances (*summer camp*) ou restiez-vous à la maison?
- Que faisiez-vous le matin, l'après-midi, le soir?

Note: On utilise l'imparfait pour parler des actions habituelles au passé, et le passé composé pour indiquer qu'une action a eu lieu une fois.

MODÈLE: Quand j'étais à l'école primaire, pendant l'été j'allais souvent chez ma tante,
à la mer. Le matin on faisait des promenades et on bronzait sur la plage…

Deuxième partie: Maintenant décrivez (au passé composé) un voyage que vous avez fait l'été passé.

Vivre en ville

LEÇON I: PAROLES

Une petite ville

A. En ville. Regardez bien le plan de la ville. Puis complétez le paragraphe en utilisant un seul mot par espace.

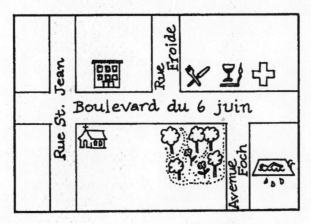

L'église Saint-Jean est au _____[1] de la rue. Si on descend le boulevard du 6 juin en

direction de la piscine, la mairie se trouve à _____.[2] On _____[3]

la rue Froide, et on passe devant un restaurant et des magasins. En _____[4] du

restaurant, il y a un parc. On prend la première rue à _____[5] pour aller à la piscine.

B. Les endroits importants. Où doit-on aller?

1. En France, si on ne possède que des dollars, on cherche tout de suite un bureau de change ou

   une _____.

2. Quand on n'habite pas au bord de la mer ou d'un lac, si on a envie de nager, on doit aller

   à la _____.

3. Pour obtenir un passeport et pour régler toutes sortes d'affaires on est obligé d'aller à la

   _____.

4. Quand on a besoin de médicaments, on cherche une croix (*cross*) verte. On achète de l'aspirine

   dans une _____.

5. Les touristes qui ont des difficultés à trouver une chambre pour la nuit vont au

_____ .

6. En cas d'urgence ou simplement pour demander des informations, on cherche un agent de

police au _____ .

C. Dans une petite ville. Écoutez les descriptions, et donnez le nom de l'endroit.

Vous entendez: C'est l'endroit où on va pour prendre le train.
Vous dites: C'est la gare.

1. …   2. …   3. …   4. …   5. …   6. …

D. Le bon chemin. Vous vous promenez dans cette petite ville. Écoutez les instructions. Tracez la route sur la carte et indiquez où vous arrivez.

Vous entendez: Vous êtes au bureau de poste, rue Soufflot. Tournez à gauche, puis tournez à droite dans la rue St-Jacques. Continuez tout droit. Regardez le bâtiment à votre droite. Où êtes-vous?
Vous cochez: __✓__ à la piscine   _____ au commissariat

1. _____ à la gare   _____ au parc

2. _____ au jardin public   _____ à l'hôtel

3. _____ à la banque   _____ à l'hôtel

4. _____ à l'église   _____ à la mairie

Les arrondissements de Paris
• •

A. Invitations. Vous distribuez des invitations pour une fête dans le quartier, aux personnes de votre immeuble. Il n'y a que le nom de famille sur les enveloppes. Regardez le dessin et décidez où vous allez laisser (*to leave*) chaque invitation.

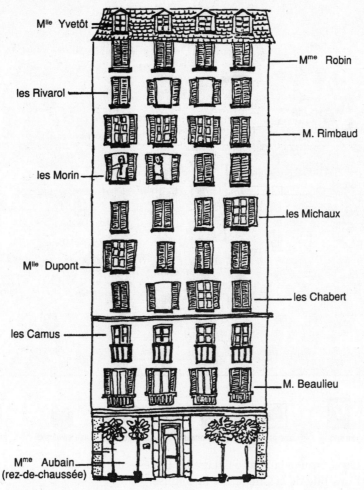

MODÈLE: Les Morin habitent au sixième étage.

1. Les Chabert _____.

2. M. Beaulieu _____.

3. Mlle Dupont _____.

4. Les Rivarol _____.

5. M. Rimbaud _____.

6. Les Camus _____.

7. Mme Aubain _____.

8. Les Michaux _____.

9. Mme Robin _____.

10. Mlle Yvetôt _____.

B. Au centre de Paris. Regardez le plan et la légende. Maintenant, écoutez les questions et répondez selon le modèle. Cet endroit est-il **dans l'Île de la Cité, sur la Rive gauche** ou **sur la Rive droite**? Qu'est-ce que c'est?

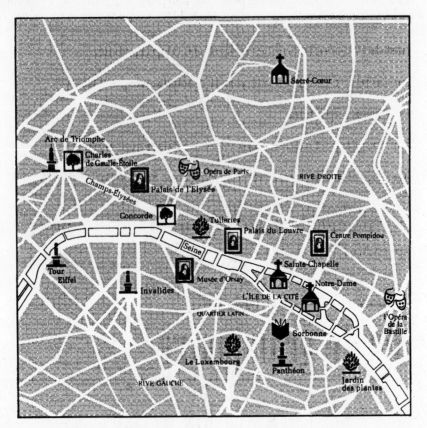

 une église   un musée   une place   un monument   un jardin   une université   un théâtre

Vous entendez: Où se trouve la Sainte-Chapelle? Qu'est-ce que c'est?
Vous dites: Dans l'Île de la Cité. C'est une église.

1. …   2. …   3. …   4. …   5. …   6. …   7. …

C. Et vous? Quelle est l'attitude des étudiants envers les villes? Écoutez la question et les réponses de deux camarades, puis répondez vous-même. Vous n'entendrez pas de réponses suggérées.

Vous entendez: Préférez-vous habiter en ville, en banlieue ou à la campagne? Pourquoi?
                —Moi, je préfère la ville. J'adore sortir le soir! —Moi, j'aime la banlieue.
                C'est plus tranquille. —Et vous?
Vous dites: Moi aussi, j'aime la ville, parce que j'adore les boîtes.

1. …   2. …   3. …   4. …

LEÇON 2: STRUCTURES

Le passé composé et l'imparfait
Describing Past Events

● ●

A. Quelle mauvaise journée! Mettez les verbes au passé composé ou à l'imparfait selon le cas. Attention à la logique des phrases.

MODÈLE: (téléphoner / être) →
J'___étais___ sous la douche (*shower*) quand vous ___avez téléphoné___.

(parler / entrer) En cours ce matin, on _____[1] du professeur quand il

_____.[2] (penser / poser) Au moment où il _____[3] sa première

question, je / j' _____[4] aux prochaines vacances et je n'ai pas pu répondre.

(constater / regarder) Tout à coup, je / j' _____[5] que tout le monde me

_____.[6]

   Le soir, nous sommes sortis, Arnaud et moi. (arrêter / conduire) Je / J' _____[7]

la voiture de ma mère quand un agent de police me (m') _____[8] pour avoir brûlé

un feu rouge (*run a red light*). (sortir / arriver) Plus tard, nous _____[9] chez les

Dufort au moment où ils _____.[10] Mais ils nous ont invités à entrer. (frapper / servir)

Pendant que Mme Dufort _____[11] les boissons, quelqu'un _____[12]

à la porte.

＊Racontez un moment embêtant (embarrassant) que vous avez vécu. _____

_____

_____

B. Reconstitutions. Reconstituez chaque paragraphe. Mettez les phrases dans le bon ordre en utilisant **d'abord, puis, ensuite** et **enfin**.

1. **La gourmandise** (*Gluttony*): Nous sommes rentrés chez nous aussi vite que possible. Elle nous a

   donné notre paquet (*package*). Nous avons choisi la pâtisserie la plus appétissante. Nous avons

   payé la boulangère. _____

   _____

   _____

   _____

   _____

2. **Une question difficile:** Il a compris le sens. Il l'a relue trois ou quatre fois. Gilles a lu lentement

(*slowly*) la question sans la comprendre. Il a écrit sa réponse. _____

_____

_____

_____

C. **Les trois ours.** (*The Three Bears.*) Complétez l'histoire en mettant les verbes au passé composé ou à l'imparfait.

Il était une fois (*Once upon a time, there were*) trois ours qui _____[1] (habiter) une

petite maison dans la forêt. Un jour, la maman ours _____[2] (préparer) de la soupe,

mais parce qu'elle _____[3] (être) trop chaude, les ours _____[4]

(décider) d'aller faire une promenade.

Pendant leur absence, une jeune fille, qui s'_____[5] (s'appeler) Boucles d'or et

qui _____[6] (faire) aussi une promenade, _____[7] (voir) la maison et

_____[8] (entrer).

Elle _____[9] (être) fatiguée et elle _____[10] (essayer) les chaises

des trois ours. Comme elle _____[11] (avoir) très faim, elle _____[12]

(goûter) la soupe du papa ours, mais elle était trop chaude. La soupe de la maman ours

_____[13] (être) trop froide, mais la soupe du bébé ourson était parfaite, et Boucles

d'or _____[14] (dévorer) tout ce qu'il y avait dans le bol.

Parce qu'elle _____[15] (avoir) sommeil, Boucles d'or _____[16]

(monter) au premier étage. Elle _____[17] (essayer) le lit du papa ours, qui était trop

dur (*hard*). Le lit de la maman ours _____[18] (être) trop mou (*soft*). Mais le lit du

bébé ourson était parfait, et elle _____[19] (fermer) les yeux tout de suite.

Pendant (*While*) qu'elle _____[20] (dormir), les ours _____[21]

(rentrer). Le papa ours _____[22] (voir) que quelqu'un s'était assis (*had sat*) sur sa

chaise. Le bébé ourson _____[23] (dire) que quelqu'un avait mangé toute sa soupe.

Les ours _____[24] (monter) au premier étage où Boucles d'or _____[25]

(dormir).

✳Finissez cette histoire: _____

_____

_____

_____

_____

_____

_____

D. Une traversée mouvementée. (*An eventful crossing.*) Hier, M. Laroche avait rendez-vous en ville avec un ami. Écoutez son histoire et mettez les dessins dans l'ordre correct (de 1 à 5).

une marchande de fleurs

A._____ renverser (knock down)

B._____ rentrer dans (collide with)

C._____ rencontrer (meet up with)

D._____ arriver

E._____ mettre les pieds (step into)

Répondez aux questions suivantes selon l'histoire.

Vous entendez: M. Laroche a dû traverser le boulevard. Qu'est-ce qu'il a fait d'abord?
Vous dites: Il a mis les pieds dans la rue.

1. … 2. … 3. … 4. … 5. … 6. …

E. La liberté. Écoutez l'anecdote suivante.

Maintenant, regardez les expressions suggérées et écrivez une *nouvelle* histoire sur le même modèle.

1. hier soir / je / regarder / bon film / quand

_____

_____

2. ce / être / mon ami(e)

_____

_____

3. il(elle) / me / demander / de

_____

_____

4. je / lui répondre / que

_____

_____

5. tout(e) content(e) / il(elle) / me / inviter…

_____

_____

Les réponses se trouvent en appendice.

F. **Le premier jour de mes vacances.** Écoutez l'histoire suivante. Pensez à la mettre au passé.

Vendredi, je <u>quitte</u> le travail à midi, parce que j'<u>ai</u> des courses à faire. Je <u>descends</u> dans les rues de la ville. Il <u>fait</u> beau et chaud. Les magasins <u>sont</u> pleins de jolies choses. Les autres clients <u>ont</u> aussi l'air heureux.

J'<u>achète</u> des cartes routières (*road maps*) et un chapeau très drôle. J'<u>oublie</u> de faire mes autres courses. Avant de rentrer faire mes valises, je <u>prends</u> une limonade dans un café très sympa.

Maintenant, écoutez les phrases de l'histoire et mettez les verbes au passé composé *ou* à l'imparfait, selon le cas.

Vous entendez: Vendredi, je quitte le travail à midi…
Vous dites: Vendredi, j'ai quitté le travail à midi…

1. …   2. …   3. …   4. …   5. …   6. …   7. …   8. …

Les pronoms d'objet indirect
Speaking Succinctly

A. **Test de logique.** De quoi est-ce qu'on parle?

1. _____ le russe

2. _____ la voiture

3. _____ son devoir

4. _____ à sa tante en France

5. _____ sa réponse

6. _____ à son père

7. _____ le journal intime de sa sœur

8. _____ à son petit frère

9. _____ à son ennemi

10. _____ à son meilleur ami

a. Marc ne le parle pas.
b. Marc lui prête de l'argent.
c. Marc l'envoie par courrier.
d. Marc lui lit des histoires le soir.
e. Marc l'emprunte à son père.
f. Marc ne lui parle pas.
g. Marc ne le prête pas.
h. Marc lui envoie des lettres.
i. Marc le lit tous les soirs!
j. Marc lui emprunte de l'argent.

B. Cadeaux! Jouez le rôle d'un philanthrope anonyme et distribuez vos cadeaux. Utilisez un pronom d'objet indirect.

> **Suggestions:** des disques français, des skis, la clé de ma voiture, mon numéro de téléphone, une douzaine d'huîtres, une nouvelle robe, une semaine de vacances, un gros poste de télé, un livre de cuisine diététique, un roman d'aventure, un voyage en Sibérie, 50 millions de dollars

> MODÈLE: À votre professeur de français? → Je lui donne 50 millions de dollars.

1. Aux enfants d'un champion de ski? _____

    _____

2. À votre copain / copine? _____

    _____

3. À votre grand-mère? _____

    _____

4. Au recteur (*president*) de l'université? _____

    _____

5. À une très bonne amie? _____

    _____

6. À vos camarades de classe? _____

    _____

7. À un ami sportif? _____

    _____

8. Aux gens qui préparent les repas au restaurant universitaire? _____

    _____

✱**C. Interview.** Vous allez interviewer des gens célèbres. Qu'est-ce que vous allez leur **demander / dire / confesser / expliquer**?

> MODÈLE: à Keanu Reeves →
> Je vais lui demander s'il veut danser.
> *ou*   Je vais lui demander son âge.

1. à Naomi Campbell et à Kate Moss _____

    _____

2. au président des États-Unis _____

    _____

3. à votre prof de français _____

    _____

4. à votre équipe sportive favorite _____

    _____

5. à un lauréat du prix Nobel de physique _____

    _____

D. L'ami idéal / l'amie idéale. Vous êtes absolument parfait(e). Que faites-vous pour vos ami(e)s? Attention à la distinction entre le complément d'objet direct et d'objet indirect.

Je fais tout pour mes ami(e)s. Je leur écris quand je pars en vacances. _____

_____

_____

_____

_____

_____

_____

_____

_____

E. À qui est-ce qu'il donne... ? Marc quitte son travail. Avant de partir, il donne ou prête certains articles à ses collègues. Écoutez la description et rattachez avec un trait l'objet à la personne.

Vous entendez: Marc donne son téléphone à Richard.
Vous écrivez:

1. ... 2. ... 3. ... 4. ... 5. ...

Maintenant, répondez aux questions posées, selon le dessin que vous avez marqué. Suivez le modèle.

Vous entendez: Qu'est-ce que Marc a donné à Richard?
Vous dites: Il lui a donné son téléphone.

1. ... 2. ... 3. ... 4. ... 5. ...

F. Ordinateur à vendre. Écoutez l'histoire de Sonya et son ordinateur. Répondez selon le modèle.

Vous entendez: Sonya a mis une petite annonce dans le journal. —Où est-ce qu'elle a mis la petite annonce?
Vous dites: Elle l'a mise dans le journal.

1. ... 2. ... 3. ... 4. ... 5. ...

CORRESPONDANCE

Le courrier

Complétez le message avec les expressions suivantes: **bâtiments, connaissais, jusqu', m', place, plan, sais, sortions, syndicat, y.**

DE: Paul@universpar.fr

À: Nathalie@media.fr

Ma chère Nathalie,

Nous _____¹ encore ensemble la dernière fois que nous sommes allés à Bruxelles.

Tu t'en souviens? Toi, tu _____² déjà un peu la ville. Pour moi, c'était la première fois,

alors je suis allé chercher un _____³ du centre-ville au _____⁴

d'initiative parce que je ne voulais pas me perdre. Tu m'as dit que la Grand-Place était magnifique et

que nous devions absolument _____⁵ aller. C'est vrai qu'elle était belle, surtout

avec ce grand marché aux fleurs et ces _____⁶ baroques tout autour de la

_____.⁷ Après, nous avons continué _____⁸ au quartier du Sablon et

nous avons admiré de beaux meubles anciens dans de petits magasins d'antiquités. À midi, je me

souviens que tu _____⁹ as dit qu'en Belgique, il fallait faire comme les Belges, alors

on s'est assis à la terrasse d'un petit restaurant et on a commandé des moules, des frites et de la

bière. Après le repas, le café est arrivé avec un petit morceau de chocolat sur l'assiette. Du bon

chocolat belge! Alors tu _____,¹⁰ j'attends vraiment ce week-end avec impatience…

et pas seulement pour le chocolat!

Gros bisous,

Paul

Info-culture

Relisez le **Flash** et le **Portrait** dans votre livre, puis choisissez les réponses correctes pour compléter les phrases.

1. Simone de Beauvoir est un écrivain du _____ siècle.
   a. dix-huitième   b. dix-neuvième   c. vingtième

2. Elle a dénoncé _____ masculine.
   a. l'aliénation   b. la domination   c. la philosophie

3. Elle a vécu avec _____.
   a. sa mère   b. l'écrivain Jean-Paul Sartre   c. M. de Beauvoir, son mari

4. Bruxelles joue un rôle important _____.
   a. en Europe   b. dans la gastronomie   c. au quinzième siècle

5. Il y a deux langues officielles à Bruxelles: _____.
   a. le français et l'anglais   b. le français et le belge   c. le français et le flamand

6. La Grand-Place et le bel Hôtel de ville de Bruxelles se trouvent _____.
   a. au centre-ville   b. dans la banlieue nord de la ville   c. dans le 15ᵉ arrondissement

Nathalie à l'appareil!

Bruges la romantique. Nathalie téléphone au syndicat d'initiative de Bruges, en Belgique, pour obtenir des informations. Écoutez la conversation, puis indiquez si les phrases suivantes sont vraies (**V**) ou fausses (**F**).

Vocabulaire utile:	avoir l'intention de	to intend to
	le port	harbor
	relié à la haute mer par	linked to the sea by
	le canal / les canaux	canal(s)
	la dentelle	lace

1. V F C'est la deuxième fois que Nathalie téléphone au syndicat d'initiative de Bruges.

2. V F Les Belges ne disent pas « soixante-dix », ils disent « nonante ».

3. V F Bruges n'a jamais été un port très important.

4. V F On peut visiter la ville de Bruges en bateau.

5. V F La dentelle est une spécialité de Bruxelles.

6. V F Nathalie a envie d'aller à Bruges.

Flash-culture
●●

> ## Paris rendez-vous
>
> Paris, dit-on, est la ville la plus romantique du monde, la ville des rendez-vous. Bistrots populaires, cafés chic, cafés pour touristes, cafés secrets: il y a 12 000 cafés à Paris!
>
> Les plus illustres? La Closerie des Lilas à Montparnasse: sur les tables sont inscrits les noms de ses clients célèbres comme Ernest Hemingway et Scott Fitzgerald. Le Café de Flore et les Deux Magots, à Saint-Germain-des-Prés: après la Deuxième Guerre mondiale,[1] les existentialistes en ont fait leur quartier général. Sartre, Camus, Simone de Beauvoir y passaient des heures à écrire au milieu du bruit et de la fumée.[2]
>
> Quand vous serez[3] à Paris, asseyez-vous[4] à la terrasse de café. Lisez votre journal devant un petit crème[5] et regardez passer les gens. C'est un plaisir vraiment parisien!

[1]Deuxième... *World War II*   [2]au... *amidst noise and smoke*   [3]Quand... *When you are*   [4]*sit down*   [5]*coffee with cream*

A. Révisons! Relisez le **Flash-culture,** puis choisissez la bonne réponse.

1. La Closerie des Lilas et les Deux Magots sont deux _____ très connus (*well-known*).
   a. bistrots   b. cafés   c. écrivains

2. _____ fréquentent les cafés de Paris.
   a. Seuls les touristes   b. Seuls les existentialistes   c. Diverses personnes

3. Certains écrivains sont connus pour avoir préféré _____ au milieu du bruit et de la fumée.
   a. travailler   b. boire   c. discuter

4. Un « petit crème », c'est un genre de _____.
   a. café   b. dessert   c. journal

5. Pour goûter aux plaisirs du café parisien, il vaut mieux s'asseoir _____.
   a. au bar   b. à la terrasse   c. à l'intérieur

B. **On est branché!** Consultez le site Internet de *Vis-à-vis* (www.mhhe.com/visavis) pour obtenir les liens donnant les réponses aux questions suivantes.

1. D'où vient le nom du Café des Deux Magots? Quelle est l'adresse du café?

2. Quelles œuvres d'Ernest Hemingway mettent en vedette (*feature*) le café de la Closerie des Lilas? (Il y en a deux: un roman et une autobiographie.) Quelle est l'adresse de la Closerie des Lilas?

LEÇON 3: STRUCTURES

Savoir et *connaître*
Saying What and Whom You Know

• •

A. **Les experts sur Paris.** Utilisez le verbe **savoir** ou **connaître.**

1. Jean _____ où acheter une télécarte.

2. Nous _____ les rues du Quartier latin.

3. Mon père _____ un bon restaurant pas cher.

4. _____ -vous où se trouve la Sorbonne?

5. Tout le monde _____ les jardins du Luxembourg.

6. Mon professeur de français _____ une dame qui habite à côté d'une

    librairie.

7. Mais il ne _____ pas son numéro de téléphone.

8. Nous ne _____ personne dans cet arrondissement.

B. **Questionnaire.** Savez-vous ou connaissez-vous _____ ?

    MODÈLES: votre adresse → Oui, je la sais.
    Frank Abbot → Non, je ne le connais pas.

1. votre nom _____

2. jouer au tennis _____

    _____

3. Suzanne Riesel _____

4. les pièces de Shakespeare _____

5. la date d'aujourd'hui _____

6. quelle est l'autoroute pour aller dans le sud _____

7. Venise _____

8. la théorie de la relativité _____

9. compter en espagnol _____

10. les plages de la Côte d'Azur _____

C. Confusion. Vous rentrez chez vous après une longue absence et un vol transatlantique. Vous êtes un peu désorienté(e). Écoutez les remarques de vos amis et mettez un cercle autour de **a** ou **b.**

Vous entendez: Quelle heure est-il?

Vous écrivez: ⓐ Je ne le sais pas.   b. Je ne le connais pas.

1. a. Je ne le sais pas.   b. Je ne le connais pas.

2. a. Je ne le sais pas.   b. Je ne le connais pas.

3. a. Je ne le sais pas.   b. Je ne le connais pas.

4. a. Je ne le sais pas.   b. Je ne le connais pas.

 D. Les Jones visitent Paris. Regardez ce couple de touristes américains et répondez aux questions en vous basant sur leur apparence.

Vous entendez: Este-ce que les Jones savent où est le musée d'Orsay?
Vous dites: Non, ils ne savent pas où il est.

1. …   2. …   3. …   4. …   5. …   6. …

Les pronoms *y* et *en*
Speaking Succinctly
• •

A. Problèmes de maths. Lisez les trois problèmes suivants, tirés d'un manuel scolaire français. Soulignez le pronom **en** chaque fois qu'il apparaît. Ensuite, répondez aux questions.

Addition et soustraction

Quel énoncé?[1]

| 120 − (35 + 48) |

Lequel des 3 énoncés ci-dessous correspond à cette écriture? _____

1   • En partant à l'école, José a 120 billes[2] Le matin, il en perd 35; l'après-midi, il en gagne 48.
    Combien de billes lui reste-t-il à la fin de la journée?

2   • Céline a 35 bonbons. Elle en achète 120, puis en donne 48 à sa petite sœur.
    Combien lui en reste-t-il?

3   • Maman est allée au marché. Elle a dépensé 48 francs chez le fromager et 35 francs chez le marchand de légumes.
    Sachant qu'avant de partir elle avait dans son portefeuille[3] un billet de 100 francs et un billet de 20 francs, *combien lui en reste-t-il?*

[1]*statement*
[2]*marbles*
[3]*wallet*

B. Questions personnelles. Répondez en utilisant le pronom **y**.

MODÈLE: Qu'est-ce que vous mettez dans votre café? → J'y mets un peu de crème.

1. Avez-vous dîné au restaurant universitaire hier soir? _____

_____

2. Êtes-vous déjà allé(e) au Canada? _____

_____

3. Que faites-vous dans votre chambre? _____

_____

4. Répondez-vous immédiatement aux lettres de vos amis? _____

_____

5. Pensez-vous à l'argent quand vous faites vos projets de vacances? _____

_____

6. Que mettez-vous sur votre bureau? _____

_____

7. Combien de temps passez-vous chez vos amis chaque semaine? _____

_____

C. Conversations. Complétez avec **y** ou **en**.

Une visite au grand magasin

MARIANE: J'_____[1] suis allée seulement faire du lèche-vitrine (*window shopping*), mais j'ai trouvé des parfums extraordinaires dans le rayon (*department*) parfumerie. Il y _____[2] avait qui étaient sensationnels.

STÉPHANIE: Tu _____[3] as acheté?

MARIANE: Non, c'était bien trop cher. Mais j'espère _____[4] retourner avec mon père: peut-être qu'il va m'_____[5] acheter. C'est bientôt mon anniversaire.

En route pour la bibliothèque

RAOUL: Tiens, tu veux venir avec moi à la bibliothèque?

PIERRE: Pourquoi est-ce que tu _____[6] vas? Tu as du travail?

RAOUL: J'_____⁷ ai un peu, mais je veux aussi prendre quelques romans policiers pour les vacances. Mado m'a dit qu'il y _____⁸ a des nouveaux.

PIERRE: J'_____⁹ ai trois ou quatre à la maison. Je te les passe. Comme ça, tu n'auras pas besoin (*will not need*) de les rendre la semaine prochaine.

RAOUL: Bon, d'accord. Allons-_____¹⁰ tout de suite.

D. Des touristes extraterrestres. Imaginez que vous accompagnez des extraterrestres qui visitent une ville française. Répondez à leurs questions.

Vous entendez: Qu'est-ce qu'on fait dans une boulangerie?
Vous dites: Eh bien, on y achète du pain.

1. ... 2. ... 3. ... 4. ... 5. ...

E. Carine découvre sa ville. La semaine dernière, Carine a décidé d'explorer sa ville. Écoutez l'histoire et cochez (✓) tous les endroits qu'elle a visités.

_____ le musée   _____ le jardin public

_____ la mairie   _____ la piscine

_____ le jardin zoologique   _____ le marché en plein air

_____ le vieux cimetière   _____ la banlieue

_____ la pâtisserie   _____ le restaurant

Maintenant, répondez aux questions suivantes en vous basant sur l'histoire. Utilisez le pronom **y** dans vos réponses.

Vous entendez: La semaine dernière, Carine est-elle allée au vieux cimetière?
Vous dites: Non, elle n'y est pas allée.

1. ... 2. ... 3. ... 4. ... 5. ... 6. ...

F. Un marché d'Abidjan. Paul et Sara sont au marché en plein air. Écoutez leurs remarques, et choisissez la bonne réponse.

Vous entendez: J'en ai déjà acheté.

Vous écrivez: (a.) des bananes   b. à la plage

1. a. à ces statuettes   b. de l'argent

2. a. deux masques   b. une carte de la ville

3. a. des sandales   b. du café

4. a. au marché   b. à la marchande de fleurs

5. a. des danses locales   b. à l'arrêt d'autobus

LEÇON 4: PERSPECTIVES

Faire le bilan

• •

A. **Le voyage mémorable de Sylvie.** Utilisez le passé composé ou l'imparfait.

Quand (je [j'] / visiter) _____ [1] la France pour la

première fois, (je [j'] / avoir) _____ [2] 18 ans et (je / être)

_____ [3] assez naïve, mais (je [j'] /vouloir)

_____ [4] tout voir et tout essayer. Un jour, (je [j'] / faire)

_____ [5] la connaissance d'un jeune homme sur la plage. (Il / me /

inviter) _____ [6] à aller assister à une conférence. Après, (nous /

aller) _____ [7] prendre une bière. Ensuite (il / suggérer)

_____ [8] une promenade en motocyclette, mais (il / dire)

_____ [9] que (nous / devoir) _____ [10]

aller chez lui chercher le siège arrière (*back seat*) de sa moto. (Je [J'] / hésiter)

_____ [11] longtemps à l'accompagner parce que (je / ne / le /

connaître / pas) _____ .[12] Finalement, (je [j'] / accepter)

_____ .[13] (Nous / faire) _____ [14]

un tour de la ville en moto pendant que Jopie, qui ne (parler) _____ [15]

pas un mot d'anglais, (chanter) _____ [16] « My Blue Heaven » très

fort (*loudly*). (Ce / être) _____ [17] magnifique. (Il / me /

raccompagner [*to take*]) _____ [18] chez moi et (me / dire)

_____ [19] bonsoir. Le lendemain (*next day*) (il / partir)

_____ [20] en Bretagne pour l'été, et (je / ne / le / revoir / jamais)

_____ .[21]

B.   Une soirée agréable. Faites une ou deux phrases pour décrire ce que vous voyez sur chaque dessin. Utilisez le passé composé et l'imparfait.

1.   Maryvonne et Jacques _____

2.   Il faisait froid et il _____

3.   Maryvonne et Jacques _____

4.   _____

5.   _____

6.   Dans le café, des gens _____

Prononciation

•••••••••••••••••••••••••••••••••

Les voyelles nasales. Répétez les sons et les exemples suivants.

1. dans / lampe / tente / exemple
2. son / combien / réaction / bonbon
3. un / matin / vingt / sympathique / bien / train / faim / plein

Répétez les mots suivants. Faites bien le contraste entre les voyelles nasales et les voyelles non nasales.

1. dans / Jean / roman / bande
2. Anne / Jeanne / romane / banane
3. bon / nom / pardon / comptez
4. bonne / nomme / donner / comme
5. italien / saint / train / vin
6. italienne / Seine / traîne / vaine

À l'écoute!

•••••••••••••••••••••••••••••••••

Anvers. Une jeune femme revient de Belgique où elle est allée avec des amis. Elle parle d'une grande ville au nord de Bruxelles: Anvers. Écoutez ses commentaires, puis cochez les choses qu'elle mentionne.

Vocabulaire utile:	**la merveille**	marvel
	l'atelier (*m.*)	workshop
	le diamant	diamond
	la taille	cut
	la pierre	stone

❑ le port

❑ la cathédrale Notre-Dame

❑ le peintre Rubens

❑ le musée d'art contemporain

❑ la mairie

❑ Grote Markt

❑ l'église Saint-Jacques

❑ le peintre Rembrandt

❑ le musée du Diamant

❑ la maison des bouchers

❑ le musée des Beaux-Arts

❑ la gare

Par écrit
. . . .

Function: Narrating in the past

Audience: Instructor or classmates

Goal: Write a three-paragraph story in the past. Choose one of the following genres: **reportage ou fait divers** (*miscellaneous small news item*), **autobiographie,** or **biographie.**

Steps

1. Make an outline of your story. The introduction should describe the main characters, the setting, the time, and the circumstances. In the second paragraph, bring in a complication that changes the state of affairs. In the third paragraph, tell how the situation was resolved. End with a conclusion that summarizes what, if anything, was learned from the experience.

2. Write the rough draft, making sure it contains all the information just mentioned.

3. Take a break, then check your work. Refine the details and descriptions.

4. Have a classmate read your story to see if what you have written is interesting, clear, and organized. Make any necessary changes.

5. Finally, reread the composition for spelling, punctuation, and grammar. Focus especially on your use of the past tenses.

Journal intime
. . . .

Des moments inoubliables. Racontez un événement émouvant, quelque chose qui vous a rendu(e) heureux/euse, furieux/euse, honteux/euse (*ashamed*), etc. Utilisez les questions suivantes comme guide:

- Quand cela s'est-il passé?
- Où?
- Pourquoi y étiez-vous?
- Quelle heure était-il?
- Quel temps faisait-il?
- Avec qui étiez-vous?
- Que faisiez-vous?
- Qu'est-ce qui est arrivé?
- Quelles ont été les réactions de tout le monde?
- Comment l'épisode s'est-il terminé?

> MODÈLE: Une fois, il y a trois ans, j'étais chez ma mère en Louisiane.
> On devait donner une fête surprise…

CHAPITRE 12

La passion pour les arts

LEÇON I: PAROLES

Le patrimoine historique

A. Quel monument décrit-on? Lisez les quatre descriptions et identifiez les monuments suivants.

On a commencé à construire l'église de Beauvais en 1225. Mais après 25 ans de construction, la partie terminée est tombée. On l'a rebâtie, mais il n'y a jamais eu assez d'argent pour terminer l'énorme cathédrale gothique.

François I (roi de France de 1515 à 1547) venait chasser (*to hunt*) dans la forêt de Chambord, qui a donné son nom à ce château connu pour ses 365 cheminées.

Le 17 août 1661 dans son nouveau château de Vaux-le-Vicomte, Nicolas Fouquet offre une fête somptueuse à Louis XIV. Dix-neuf jours plus tard, Louis, envieux de la splendeur du château, met Fouquet en prison. Le salon sous le grand dôme central n'a jamais été décoré.

Pendant le Premier Empire (1804–1815), Napoléon donne l'ordre de construire un temple à la gloire de la Grande Armée. Cette église, qui s'appelle la Madeleine, ressemble à un temple grec.

1. monument _____

    époque _____

    siècle _____

2. monument _____

    époque _____

    siècle _____

3. monument _____   4. monument _____

   époque _____   époque _____

   siècle _____   siècle _____

B. Époques. Écoutez la description, et écrivez le nom de la personne, du bâtiment ou du lieu associé à l'époque.

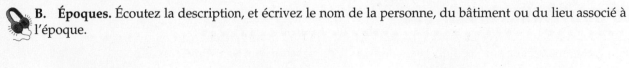

Vous entendez: La tour Eiffel a été construite à Paris pour une grande exposition universelle. Cette exposition fêtait le 100ᵉ anniversaire de la Révolution française. De quelle époque date la tour Eiffel?

Vous écrivez:

- l'époque moderne   *la tour Eiffel*   _____

- l'époque classique   _____ _____

- la Renaissance   _____ _____

- le moyen âge   _____ _____

- l'époque romaine   _____ _____

Les réponses se trouvent en appendice.

C. L'art de l'histoire. Écoutez les descriptions et associez chacune avec un des noms suivants. Donnez aussi le siècle associé.

Christophe Colomb (v. 1451–1506)	Benjamin Franklin (1706–1790)
Guillaume le Conquérant (1027–1087)	Jeanne d'Arc (v. 1412–1431)
Louis XIV (1638–1715)	François Mitterrand (1916–1996)
Napoléon Bonaparte (1769–1821)	Louis Pasteur (1822–1895)

Vous entendez: C'était un roi très puissant (*powerful*) qui a fait construire le palais de Versailles. C'est lui qui disait: « L'État, c'est moi. »

Vous dites: C'est Louis XIV. Il est du dix-septième siècle.

1. ... 2. ... 3. ... 4. ... 5. ... 6. ... 7. ...

Les œuvres d'art et de littérature

A. Classifications. Classez les mots suivants: **actrice, cinéaste, compositeur, écrivain, film, œuvre musicale, peintre, pièce de théâtre, poème, poète, roman, sculpteur, sculpture, tableau.**

ARTISTES   ŒUVRES (*works*)

_____   _____

_____   _____

_____   _____

_____   _____

_____   _____

_____   _____

*B. Les arts.** Créez une carte sémantique pour chacun des mots de la liste suivante. Sur une autre feuille de papier, écrivez un mot de la liste au centre et les quatre catégories du modèle. Puis ajoutez toutes les idées que vous associez avec les quatre catégories. (Il n'est pas nécessaire de vous limiter au vocabulaire de ce chapitre.)

MODÈLE: la peinture →

réalisme
impressionnisme
cubisme

genres

créateur   *la peinture*   produits

un(e) peintre   tableaux
                                                      chefs-d'œuvre

actions

peindre
dessiner

La liste

1. la musique
2. le cinéma
3. la littérature
4. l'architecture

Deux verbes pour parler des arts: *suivre* et *vivre*

A. Ah! les verbes! Complétez le tableau.

	POURSUIVRE	VIVRE	SUIVRE (passé composé)
je/j'			
on			
nous			
les gens			

B. En Afrique. Robert, étudiant américain, parle de ses expériences en Afrique avec un étudiant du Sénégal. Complétez la conversation avec **vivre, poursuivre** ou **suivre**. Attention au temps du verbe.

SIMON: Tu _____[1] au Mali pendant quatre ans?

ROBERT: Oui, j'y suis allé en 1986 avec le Corps de la Paix (*Peace Corps*). Je suis rentré aux

États-Unis pour _____[2] des études de génie civil, mais j'ai envie de

retourner y _____[3] un jour.

SIMON: Alors tu espères _____[4] ta carrière en Afrique?

ROBERT: Oui, les cours que je _____[5] maintenant m'y préparent.

- En quelle année est-ce que Robert a quitté le Mali? _____

- En quoi est-ce qu'il se spécialise à l'université? _____

C. Christine et Alain, des étudiants mariés. Écoutez la description de leur vie, puis indiquez si les phrases suivantes sont vraies (**V**) ou fausses (**F**).

1. V   F   Christine et Alain sont étudiants et vivent assez bien.

2. V   F   Christine aimerait devenir compositrice.

3. V   F   Alain fait de la musique électronique.

4. V   F   Le mardi, les jeunes mariés suivent tous les deux un cours d'histoire de l'art.

5. V   F   Alain compte poursuivre une carrière dans l'enseignement (*teaching*).

LEÇON 2: STRUCTURES

Les pronoms accentués
Emphasizing and Clarifying
• •

A. Invitation. Complétez les phrases suivantes avec des pronoms accentués.

—En août, nous partons en vacances avec Thomas, sa femme Virginie et leurs enfants Ronan et

Danielle. Thomas, _____,[1] aime faire du vélo mais Virginie, _____,[2]

préfère aller à la plage. Les enfants, _____,[3] aiment jouer au tennis et faire du

cheval. Nous aimons partir avec _____[4] parce que ce sont de très bons amis.

Danielle et _____,[5] nous jouons aux cartes. Et _____[6] est-ce que vous

voudriez venir? Tu sais, Thomas et _____,[7] vous pouvez aller à la pêche ensemble.

—Non, merci, nous ne pouvons pas. Nous devons rester chez _____[8] en août.

✳B. Opinions et préférences. Vous parlez de gens que vous connaissez. Répondez brièvement avec un de ces pronoms: **moi, lui, elle, eux, elles.** Utilisez **non plus** si vous êtes d'accord (*if you agree*) ou **si**, si vous n'êtes pas d'accord.

> MODÈLE: Mon père n'aime pas la musique reggae. Et votre père? →
> Lui non plus. (Il n'aime pas la musique reggae.)
> *ou* Lui si. (Il aime la musique reggae.)

Ma mère n'aime pas la peinture moderne.

1. Et vous? _____

2. Et votre meilleur ami / meilleure amie? _____

3. Et vos frères et vos sœurs? _____

   _____

4. Et votre professeur de français? _____

Ma sœur n'aime pas écrire des poèmes.

5. Et vos parents? _____

6. Et vos meilleures amies? _____

7. Et votre copain / copine? _____

8. Et vous? _____

C. Panne d'électricité. Il y a une panne d'électricité dans la galerie d'art. Ces personnes essaient de se retrouver dans l'obscurité. Répondez selon le modèle.

> Vous entendez: C'est M. Legrand?
> Vous dites: Oui, c'est lui.

1. ...   2. ...   3. ...   4. ...   5. ...

D. C'est incroyable! Ce que vous entendez vous surprend. Réagissez en vous basant sur les modèles.

> Vous entendez: Jean parle de vous et de Charles.
> Vous dites: Il parle de nous?

> Vous entendez: Jean va chez les Legrand.
> Vous dites: Il va chez eux?

1. ...   2. ...   3. ...   4. ...   5. ...   6. ...

La place des pronoms personnels
Speaking Succinctly

A. Au musée. Voici une conversation entre la directrice d'un musée d'art et un collègue. Ajoutez les pronoms nécessaires.

DIRECTRICE: Avez-vous déjà montré notre nouveau tableau à ce groupe de philanthropes?

COLLÈGUE: Non. Pas encore. Je vais _____ _____[1] montrer demain.

DIRECTRICE: Montrez-_____-_____[2] cet après-midi, s'il vous plaît.

Ils veulent nous donner leur décision tout de suite.

COLLÈGUE: S'ils ne _____ _____[3] donnent pas ce soir, est-ce que

nous les invitons à l'exposition demain?

DIRECTRICE: Oui, invitons-_____.[4]

COLLÈGUE: Et la soirée?

DIRECTRICE: Non, ne _____ _____[5] parlez pas.

B. Conseils. Justin est assez timide et très prudent. Julie a beaucoup de courage. Quels conseils est-ce que chacun donne dans les situations suivantes? (Utilisez deux pronoms objets si possible.)

> MODÈLE: Marcel et Françoise veulent faire du camping sauvage en Afrique. →
> JUSTIN: N'en faites pas. C'est dangereux.
> JULIE: Faites-en. Vous allez voir de belles choses.

1. Constantin veut visiter la Nouvelle-Calédonie.

   JUSTIN: _____

   JULIE: _____

2. Les Finkelstein veulent emprunter la BMW de leur voisin.

   JUSTIN: _____

   JULIE: _____

3. Raoul veut montrer sa nouvelle sculpture à un groupe d'étudiants.

   JUSTIN: _____

   JULIE: _____

4. Daniela veut enseigner l'alpinisme à son amie.

   JUSTIN: _____

   JULIE: _____

5. Nicole et Patrick veulent écrire une lettre à Jacques Chirac.

   JUSTIN: _____

   JULIE: _____

C. Limites. Quelles sont les limites de l'amitié? Donnez votre réponse pour chaque situation. Utilisez des pronoms objet.

   MODÈLE: Votre camarade de chambre veut montrer vos photos à ses amis. Vous lui dites: →
   Ne les leur montre pas. *ou* Montre-les-leur.

1. Votre camarade de chambre vous demande s'il/si elle peut prêter la clé de votre chambre à un

   autre ami.

   Vous lui dites: _____

2. Une camarade veut envoyer un de vos poèmes à sa mère, poète célèbre.

   Vous lui dites: _____

3. Une amie veut montrer à tous les étudiants les questions de l'examen d'histoire qu'elle a

   trouvées dans le bureau du professeur.

   Vous lui dites: _____

4. Un camarade de classe veut fumer des cigarettes.

   Vous lui dites: _____

5. Une voisine veut vous donner six petits chats.

   Vous lui dites: _____

D. Confrontations. Avec quelle image va chaque situation? Mettez la lettre correspondante.

a.

b.

c.

d.

e.

1. ____   2. ____   3. ____   4. ____   5. ____

 E. Ordres. Répétez les ordres du prof selon les modèles.

Vous entendez: Lisez ce paragraphe!
Vous dites: Lisez-le!

Vous entendez: Ne parlez pas à vos camarades!
Vous dites: Ne leur parlez pas!

1. …   2. …   3. …   4. …   5. …   6. …

CORRESPONDANCE

Le courrier
• •

Complétez le message avec les expressions suivantes: **chefs-d'œuvre, moi, peintres, pièce, poèmes, rêver, sculptures, siècle, vécu, vraiment.**

DE: Nathalie@media.fr

À: Paul@universpar.fr

Mon cher Paul,

Ce week-end à Bruxelles a été _____[1] agréable. Il a passé trop vite, malheureusement. Je

voulais aller avec toi au musée d'art ancien. On y trouve des peintures et des _____[2]

magnifiques. Pour des gens comme toi qui aiment Bruegel et Rubens, c'est un paradis, et pour

_____[3] qui préfère les _____[4] français du dix-neuvième _____,[5] il y a de

belles peintures de Seurat et de Gauguin. Tu sais, quand je parle de Gauguin, je pense à des îles

tropicales. Mon départ pour La Réunion est prévu pour après-demain! Tu te rends compte? Bon,

Gauguin, lui, il a _____[6] à Tahiti et il est vrai que Tahiti n'est pas vraiment tout près de La

Réunion, mais que veux-tu, en ce moment, je n'arrête pas de _____[7] de ce voyage! J'espère

que cet endroit va m'inspirer. Je ne vais sûrement pas me mettre à la peinture, mais qui sait, je

reviendrai peut-être de mon voyage avec mes propres _____[8]: un recueil de _____[9]

ou une _____[10] de théâtre!

Bon, j'arrête mes bêtises et je t'embrasse,

Nathalie

Info-culture

Relisez le **Flash** et le **Portrait** dans votre livre, puis complétez les débuts de phrases qui se trouvent dans la colonne de gauche avec les segments qui se trouvent à droite.

1. En 1980, Marguerite Yourcenar est la première femme admise _____.

2. Pendant près de quarante ans, elle vit _____.

3. Marguerite Yourcenar est _____.

4. *Le Penseur* se trouve _____.

5. À l'intérieur du musée, on trouve des chefs-d'œuvre de Rodin et _____.

6. Vers la fin de sa vie, Rodin a passé beaucoup de temps à l'Hôtel Biron, _____.

a. dans le jardin du musée Rodin, à Paris
b. une collection de peintures qui comprend des œuvres de Van Gogh
c. à l'Académie française
d. aux États-Unis avec Grace Frick, sa compagne
e. qui s'appelle aujourd'hui le musée Rodin
f. un écrivain du vingtième siècle

 # Nathalie à l'appareil!

Au revoir, Nathalie! C'est la dernière fois que nous entendons Nathalie. Elle parle aujourd'hui à Michel Villet, un ami journaliste qui lui propose de travailler avec lui à l'occasion d'un grand événement artistique qui a lieu chaque année dans le sud de la France. Écoutez leur conversation, puis indiquez si les phrases suivantes sont vraies (**V**) ou fausses (**F**).

Vocabulaire utile:	s'ouvrir à	to open oneself to
	la Cour d'Honneur du Palais des Papes	the Courtyard of Honor in the Palace of the Popes
	le cloître	the cloister
	un aperçu	an overview

1. V F Michel doit faire un reportage sur le Festival d'Avignon.

2. V F Au Festival d'Avignon, il y a déjà des spectacles de théâtre mais pas encore de musique ni de danse.

3. V F Michel va parler de l'histoire du Festival. Nathalie, elle, va parler des endroits où ont lieu les spectacles.

4. V F La salle en plein air du Palais des Papes est très petite.

5. V F Pendant le Festival, on peut même voir des spectacles dans la rue.

Flash-culture

• •

Suzanne Valadon (Peintre et dessinatrice française, 1867–1938)

« J'ai eu de grands maîtres. J'ai tiré[1] le meilleur d'eux-mêmes, de leur enseignement,[2] de leur exemple. Je me suis trouvée, je me suis faite, et j'ai dit, je crois, ce que j'avais à dire. »

Femme, peintre, pauvre et autodidacte[3]: Suzanne Valadon transforme ces désavantages en avantages.

Pour gagner sa vie,[4] elle devient le modèle de Renoir et de Toulouse-Lautrec. Elle s'instruit à leur contact. Pendant ses heures de pose, elle les regarde travailler et construit peu à peu sa propre[5] personnalité artistique.

Son art est hardi[6] et très personnel: En dépit des[7] tabous de l'époque, elle fait son autoportrait sous forme de nu[8] et peint aussi des hommes nus.

Mère du peintre Maurice Utrillo à qui elle donne ses premières leçons, elle est une figure essentielle de la société impressionniste et postimpressionniste. À sa mort, elle laisse au monde 478 tableaux, 273 dessins et 31 croquis.[9]

---

[1]J'ai… *I drew (upon)*   [2]*teaching*   [3]*self-taught (person)*   [4]*gagner… earn a living*   [5]*own*   [6]*bold*
[7]En… *Despite the*   [8]*nude*   [9]*sketches*

A. Révisons! Relisez le **Flash-culture**, puis trouvez la fin de chaque phrase.

1. Pour gagner sa vie, Suzanne Valadon _____.

2. Valadon a eu comme maîtres _____.

3. Elle a fait son autoportrait sous forme de nu _____.

4. Elle a beaucoup encouragé son fils, _____.

5. Son art est particulier _____.

6. Valadon a laissé au monde _____.

a. en dépit des tabous de l'époque
b. 478 tableaux et 273 dessins
c. est devenue modèle
d. Renoir et Toulouse-Lautrec
e. Maurice Utrillo
f. parce qu'il est hardi et très personnel

B. On est branché! Consultez le site Internet de *Vis-à-vis* (www.mhhe.com/visavis) pour obtenir les liens donnant les réponses aux questions suivantes.

1. Trouvez d'autres détails sur la vie et l'œuvre artistique de Suzanne Valadon.

2. Dans quels musées peut-on voir des œuvres de Suzanne Valadon? Décrivez quelques-unes de ses œuvres.

3. Pendant quelque temps, Suzanne Valadon a été l'amie d'un compositeur français. De quel compositeur s'agit-il (*are we talking about*)? Que savez-vous de ce compositeur et de sa musique?

LEÇON 3: STRUCTURES

Les verbes suivis d'une préposition
Expressing Actions

••

A. Ah! les prépositions! Quels verbes exigent l'emploi d'une préposition avant un infinitif? Cochez (✓) les cases correctes.

	À	DE	—
1. aller			✓
2. devoir			
3. aider			
4. se mettre			
5. désirer			
6. choisir			
7. oublier			
8. rêver			
9. vouloir			
10. enseigner			
11. chercher			
12. arrêter			

B. Pensées diverses. Utilisez **à, de** ou laissez un blanc.

Les habitudes au téléphone. Marc aime _____[1] téléphoner _____[2] ses amis le

soir quand ils ne travaillent pas. Mais Marie croit qu'il vaut mieux _____[3] leur téléphoner

_____[4] l'après-midi. Elle refuse _____[5] les réveiller ou _____[6] les

empêcher de travailler.

Tout le monde aime voyager. Ma mère rêve _____[7] faire le tour du monde. C'est l'Afrique qu'elle a décidé _____[8] découvrir en premier, mais elle veut aussi _____[9] visiter les autres continents. Elle a commencé _____[10] étudier les langues étrangères _____[11] aux cours du soir pour se préparer.

Question de talent. Je ne réussirai jamais _____[12] apprendre _____[13] danser! J'essaie _____[14] suivre un cours de danse chaque été. Voilà ce qui arrive: je vais peut-être deux fois au cours mais je ne continue pas _____[15] danser régulièrement.

«J'oublie» _____[16] y aller!

✳ **C. Un week-end idéal.** Écoutez Paul qui vous parle de ses week-ends. Ensuite, regardez l'exercice qui suit. Écoutez une deuxième fois, puis arrêtez l'enregistrement et terminez les phrases suivantes en vous basant sur votre propre expérience.

1. En général, le week-end, j'essaie _____ et j'aime _____.

2. Quand on essaie de me pousser à faire quelque chose, je _____.

3. Le week-end passé, j'ai choisi _____.

4. Ce week-end, j'espère _____.

5. Certains dimanches, on m'empêche _____.

6. Un soir, j'ai finalement réussi _____ je n'étais plus une enfant.

Les adverbes
Talking about How Things Are Done
• •

A. Confessions. Répondez à ce que dit Marc, selon votre point de vue personnel. Si vous êtes de la même opinion, dites «Moi aussi, je...» Si vous n'êtes pas d'accord, utilisez un des adverbes **trop, peu,** ou **ne... pas du tout.** Attention à la place des adverbes.

MODÈLE: MARC: J'ai beaucoup voyagé le semestre dernier. →
VOUS: Moi, je n'ai pas du tout voyagé le semestre dernier. *ou*
Moi aussi, j'ai beaucoup voyagé.

1. MARC: J'ai trop dormi hier soir.

   VOUS: _____

2. MARC: J'ai peu étudié au lycée.

   VOUS: _____

3. MARC: Je n'ai pas du tout travaillé l'été passé.

   VOUS: _____

4. MARC: J'ai beaucoup mangé ce matin.

VOUS: _____

5. MARC: J'ai beaucoup pensé aux cours que je vais suivre l'année prochaine.

VOUS: _____

6. MARC: J'ai bien compris le dernier chapitre de français.

VOUS: _____

B. **Tristement!** Rendez cette histoire plus vivante en mettant l'adverbe correspondant à la place de l'adjectif proposé. Barrez (*Cross out*) les adjectifs.

Le téléphone a sonné _____[1] (violent) à deux heures du matin. Le détective a essayé

_____[2] (vain) de trouver l'appareil. Il l'a _____[3] (final) décroché et a

dit « Allô? » Une voix de femme lui a répondu _____[4] (rapide) avec des mots qu'il n'a

pas compris _____[5] (immédiat). « Répétez plus _____[6] (lent), s'il vous

plaît, madame » lui a-t-il demandé _____[7] (poli). « Il est mort » a dit

_____[8] (doux) la dame. « Qui? » lui a-t-il demandé _____[9] (calme).

« Mon chien. N'êtes-vous pas vétérinaire? »

C. **De toute manière.** Complétez chaque phrase à l'aide d'un adverbe.

MODÈLE: Il est vrai que je suis américaine → Je suis vraiment américaine.

1. Elle parle français de manière rapide.

Elle parle français _____.

2. Il est patient quand il attend.

Il attend_____.

3. Tu as une attitude sérieuse quand tu étudies.

Tu étudies_____.

4. Je suis lent quand je conduis.

Je conduis_____.

5. Nous sommes polis quand nous parlons à nos parents.

Nous leur parlons _____.

6. Vous êtes actifs dans le cours de français.

Vous participez _____.

7. Ils sont honnêtes quand ils jouent.

Ils jouent _____.

8. Tu es franc avec tes amis.

Tu leur parles _____.

D. Une fable traditionnelle. Voici une course à pied (*foot race*) très célèbre. Écoutez la présentation deux fois et indiquez si les expressions suivantes décrivent le **lièvre** (*hare*) (**L**) ou la **tortue** (**T**). (Nous avons commencé pour vous.)

Nous assistons aujourd'hui à une course tout à fait spéciale. Elle est bien sûr télévisée. Écoutons le speaker…

1. __L__ prend rapidement la tête (*the lead*)
2. _____ avance lentement
3. _____ avance à une vitesse incroyable
4. _____ a gagné sans difficulté
5. _____ dort
6. _____ essaie désespérément de rattraper son retard
7. _____ continue imperceptiblement sur la piste (*track*)

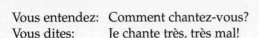

Maintenant, écoutez parler le lièvre, et donnez la réaction de la tortue.

Vous entendez: Chez nous, on rit beaucoup.
Vous voyez: assez
Vous dites: Chez nous, on rit assez.

1. doucement
2. calmement
3. rarement

4. très peu
5. modestement

E. Comportements. Voici des questions sur votre manière de faire certaines choses. Utilisez un adverbe dans chaque réponse. Vous n'entendrez pas de réponses suggérées.

Vous entendez: Comment chantez-vous?
Vous dites: Je chante très, très mal!

1. … 2. … 3. … 4. …

LEÇON 4: PERSPECTIVES

Faire le bilan

A. Il a séché (*cut*) **le cours.** Marc a séché le cours de philosophie hier matin. Il vous demande de lui prêter votre cahier, vos notes de classe, etc. Comme vous êtes une personne généreuse, vous voulez bien l'aider. Suivez le modèle.

> MODÈLE: MARC: Tu me prêtes tes notes de classe?
> VOUS: Oui, je te les prête.
> MARC: Alors, prête-les-moi.

1. MARC: Tu me prêtes ton cahier?

   VOUS: _____

   MARC: _____

2. MARC: Tu me donnes ta copie de la bibliographie?

   VOUS: _____

   MARC: _____

3. MARC: Tu prêtes aussi tes notes de classe à mon ami Olivier?

   VOUS: _____

   MARC: _____

4. MARC: Tu me montres tes devoirs?

   VOUS: _____

   MARC: _____

5. MARC: Tu donnes la copie de l'examen à tes camarades?

   VOUS: _____

   MARC: _____

Prononciation

Voyelles fermées et voyelles ouvertes. The "closed" French vowels, in words such as **pot, allée,** and **deux,** contrast with the "open" vowels: **homme, belle, heure.** Very generally speaking, closed vowels occur as the final vowels in a syllable, whereas open vowels occur before a consonant + silent **e.** Listen carefully for the difference: **été, tête.**

Répétez les expressions suivantes.

1. chaud / gros / robe / poste
2. parlé / nez / fraise / tête
3. œufs / feu / jeune / œuf

Écoutez le passage suivant. Ensuite, écoutez-le une deuxième fois, et répétez chaque phrase.

> Quand il faisait beau, / j'aimais aller à la plage / pour faire du sport / ou pour chercher des coquillages (*seashells*). / Quand il pleuvait, / j'aimais faire une promenade sur la plage / au chaud dans mes bottes et mon pull, / et regarder la tempête!

À l'écoute!

Le musée d'Orsay. Une jeune française, Martine, cherche à convaincre Linda, une de ses copines québécoises, de venir la voir en France. Vous entendez une partie de la conversation. Écoutez, puis choisissez la bonne réponse à chacune des questions.

> **Vocabulaire utile:** **la lumière** light
> **le cadre** setting

1. À sa création, le musée d'Orsay était _____.
   a. une cathédrale b. un café-restaurant c. une gare

2. Aujourd'hui, on y trouve des œuvres _____.
   a. cubistes b. de la Renaissance c. impressionnistes

3. La _____ et la sculpture y sont représentées.
   a. peinture b. musique c. photographie

4. Au dernier étage du musée, il y a _____.
   a. un théâtre b. un magnifique tableau de Picasso c. un café et une terrasse

Par écrit

Function: Describing a cultural activity

Audience: Classmates

Goal: To write an account of a cultural activity you engage in fairly often.

Choose an activity you enjoy as a spectator (attending theater, concerts, films, etc.), viewer, reader, collector, browser, performer, or creator (arts or crafts). Discuss how the activity fits into your everyday life: how often, where, with whom, what you accomplish, why you enjoy it.

Steps

1. Make an outline. For each point, make a list of the vocabulary terms you will use. Arrange the points so that the discussion flows smoothly.

2. Write a rough draft. Have a classmate read the draft and comment on its clarity and organization. Add new details and eliminate irrelevant ones.

3. Make any necessary changes. Finally, reread the composition for spelling, punctuation, and grammar. Focus especially on your use of adverbs and direct and indirect object pronouns.

Journal intime

Expliquez votre opinion sur les arts.

- Quel rôle est-ce qu'ils jouent dans votre vie?
- Qui sont les auteurs, poètes, compositeurs, peintres et cinéastes que vous trouvez intéressants? Pourquoi?

> MODÈLE: Moi, j'écoute des CDs tous les jours, même le matin quand je me lève.
> J'aime plusieurs types de musique: le jazz, l'opéra, les chansons de variété…

RÉCAPITULONS! CHAPITRES 9 À 12

A. Les langues étrangères. Jules et Laurette parlent de leurs études de langues étrangères. Complétez leur conversation avec **pendant, depuis** ou **il y a.**

JULES: _____[1] quand est-ce que tu fais du russe?

LAURETTE: J'ai commencé _____[2] trois ans.

JULES: Et _____[3] ce temps-là tu étudies avec M. Lansky?

LAURETTE: Non, j'ai commencé avec Mlle Makarova. Je suis dans le cours de M. Lansky

_____[4] un an seulement.

JULES: Je connais M. Lansky _____[5] deux ans déjà et je le trouve vraiment

formidable.

LAURETTE: Oui, il est vraiment bien. Je vais continuer à étudier avec lui _____[6] deux ans

avant d'entrer à l'université.

• Une question: Depuis combien d'années est-ce que Laurette étudie le russe? _____[7]

B. Dans le cours de français. Mettez les phrases suivantes au négatif.

1. Seth parle toujours en cours de français.

_____

2. Paul pose (*asks*) encore des questions.

_____

3. Sylvie a déjà fait les devoirs.

_____

4. Aimée répond parfois en anglais.

_____

5. Nous allons souvent dans des restaurants français.

_____

6. Je comprends très bien.

_____

7. Le professeur a quelque chose d'intéressant à dire.

_____

8. Tout le monde aime le professeur.

_____

C. Un voyage agréable? Simone a visité les îles francophones de l'océan Indien. Écoutez son histoire.

Simone raconte son histoire à une amie. Est-ce que ses expériences ont été **agréables** ou **désagréables**? Mettez **A** ou **D**, selon le cas.

1. _____   3. _____   5. _____

2. _____   4. _____   6. _____

Les réponses se trouvent en appendice.

D. Question d'habitudes. Répondez aux questions suivantes en employant les pronoms objets directs (**le, la, les**).

1. Est-ce que vous avez lu le journal ce matin?

    _____

2. Est-ce que vos parents regardent souvent la télévision?

    _____

3. Est-ce que vous aimez faire vos devoirs?

    _____

4. Est-ce que vous allez finir cet exercice?

    _____

5. Est-ce que vos grands-parents aiment le rock?

    _____

6. Est-ce que vous faites souvent la lessive?

    _____

7. Est-ce que vous comprenez toujours le professeur?

    _____

8. Est-ce que vous allez porter votre short demain?

    _____

E. Quand l'appétit va, tout va! Mettez les verbes des phrases suivantes au passé composé ou à l'imparfait.

Hier soir, je/j' _____[1] (être) fatigué et je/j' _____[2] (décider) d'aller me coucher. Je/J' _____[3] (ne pas pouvoir) dormir parce que je/j' _____[4] (avoir) faim. Je/J' _____[5] (aller) à la cuisine et mon frère y _____[6] (être) aussi! Je lui _____[7] (demander): « Qu'est-ce que tu fais là? » Il me/m' _____[8] (répondre): «Je ne peux pas dormir parce que j'ai faim! » Nous _____[9] (préparer) des pâtes et nous _____[10] (manger) ensemble!

F. Un peu de démographie. Voici la liste des neuf agglomérations (=régions urbanisées) les plus importantes de France. Sur la carte de France, tracez un cercle autour des agglomérations qui figurent dans la liste suivante.

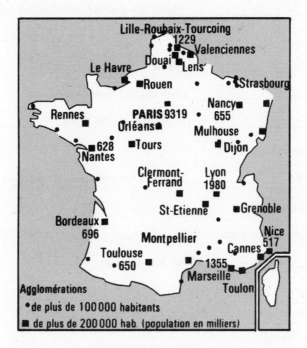

		POPULATION (HABITANTS)		
	AGGLOMÉRATION	(RECENSEMENT 1990)		
1.	Paris	9	318	821
2.	Lyon (-St-Étienne-Grenoble)	1	980	294
3.	Marseille (-Aix-en-Provence)	1	354	778
4.	Lille (-Roubaix-Tourcoing)	1	229	122
5.	Bordeaux		696	364
6.	Nancy (-Metz-Thionville)		654	977
7.	Toulouse		650	336
8.	Nantes (-St-Nazaire)		627	589
9.	Nice (+banlieue)		516	740

Maintenant, écoutez les questions, et cherchez la réponse dans la liste.

> Answering using ordinal numbers: **(la) première, (la) deuxième, (la) troisième,** etc.

Vous entendez: Est-ce que Lyon est plus important que Marseille? →
Vous dites: Oui, Lyon est la deuxième ville française. Marseille est la troisième.

1. ...   2. ...   3. ...   4. ...   5. ...

G. À ou *de*? Complétez les phrases suivantes avec la préposition **à** ou **de**. S'il n'est pas nécessaire, d'utiliser de préposition, laissez un blanc.

1. Sophie a accepté _____ faire les courses, mais elle a refusé _____ faire le ménage.

2. Est-ce que tu sais _____ skier?

3. Oui, j'ai appris _____ skier quand j'avais sept ans.

4. André rêve _____ voyager au Canada. Il va _____ faire des économies pour son voyage.

5. On, non! J'ai oublié _____ acheter des œufs. Je voulais _____ faire un gâteau. Dommage!

6. Le professeur demande aux étudiants _____ écrire des phrases au tableau.

7. Qui va venir _____ dîner à la maison ce soir?

8. Les étudiants essaient _____ parler français en cours de français.

9. Vous espérez _____ pouvoir visiter Paris bientôt.

10. Marie pense _____ travailler tout l'été.

11. Thomas n'a pas faim. Il vient _____ manger!

12. Je vais vous inviter _____ dîner au restaurant ce soir.

H. Encore des questions. Répondez aux questions suivantes avec des pronoms objets directs et indirects.

1. Est-ce que vous téléphonez souvent à vos amis?

   _____

2. Est-ce que vous avez acheté vos livres de cours hier?

   _____

3. Est-ce que vous donnez des bonbons aux chiens?

   _____

4. Est-ce que vous pensez aller en Europe l'année prochaine?

   _____

5. Est-ce que vous avez déjà offert des fleurs à votre mère?

   _____

I. Deux points de vue. Pierre Collet et Myriam Romain répondent à une question sur la vie culturelle française. Dites si les phrases suivantes sont vraies (**V**) ou fausses (**F**) selon la personne mentionée.

Voici la question: À votre avis, est-ce que le gouvernement participe suffisamment au développement de la vie culturelle en France?

Selon Pierre Collet,

1. V   F   Tous les gouvernements français récents ont fait un gros effort en ce qui concerne (*regarding*) le développement culturel du pays.

2. V   F   Cet effort a surtout commencé après la Première Guerre (*war*) mondiale.

3. V   F   Avant la Deuxième Guerre mondiale, le gouvernement devait s'occuper des problèmes sociaux.

4. V   F   De nos jours, le gouvernement n'aide plus les arts parce que le public est déjà très motivé.

Selon Myriam Romain,

5. V   F   L'intervention du gouvernement français dans les arts est pleinement suffisante.

6. V   F   La pyramide du musée du Louvre, par exemple, n'a été bâtie que pour la gloire du ministre de la Culture.

7. V   F   Ce sont les enfants à l'école, les téléspectateurs et les troupes locales qui ont le plus besoin d'aide.

Les réponses se trouvent en appendice.

La vie quotidienne

LEÇON I: PAROLES

L'amour et le mariage

A. L'amour et le mariage. Mettez un cercle autour de la meilleure expression pour compléter les phrases suivantes.

> MODÈLE: Le coup de foudre (précède) / suit le voyage de noces.

1. On voit les nouveaux mariés pour la première fois à l'église / pendant leur voyage de noces.

2. Les gens qui préfèrent rester célibataires ne se marient pas / se marient.

3. En général, les gens qui ne s'entendent pas se disputent / se marient.

4. La période où l'on se promet de se marier s'appelle les rendez-vous / les fiançailles.

5. Pour s'installer dans une nouvelle maison, on a besoin d'amis / de meubles.

 B. Une histoire d'amour. Écoutez l'histoire de Mireille et de Jacques. Indiquez si les phrases suivantes sont vraies (**V**) ou fausses (**F**).

1. V F Mireille et Jacques sont tombés amoureux immédiatement.

2. V F Ils se sont mariés après trois ans.

3. V F Ils se sont installés dans la maison de la mère de Jacques.

4. V F Le mariage n'a pas réussi.

Maintenant, écoutez les déclarations suivantes sur l'histoire de Mireille et de Jacques. Elles ne sont pas en ordre. Écrivez-les dans la colonne appropriée: **au début, au milieu** ou **vers la fin**. Tournez la page.

> Use the infinitive when writing verbal expressions in the chart.

Vous entendez: Mireille et Jacques sont tombés follement amoureux.
Vous écrivez:

AU DÉBUT	AU MILIEU	VERS LA FIN
tomber amoureux		

Les réponses se trouvent en appendice.

Le corps humain

• •

A. Aïe (*Ouch*), **ça fait mal!** À quelles parties du corps est-ce qu'on a mal?

> MODÈLE: J'ai un rhume (*cold*). → J'ai mal _____à la gorge_____.

1. Henri et Paul écoutent quinze disques de rock. Ils ont mal _____.

2. Je vais chez le dentiste ce matin. J'ai mal _____.

3. Nous portons des cartons très lourds. Nous avons mal _____.

4. Les nouvelles chaussures de Charles sont trop petites. Il a mal _____.

5. Vous apprenez à jouer de la guitare. Vous avez mal _____.

6. Mathilde lit un roman pendant douze heures sans s'arrêter. Elle a mal _____.

7. Il fait très froid et Raymond n'a pas de chapeau. Il a mal _____.

8. Mireille court (*is running*) dans un marathon. Elle a mal _____.

B. Énigme. Écoutez chaque définition et donnez la partie ou les parties du corps définies.

> Vous entendez: Ils servent à jouer du piano.
> Vous dites: Les mains et les doigts.

1. ... 2. ... 3. ... 4. ... 5. ... 6. ...

C. Et maintenant... un moment de détente (*relaxation*)! L'exercice physique nous est bénéfique, même pendant une leçon de français! Restez assis(e) à votre place, et faites les exercices suivants.

1. ...   2. ...   3. ...   4. ...   5. ...   6. ...   7. ...   8. ...   9. ...   10. ...   11. ...   12. ...

Les activités de la vie quotidienne
● ●

A. Une journée typique. Numérotez les phrases suivantes pour les mettre dans un ordre logique.

___ a. Elles s'endorment.

___ b. Laure et Lucette se réveillent.

___ c. Elles s'en vont.

___ d. Elles s'habillent.

___ e. Elles se couchent.

___ f. Elles se maquillent.

___ g. Elles se lèvent.

✳**B. Ma journée.** Complétez les phrases avec des informations personnelles.

MODÈLE: Je me réveille à ___six heures et demie___ .

1. Je me réveille à _____ .

2. Je me lève à _____ .

3. Je me brosse les dents dans _____ .

4. Je me peigne dans _____ .

5. Je m'habille dans _____ .

6. Je m'en vais à _____ .

7. Je me couche à _____ .

8. Je m'endors à _____ .

✳ **C.** **Associations.** Écrivez trois ou quatre expressions associées à chaque verbe.

MODÈLE: se réveiller →
le lit, le réveil, ouvrir les yeux

1. se brosser les dents

_____

2. se maquiller

_____

3. s'habiller

_____

4. s'en aller

_____

5. se coucher

_____

LEÇON 2: STRUCTURES

Les verbes pronominaux (première partie)
Expressing Actions

• •

A. Les copines. Zoé et Abena sont étudiantes de première année dans une université américaine. Elles vont partager une chambre à la maison française. Complétez leur conversation.

Verbes utiles: s'arrêter, se demander, se détendre, s'installer, se reposer

Zoé et Abena _____[1] dans leur nouvelle chambre. Elles ont toutes sortes de caisses (*boxes*) et de valises.

ZOÉ: Je _____[2] où nous allons mettre toutes nos affaires. Cette chambre est vraiment trop petite.

ABENA: Nous devons _____.[3] Je ne veux pas être en retard au premier repas.

ZOÉ: Écoute, on a encore trois heures. Voici ce que je propose: nous _____[4] de travailler dans deux heures et demie. Ensuite, nous _____[5] un peu. Tu es d'accord?

Verbes utiles: s'amuser, se demander, s'entendre, se rappeler, se souvenir (de)

(*Plus tard.*)

ABENA: Je _____[6] si nous allons nous comprendre. D'habitude je _____[7] bien avec les autres. Mais je _____[8] d'une fille insupportable (intolérable) avec qui j'ai été obligée de partager une chambre. Elle n'écoutait que de l'opéra. Je _____[9] un jour où j'avais tellement besoin de silence que j'ai caché (*hid*) sa radio.

ZOÉ: Je suis sûre que nous allons _____[10] ensemble. Mais tiens, où est ma radio?

B. Portrait d'un bon prof. Améliorez cette description en remplaçant les expressions entre parenthèses par des verbes pronominaux. Barrez (*Cross out*) les expressions entre parenthèses.

Si Mᵐᵉ Lévi (fait une erreur) _____,[1] elle (demande pardon) _____.[2] Voilà pourquoi elle (a de bons rapports) _____[3] bien avec tous ses étudiants. Et si nous (faisons des erreurs) _____,[4] elle nous encourage sans se moquer de nous. Elle a l'air de (passer des moments agréables) _____[5] en classe.

En cours elle (n'oublie pas) _____[6] nos objectifs, et nous travaillons dur. Nous n'avons pas le temps de (nous reposer) _____[7] en général; nous (allons vite) _____[8] pour tout finir. Mais nous (passons des moments agréables) _____[9] aussi.

C. Les distractions des étudiants. Complétez les phrases suivantes en écoutant le passage.

1. Je _____ parfois si les étudiants français ont le temps de _____.

2. Pourtant, les étudiants doivent aussi _____ .

3. On a besoin de _____ quelquefois...

4. Le soir, les étudiants _____ souvent dans le quartier universitaire.

5. Ils _____ à une table dans un café pour prendre un verre et discuter avant de rentrer travailler.

6. Le dimanche, beaucoup d'étudiants déjeunent sans _____, chez leurs parents ou leurs grands-parents.

7. Ils _____ en faisant un peu de sport, en allant à une exposition ou au cinéma.

Les réponses se trouvent en appendice.

D. Une vie d'étudiant. Écoutez chacune des situations suivantes, et choisissez l'expression verbale qui la décrit.

Vous entendez: Tu sors le samedi soir avec tes amis: d'abord, au restaurant, ensuite, en boîte.

Vous écrivez: a. Tu t'excuses.   (b.) Tu t'amuses.

1. a. Je me dépêche.   b. Je m'arrête.

2. a. Je me souviens de toi.   b. Je me demande si c'est vrai.

3. a. Ils se trouvent là-bas maintenant.   b. Ils vont s'installer là-bas plus tard.

4. a. Je me trompe.   b. Je me repose.

5. a. Nous nous entendons bien.   b. Nous nous détendons bien.

Les verbes pronominaux (deuxième partie)
Expressing Actions
• •

A. Les contraires. Trouvez les contraires!

1. ___ s'en aller
2. ___ s'endormir
3. ___ s'ennuyer
4. ___ s'entendre
5. ___ se fâcher
6. ___ s'installer
7. ___ se mettre à
8. ___ se perdre
9. ___ se tromper

a. avoir raison
b. se calmer
c. arriver
d. finir
e. faire ses valises
f. trouver sa route
g. se réveiller
h. s'amuser
i. se disputer

B. Habitudes. Tout le monde a des habitudes différentes. Faites des phrases complètes avec les mots donnés, puis imaginez une explication.

MODÈLE: Geoffroy / se raser / samedi soir →
Il se rase samedi soir parce qu'il sort avec sa copine (*girlfriend*).

1. Marcel / se réveiller tôt / lundi matin _____

_____

2. tu / se lever à midi / jeudi _____

_____

3. M. Dupont / se coucher / cinq heures _____

_____

4. je / s'habiller bien / après-midi _____

_____

5. les enfants / s'ennuyer / week-end _____

_____

6. Laure / se regarder / miroir / minuit _____

_____

C. Le baby-sitter. Marc va garder le petit garçon d'un ami pendant le week-end. Complétez leur dialogue avec les verbes suivants, en utilisant la forme pronominale ou non-pronominale: **(se) promener, (se) coucher, (s')habiller, (se) lever.**

MARC: Comment est-ce que je (j') _____[1] le petit?

SON AMI: Exactement comme tu _____[2] en tee-shirt et en short.

MARC: Et le soir, je le _____[3] à quelle heure?

SON AMI: Toi, tu _____[4] vers onze heures?

MARC: Oui, ou même avant.

SON AMI: Donc tu le _____[5] un peu avant. Comme ça tu peux _____[6] tard le matin.

MARC: Ça va si nous _____[7] après le dîner?

SON AMI: Bien sûr, je te laisse sa poussette (*stroller*).

D. La vie quotidienne. Écoutez les remarques de Thomas, et transformez-les en questions contenant un verbe pronominal. Suivez le modèle.

Expressions utiles: s'amuser, se coucher, s'en aller, s'habiller, se lever, se réveiller

Vous entendez: Le matin, j'ouvre les yeux difficilement.
Vous dites: Tu te réveilles difficilement?

1. ...   2. ...   3. ...   4. ...   5. ...

 E. Une journée dans la vie de Jeanne-Marie. Regardez le dessin et écoutez les questions. Répondez à chaque question en vous basant sur le dessin.

Vous entendez: À quelle heure est-ce que Jeanne-Marie se réveille?
Vous dites: Elle se réveille à sept heures.

Vous entendez: Imaginez: à quelle heure est-ce qu'elle se brosse les dents?
Vous dites: Elle se brosse les dents à sept heures vingt.

1. ...   2. ...   3. ...   4. ...   5. ...   6. ...

F. Comparez-vous à Philippe. Écoutez la description des habitudes de Philippe, puis donnez votre propre réponse. Vous n'entendrez pas de réponses suggérées.

Vous entendez: Philippe se réveille à six heures et demie. Et vous? À quelle heure est-ce que vous vous réveillez?
Vous dites: Moi? À sept heures.

1. ...   2. ...   3. ...   4. ...   5. ...

CORRESPONDANCE

Le courrier
• •

Complétez la carte postale avec les mots suivants: **à, demande, est, foudre, mains, rappelles, se, souviens, te lèves, tombée.**

Carte postale

Ma pauvre Bénédicte,

Tu _____,¹ tu travailles, tu manges, tu te couches et tu T'ENNUIES!

Comme c'est triste! Tu te _____² de tes dernières vacances à la

Martinique? On s'_____³ bien amusés, non? On se couchait tôt le

matin, on se levait tard, on allait se baigner et _____⁴ promener, on

essayait de nouveaux sports. Tu te _____⁵ quand tu es

_____⁶ amoureuse de l'instructeur de tennis? Oh là là! Quand il

arrivait, tu avais la gorge sèche et les _____⁷ qui tremblaient.

C'était vraiment pathétique! Mais tu sais, je crois que c'est pour ça que je suis

instructeur de tennis, moi, aujourd'hui! J'espère qu'une de mes élèves va aussi avoir

le coup de _____⁸ pour moi! Dis, est-ce que tu crois qu'il est temps

de te rendre _____⁹ l'agence de voyages pour préparer de nouvelles

vacances à la Martinique? Je me _____¹⁰ si tu n'en as pas besoin.

Qu'en penses-tu?

Ton copain,

Jérôme

Info-culture

Relisez le **Flash** et le **Portrait** dans votre livre, puis indiquez si les phrases suivantes sont vraies (**V**) ou fausses (**F**).

1. V F Joséphine de Beauharnais et Napoléon ont fait un mariage sans (*without*) amour.

2. V F Joséphine est devenue impératrice de France en 1804.

3. V F Joséphine et Napoléon ont eu un fils, puis ils ont divorcé.

4. V F La majorité des Français expatriés vivent en Europe.

5. V F Les jeunes diplômés français aiment commencer leur carrière en France parce qu'ils ne veulent pas apprendre à s'adapter à une autre culture.

6. V F L'expérience professionnelle à l'étranger a de nombreux aspects positifs.

Jérôme à l'appareil!

Bonjour, docteur! Jérôme n'est pas en pleine forme. Il téléphone au docteur Hélène Fruchot. Écoutez leur conversation, puis indiquez si les phrases suivantes sont vraies (**V**) ou fausses (**F**).

| Vocabulaire utile: | **inhabituel** | unusual |
| | **reposant** | restful |

1. V F Jérôme ne pratique qu'un sport, le tennis.

2. V F Jérôme s'est ennuyé hier.

3. V F Le docteur ne comprend pas pourquoi Jérôme est fatigué.

4. V F Elle lui dit de prendre de l'aspirine et de se reposer.

5. V F Jérôme ne semble pas très enthousiaste à la fin de la conversation.

Flash-culture

Le Club Med dans le monde francophone

Vous voulez, en une semaine ou quinze jours, découvrir un pays étranger, vous reposer, vous amuser, vous faire un corps d'athlète, vous initier à la gastronomie française? Vous désirez échapper à[1] la monotonie du quotidien? Allez au Club Méditerranée!

Le Club Med est l'art de vivre à la française dans une quarantaine de[2] pays et cinq continents. Le Club Med compte environ quatre-vingts villages de vacances, en France mais aussi dans le monde francophone: en Suisse, en Afrique (au Sénégal), dans l'océan Indien (à l'île Maurice), dans les Caraïbes (aux Antilles), dans le Pacifique (aux îles de la Polynésie, en Nouvelle-Calédonie).

Vous y rencontrerez des Français et d'autres francophones, mais aussi des Allemands, des Italiens, des Japonais et des Nord-Américains.

---

[1]échapper... *to escape from*   [2]une... *around forty*

A. Révisons! Relisez le **Flash-culture,** puis indiquez si les phrases suivantes sont vraies (**V**) ou fausses (**F**).

1. V F   Les villages du Club Med offrent une grande variété d'activités.

2. V F   Le Club Med, c'est la monotonie du quotidien.

3. V F   Le Club Med se trouve uniquement en Europe et dans les Caraïbes.

4. V F   La Nouvelle-Calédonie est dans l'océan Indien.

B. On est branché! Consultez le site Internet de *Vis-à-vis* (<u>www.mhhe.com/visavis</u>) pour obtenir les liens donnant les réponses aux questions suivantes.

1. Trouvez le village de vacances Club Med situé géographiquement le plus près de chez vous. Trouvez un village Club Med dans une région lointaine (*distant*) (par rapport à votre domicile). Trouvez et nommez plusieurs villages dans des régions francophones.

2. Racontez l'emploi du temps et les activités d'un jour typique passé dans un village de vacances du Club Med.

3. Choisissez deux villages Club Med pour indiquer comment ils diffèrent l'un de l'autre. Quel temps fait-il aujourd'hui dans ces deux régions? Quel village préférez-vous? Pourquoi?

LEÇON 3: STRUCTURES

Les verbes pronominaux (troisième partie)
Expressing Reciprocal Actions

• •

A. Qu'est-ce qui se passe? Les personnes suivantes se rencontrent pour la première fois. Décrivez leurs réactions. Utilisez des verbes pronominaux et non-pronominaux.

Verbes utiles: (s')adorer, (se) détester, (se) disputer, (se) parler

MODÈLES:

Paul et Marie se regardent.

Marie regarde Paul. Paul regarde Marie.

1. Denise et Pierre _____

_____

2. Béatrice _____

_____ Yves _____

_____

3. Gérard _____

_____ Marthe _____

_____

4. Marcel et Eugénie _____

_____

_____

5. Véronique et Denis _____

_____

_____

B. Que font les voisins du quartier? Écoutez chaque question et répondez en vous basant sur le dessin.

Expressions utiles: se dire bonjour, se disputer, se parler, se regarder, se téléphoner

Vous entendez:　Que font le professeur Renaud et Jean-Louis?
Vous dites:　　　Ils se parlent.

1. …　2. …　3. …　4. …

C. Avec enthousiasme. Une vedette (*celebrity*) parle de son prochain mariage. Écoutez les questions, et répondez pour la vedette.

> Begin each answer with
> **Ah oui…** or **Ah non…**

Vous entendez:　Votre fiancé et vous, vous vous connaissez bien?
Vous dites:　　　Ah oui, nous nous connaissons très bien!

1. …　2. …　3. …　4. …

D. La déprime. (*Depression.*) Maintenant, la vedette parle de sa séparation récente. Donnez les réponses de la vedette.

> Use **ne… plus** in your answers.

Vous entendez:　Alors, parlez-nous de l'admiration que vous avez l'un pour l'autre.
Vous dites:　　　Nous ne nous admirons plus, vous savez.

1. …　2. …　3. …　4. …

Les verbes pronominaux (quatrième partie)
Talking about the Past and Giving Commands
●●

A. `Métro, boulot, dodo.` Voici comment un jeune ménage (*couple*) passe la journée aujourd'hui. Qu'ont-ils fait hier? (Attention à l'accord du participe passé. Il y a un verbe à l'imparfait.)

    MODÈLE: Francine s'est levée la première…

Francine se lève la première et Julien se réveille une demi-heure plus tard. Ils s'habillent. Ils prennent leur petit-déjeuner dans la cuisine. Ensuite Francine part en cours, pendant que Julien lit le journal.

    À midi, Francine et Julien se retrouvent au café. Après le déjeuner, ils se promènent pendant un moment, puis ils retournent à leurs activités.

    Le soir, Julien se repose après le dîner devant la télévision, mais sa femme étudie. Quand Francine s'endort sur ses livres, Julien la réveille. Ils se couchent vers onze heures.

    Ils se plaignent (*complain*) tous les deux de ne pas avoir assez d'énergie.

_____

_____

_____

_____

_____

_____

_____

_____

_____

_____

_____

_____

✳ Que doivent faire Francine et Julien pour avoir plus d'énergie?

_____

_____

B. **Des gens contrariés.** Yves donne des conseils aux invités. Son ami Paul, qui est de mauvaise humeur, contredit tout ce qu'il dit.

    Suggestions: s'amuser, se brosser les dents, se coucher, s'en aller, s'excuser, se marier

    MODÈLE: Suzette dit qu'elle veut partir. →
             YVES: Alors va-t'en.
             PAUL: Non, ne t'en va pas.

  1. Les Robin disent qu'ils ont oublié de dire bonsoir aux amis qui les ont invités.

    YVES: _____

    PAUL: _____

2. Claude Robin dit qu'il a sommeil.

   YVES: _____

   PAUL: _____

3. Danielle dit qu'elle n'aime pas la vie de célibataire.

   YVES: _____

   PAUL: _____

4. Richard dit qu'il a un goût (*taste*) horrible dans la bouche.

   YVES: _____

   PAUL: _____

5. Nous annonçons que nous prenons nos vacances demain.

   YVES: _____

   PAUL: _____

C. Ordres. Vous êtes moniteur ou monitrice dans une colonie de vacances (*counselor in a children's camp*). Écoutez chaque situation et donnez des ordres aux jeunes campeurs.

Vous entendez: Maurice ne s'est pas encore réveillé.
Vous voyez: maintenant
Vous dites: Réveille-toi maintenant!

1. plus tôt
2. maintenant
3. tout de suite
4. immédiatement
5. immédiatement

D. Ma journée d'hier. Parlez de ce que vous avez fait hier en répondant aux questions. Vous n'entendrez pas de réponses suggérées.

Vous entendez: À quelle heure vous êtes-vous réveillé(e)?
Vous dites: Je me suis réveillé(e) vers six heures et demie.

1. …   2. …   3. …   4. …   5. …

E. Une rencontre. Pensez à votre première rencontre avec un bon ami ou une bonne amie. Écoutez les questions et les réponses, puis donnez votre propre réponse.

Vous entendez: Votre ami(e) et vous, où est-ce que vous vous êtes vus pour la première fois? —En cours de biologie. —Nous? Chez des amis. —Et vous?
Vous dites: Nous nous sommes vus pour la première fois à une fête.

1. …   2. …   3. …

LEÇON 4: PERSPECTIVES

Faire le bilan
● ●

A. Un nouvel ami. Vous travaillez pour un journal. On vous donne la description d'un être qui vient d'arriver de la planète Mars. Dessinez-le (*Draw it*).

Il était assez grand. Sa tête et son corps étaient

ronds et séparés par un long cou. Ses trois

bras étaient aussi courts que ses huit jambes.

Ses mains et ses pieds n'avaient que trois

doigts. Sa petite bouche ronde était juste au

centre de son visage avec une seule dent

pointue (*pointed*). Ses cinq yeux formaient un

cercle. Je n'ai pas réussi à voir s'il avait des

cheveux parce qu'il portait un chapeau en

forme de croissant.

B. Conversations. Complétez chaque conversation avec la forme correcte du verbe approprié. Répondez ensuite aux questions.

1. Le sommeil des justes? (s'endormir / se coucher)

   — _____-tu facilement?

   — Oui, si je ne _____ pas trop tôt, et toi?

   — Je ne _____ jamais avant minuit.

   ✳ Et vous?_____

   _____

2. Le fils du dentiste (se brosser)

   — Combien de fois par jour _____-vous les dents?

   — J'essaie de _____ les dents trois fois par jour, mais il est souvent difficile de

   _____ les dents le midi.

   ✳ Où et quand vous brossez-vous les dents? _____

   _____

3. Chez le psychiatre (s'appeler / se tromper / s'installer)

— Comment _____-vous? Pierre?

— Non, vous _____. Maintenant, je _____ Napoléon.

— Eh bien, Napoléon. _____-vous sur le divan et parlez-moi.

Est-ce que cette personne a des complexes de supériorité ou d'infériorité? _____

_____

＊C. **Le coup de foudre.** Voici l'histoire d'amour de Pierre et de Sophie. Complétez les phrases suivantes avec un verbe pronominal au passé composé. Ensuite, trouvez d'autres conclusions possibles. (Utilisez une autre feuille de papier.)

Pierre et Sophie _____[1] chez des amis l'année dernière. Le lendemain matin, ils

_____[2] très tôt. Ils _____[3] longtemps. L'après-midi, ils

_____[4] dans le parc.

D'abord, ils _____[5] du coin de l'œil, puis ils _____[6] par la

main. Ils _____[7] des mots d'amour et ils _____[8] timidement.

Après, ils (ne... plus) _____.[9] Ils _____[10] deux mois plus

tard. Ils forment le couple parfait. Ils _____[11] (*présent*) très bien et depuis qu'ils

sont mariés, ils (ne... jamais) _____.[12]

D. **Commentaires personnels.** Complétez chaque phrase en expliquant à quel moment ces événements arrivent et pourquoi.

MODÈLE: Je / se dépêcher → Je me dépêche tout le temps parce que j'ai beaucoup à faire.

1. Mes amis / se détendre _____

_____

2. Mes amis et moi / s'amuser _____

_____

3. Mes parents et moi / s'entendre _____

_____

4. Je / s'installer / devant mes livres _____

_____

5. Mon professeur de français / s'excuser _____

_____

Prononciation

• •

Les voyelles orales. The French vowel sounds [y], [œ] and [ø] have no equivalent sounds in English. Listen carefully to these sounds in French: **une, fleur, peu.**

Répétez les mots suivants.

1. salut / numéro / Luc / lunettes
2. deux / sérieux / adieu
3. heure / œuvre / acteur / meuble

Voyelles finales. Pay attention to the clearly distinct vowel sounds at the end of these words: the [i] sound in **six**; the [e] sound in **été**; and the [ε] sound in **lait**.

Répétez les mots suivants.

1. mis / mémé / mais
2. fit / fée / fait
3. Marie / marée / Marais
4. dit / des / dès
5. si / ces / c'est
6. pris / pré / prêt

À l'écoute!

• •

Le grand jour. Vous entendez une publicité pour un événement destiné à ceux qui veulent se marier. Écoutez l'annonce, puis complétez sa transcription.

Vous _____[1] jour où vous _____[2]? Depuis, _____,[3]

et maintenant, vous voulez vous marier, mais _____[4] demandez comment vous allez

trouver l'énergie de le faire et de le faire sans _____[5] votre fiancé(e) et votre famille.

Il est temps de _____[6] salon du mariage à Paris. De la robe de mariée aux détails de

la réception, des spécialistes du mariage _____[7] vous aider à organiser cet heureux

jour. _____[8]: le salon ferme ses portes le 31 janvier.

Par écrit

Function: Writing about a memorable event

Audience: Your instructor and/or classmates

Goal: Telling about a memorable day or event from your childhood. (If nothing interesting comes to mind, make something up. This may be a unique opportunity to reinvent the past!)

Steps

1. Take 15 minutes to brainstorm: jot down everything that comes to mind about the topic. Put your notes aside and take a break.

2. Come back from your break and organize your notes. Discard the ones that seem irrelevant. Choose the most interesting points and organize your essay around them. Add supporting details, and be as specific and descriptive as possible.

3. Write the rough draft. Whenever appropriate, use comparisons and reflexive and pronominal verbs. Put the draft aside for a while, then reread it for continuity and clarity.

4. Have a classmate check your work.

5. Read the composition one last time, checking spelling, punctuation, and grammar. Prepare your final draft.

Journal intime

Choisissez un des sujets suivants.

- Racontez comment deux personnes que vous connaissez se sont connues: vos parents, vous et votre meilleur(e) ami(e), par exemple.

- Racontez ce que vous avez fait ce matin, à partir de votre réveil jusqu'à midi. Expliquez en quoi votre matinée a été normale ou anormale.

    MODÈLE: Ma matinée? Très banale. Je me suis levé(e) à sept heures, le chat m'a dit «bonjour» (miaou!), nous sommes allés prendre le petit-déjeuner…

Sur le marché du travail

CHAPITRE 14

LEÇON I: PAROLES

Au travail

• •

A. Au travail. Complétez chaque phrase en utilisant le vocabulaire du chapitre.

1. Les gens qui travaillent normalement de 35 à 40 heures par semaine dans une usine (*factory*)

   sont des _____.

2. Une femme qui travaille dans une école primaire s'appelle une _____.

3. Un homme qui produit des fraises et du maïs à la campagne est un_____.

4. À l'hôpital, la femme qui est responsable des soins d'un malade est son _____.

5. Le commerçant qui vous vend de la viande est le _____.

B. Professions. Écoutez les descriptions suivantes en regardant les images. Donnez le nom de la profession.

Vous entendez: Cette personne enseigne à l'école primaire.
Vous dites: C'est un instituteur.

1. …   2. …   3. …   4. …   5. …

À la banque

A. Question d'argent, I. Complétez les phrases de façon logique.

1. Si vous n'aimez pas avoir de l'argent liquide sur vous, mais vous aimez faire des courses, vous avez probablement un compte-_____.

2. Dans un magasin, le caissier calcule le _____ parce que le client / la cliente veut savoir combien il /elle doit payer.

3. Les nouveaux mariés qui veulent un jour acheter une maison doivent avoir un compte _____.

4. Oh zut! Je ne peux pas faire de chèque. J'ai laissé mon _____ à la maison.

B. Il coûte combien, le magnétophone? Cette page provient d'un cahier d'exercices de maths pour des enfants de 8 ans. Pouvez-vous faire ce travail?

En espèces ou par chèque

• Le maître peut payer le magnétophone que nous avons acheté pour la coopérative avec les pièces et les billets suivants :

Mais il peut aussi faire un chèque. *Calcule le prix du magnétophone, puis complète le chèque à l'aide des indications données.*
Pose ici tes opérations.

· ·

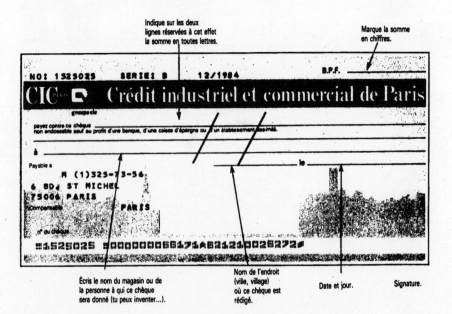

Indique sur les deux lignes réservées à cet effet la somme en toutes lettres.

Marque la somme en chiffres.

Écris le nom du magasin ou de la personne à qui ce chèque sera donné (tu peux inventer...).

Nom de l'endroit (ville, village) où le chèque est rédigé.

Date et jour.

Signature.

C. Question d'argent, II. Écoutez chaque phrase et mettez un cercle autour de la définition.

1. C'est…

   a. un compte d'épargne   b. un bureau de change

2. Ce sont…

   a. vos économies   b. vos cartes de crédit

3. Ce sont…

   a. vos billets de banque   b. vos dépenses

4. C'est…

   a. un chèque   b. la monnaie

5. C'est…

   a. un bureau de change   b. un cours de change

6. C'est…

   a. le cours du dollar   b. le coût de la vie

Le budget de Marc Convert

● ●

✳ **A. Un budget.** Un ami qui a des ennuis financiers vient vous demander conseil. Il vous décrit son budget. Indiquez ses quatre dépenses principales et proposez-lui quatre façons de faire des économies.

MODÈLE: Tu achètes au moins six CD par mois. Si tu les empruntes à la bibliothèque au lieu de (*instead of*) les acheter, tu vas économiser environ $100 par mois.

1. _____

   _____

2. _____

   _____

3. _____

   _____

4. _____

   _____

B. Mon budget. Vous avez demandé une bourse (*scholarship*) à l'université. Écoutez les réponses de deux autres étudiants avant de répondre vous-même à chaque question. Vous n'entendrez pas de réponses suggérées.

Vous entendez: Quelles sont vos ressources financières? D'où provient votre argent? —Eh bien, de mes parents, de petits jobs et d'une bourse. —Moi, j'ai un compte d'épargne que mes grands-parents ont ouvert à mon nom. —Et vous?

Vous dites: Mon argent vient de petits jobs.

1. …   2. …   3. …   4. …

Le verbe *ouvrir*

A. Ah! les verbes! Complétez ce tableau avec les formes convenables.

	DÉCOUVRIR	SOUFFRIR
je		
les scientifiques		
vous		
un malade		

B. Pensées diverses. Complétez les phrases suivantes avec un de ces verbes: **souffrir, ouvrir, couvrir** ou **offrir.** Attention, quelques verbes sont au passé composé ou à l'imparfait.

1. **En cours.** Le professeur de calcul a dit: « _____[1] votre livre à la page soixante,

    mais _____[2] les réponses. Si vous ne les finissez pas ce matin, vous allez

    _____[3] à l'examen. »

2. **Une maladie.** Nous _____[1] de l'aspirine à Marc hier matin parce qu'il

    _____[2] d'un mal de tête abominable. Il avait si mal qu'il n'est pas arrivé à

    _____[3] la bouteille.

3. **Curiosité.** Quand on lui _____[1] une jarre contenant tous les maux de la Terre,

    Pandore, qui était terriblement curieuse, l'_____[2] tout de suite. Et le monde

    entier _____[3] de sa faiblesse.

LEÇON 2: STRUCTURES

Le futur simple
Talking about the Future

• •

A. Ah! les verbes! Complétez ce tableau avec les formes correctes du futur.

	TU	LES GENS	JE / J'	NOUS
venir				
avoir				
voir				
envoyer				
être				
faire				
pouvoir				
savoir				
aller				
acheter				

B. Préparatifs pour la visite de Grand-mère. Gérard et sa famille ont tendance à tout remettre (*put off*) à demain. Imaginez les réponses de Gérard quand son amie l'interroge. Utilisez un pronom objet et une expression de temps dans chaque réponse.

MODÈLES: Est-ce que ton frère a pris des billets pour le théâtre? →
Pas encore. Il en prendra bientôt.

Avez-vous fait le ménage? →
Pas encore. Nous le ferons la semaine prochaine.

1. As-tu acheté une pellicule photo? _____

_____

2. Est-ce qu'Évelyne fait son gâteau?_____

_____

3. Est-ce que ton père lui a envoyé des billets pour le train? _____

_____

4. Ton frère et toi, vous avez vu votre Tante Louise? _____

   _____

5. Est-ce que tes parents ont acheté les provisions? _____

   _____

6. As-tu dit à ses amis que ta grand-mère arrivera bientôt? _____

   _____

C. **Bavardages.** Charles et Louis parlent au téléphone. Complétez leur conversation.

   CHARLES: Tu ne (croire) _____[1] jamais ce que j'ai trouvé au marché aux

   puces (*flea market*). C'est une petite merveille.

   LOUIS: Écoute, Georges est là. Si tu me le (dire) _____[2] maintenant,

   je (être) _____[3] obligé de le lui expliquer. Attendons.

   CHARLES: Bon, je te le (montrer) _____[4] quand je te (voir)

   _____[5] dans deux jours.

   LOUIS: D'accord, à vendredi. Dis, si tu me (téléphoner) _____[6] de la

   gare, je (venir) _____[7] te chercher.

   CHARLES: Merci. Je t'(appeler) _____[8] dès que j'(arriver)

   _____.[9]

   Imaginez ce que Charles a trouvé: _____

   ✳ _____

✳ D. **À votre tour.** Complétez chaque phrase avec vos propres idées.

   MODÈLE: Je finirai mes études si… → je continue à m'intéresser à mes cours.

   1. Je trouverai un job si _____

   _____.

   2. Je commencerai à gagner un bon salaire quand _____

   _____.

   3. Je voterai pour un candidat conservateur quand _____

   _____.

4. Je passerai toute ma vie dans cette ville si _____

_____ .

5. Je continuerai mes études dès que _____

_____ .

6. Je serai heureux / heureuse quand _____

_____ .

E. Projets d'été. Écoutez les propos de certains étudiants au café, et mettez un cercle autour des lettres indiquant le temps du verbe utilisé dans chaque phrase: passé (**PA**), présent (**PR**) ou futur (**F**).

1. PA   PR   F   5. PA   PR   F

2. PA   PR   F   6. PA   PR   F

3. PA   PR   F   7. PA   PR   F

4. PA   PR   F

F. Rêves d'avenir. Annie rêve souvent à son avenir. Regardez un moment les dessins suivants. Ensuite, écoutez les questions et répondez-y en vous basant sur les dessins.

Vous entendez: Annie va bientôt commencer ses études universitaires.
                 Quelles sortes d'études est-ce qu'elle fera?
Vous dites: Elle fera des études de médecine.

1. …   2. …   3. …   4. …

 G. Et vous? Voici quelques questions sur vos projets immédiats et vos projets d'avenir. Écoutez chaque question et la réponse d'un camarade. Ensuite, donnez une réponse personnelle. Vous n'entendrez pas de réponses suggérées.

Vous entendez: Quand finiras-tu tes études? —Moi, je les finirai dans deux ans. —Et toi?
Vous dites: Moi, je les finirai dans trois ans et demi.

1. …   2. …   3. …   4. …

CORRESPONDANCE

Le courrier

Complétez la carte postale avec les expressions suivantes: **argent liquide, compte-chèques, faire, gagner, guichet, offrir, prochain, retirer, sera, travaillerai.**

Carte postale

Mon cher Jérôme,

Un jour, je _____¹ peut-être aussi sous le soleil comme toi, mais pour le moment, je suis à Paris et je donne des cours particuliers pour _____² un peu d'argent. Des cours d'anglais. Ça me permettra peut-être de m'_____³ un petit voyage à la Martinique! Un de mes élèves est facteur! Il va passer des vacances à San Francisco l'été _____⁴ et il veut pouvoir parler anglais quand il y _____.⁵ Alors, on s'en reparle!

   Demain, je vais ouvrir un compte d'épargne à la banque. J'ai déjà un _____,⁶ mais comme je veux _____⁷ des économies, je crois qu'un compte d'épargne, c'est une bonne idée. Je ferai aussi une demande de carte pour pouvoir _____⁸ de l'argent au _____⁹ automatique. C'est plus pratique quand on a besoin d'_____.¹⁰

   Voilà, écris-moi vite pour me dire que l'été prochain je serai avec toi à la Martinique. (On peut toujours rêver!)

Bisous,

Bénédicte

Info-culture

Relisez le **Flash** et le **Portrait** dans votre livre, puis indiquez la façon correcte de compléter les phrases suivantes.

1. Aimé Césaire est un _____ et homme politique francais, né à la Martinique.
   a. écrivain   b. chanteur

2. Il _____ l'exploitation de la race noire.
   a. admire   b. dénonce

3. Il est _____ colonialisme.
   a. en faveur du   b. contre le

4. Les droits d'entrée à l'université en France _____ cher.
   a. coûtent   b. ne coûtent pas

5. Les étudiants doivent souvent se trouver un petit boulot pour couvrir _____ quotidiens.
   a. les travaux   b. les frais

6. Pour trouver un petit boulot, il faut commencer à chercher tôt, il faut rester informé et il faut

   _____ des lettres de motivation bien rédigées.
   a. écrire   b. trouver

Jérôme à l'appareil!

● ●

Les gentils organisateurs. (*Congenial hosts.*) Jérôme téléphone à son amie Bénédicte pour lui donner quelques renseignements sur le Club Med. Écoutez leur conversation, puis indiquez si les phrases suivantes sont vraies (**V**) ou fausses (**F**).

Vocabulaire utile:	**fou**	crazy
	le vacancier	vacationer
	l'occasion (*f.*)	opportunity
	le recrutement	recruiting
	l'alimentation (*f.*)	food
	l'hébergement (*m.*)	lodging

1. V F   Jérôme conseille à Bénédicte de poser sa candidature après le mois d'avril.

2. V F   Au Club Med, on appelle les vacanciers les G.O.

3. V F   Selon Jérôme, les employés du Club Med ont beaucoup de temps libre.

4. V F   Le contrat de travail que Bénédicte devra signer sera probablement pour trois mois.

5. V F   Le G.O. idéal est sérieux et introverti.

6. V F   De nombreux employés du Club Med sont millionnaires.

Flash-culture

● ●

Les Antilles: une agriculture exportatrice

Une tonne de cannes à sucre donne 115 kg de sucre. L'économie des Antilles a longtemps dépendu de la canne à sucre et de ses dérivés, principalement le rhum.

Omniprésente aux XVIIIᵉ et XIXᵉ siècles, la canne à sucre occupe aujourd'hui une place importante derrière la banane qui est devenue le premier produit d'exportation.

Pour les gens qui habitent sous des climats continentaux, ces produits sont synonymes de soleil et d'exotisme. Ils évoquent l'agriculture généreuse des îles tropicales. Pour les Antillais, ils représentent le salut[1] de leur économie.

---

[1]*salvation*

A. **Révisons!** Relisez le **Flash-culture**, puis complétez les phrases suivantes.

1. L' _____ des Antilles a longtemps dépendu de la canne à sucre.

2. Un des _____ de la canne à sucre, c'est le rhum.

3. La canne à sucre se cultive depuis au moins trois _____.

4. Pourtant, aujourd'hui la _____ est le premier produit d'exportation.

5. Ces produits semblent exotiques pour les gens qui habitent sous des _____ moins ensoleillés.

B. **On est branché!** Consultez le site Internet de *Vis-à-vis* (www.mhhe.com/visavis) pour obtenir les liens donnant les réponses aux questions suivantes.

1. Nommez d'autres produits agricoles des Antilles francophones (la Martinique, la Guadeloupe, Haïti). Approximativement combien de tonnes de cannes à sucre sont cultivées chaque année aux Antilles? Combien de tonnes de bananes?

2. De quel pays les habitants de la Martinique et de la Guadeloupe sont-ils citoyens? Trouvez quelques informations sur l'administration de ces îles.

LEÇON 3: STRUCTURES

Les pronoms relatifs
Linking Ideas

● ●

A. Un nouvel appartement. Joëlle et Nathan pensent déménager (changer de résidence). Reliez (*Connect*) les deux phrases avec le pronom relatif **qui**.

MODÈLE: NATHAN: J'ai envie d'aller voir l'appartement. Il est près de chez nous. →
J'ai envie d'aller voir l'appartement qui est près de chez nous.

JOËLLE: D'accord. J'en ai noté l'adresse. Elle était dans le journal ce matin.

_____

NATHAN: L'immeuble a une piscine. Elle est ouverte toute l'année.

_____

JOËLLE: J'aime ce quartier. Il me rappelle l'Espagne.

_____

Reliez les phrases suivantes avec le pronom relatif **que**.

NATHAN: Nos voisins sont des Allemands. Je les ai rencontrés à la plage.

_____

JOËLLE: Habitent-ils dans un des studios? Ton amie Christine les a visités.

_____

NATHAN: Non, je crois qu'ils ont un des trois-pièces. Je ne l'ai jamais vu.

_____

✳ **B. De quoi avez-vous besoin?** Faites des phrases en utilisant le pronom **dont.**

MODÈLES: un nouveau livre de français → Voilà quelque chose dont j'ai besoin.

un ami méchant → Voilà quelque chose dont je n'ai pas besoin.

1. une jupe grise _____

2. un ballon de football _____

3. un nouveau professeur de français _____

4. un(e) fiancé(e) _____

5. trois litres de vin rouge _____

6. une femme ou un homme de ménage _____

C. Promenade dans le Val de Loire. Utilisez les pronoms **que, qu', qui** ou **dont.**

JULIE: Le voyage _____[1] nous faisons est vraiment formidable. On

peut voir tous les châteaux _____[2] sont décrits dans le guide,

sans sortir de l'autobus.

RAOUL: Mais il faut marcher pendant les vacances. C'est le genre d'exercice

_____[3] on a besoin si l'on ne veut pas grossir.

JULIE: Je ne peux pas refuser toutes ces pâtisseries _____[4] l'on me

propose, surtout les éclairs, _____[5] sont si bons.

RAOUL: Regarde ce monsieur devant nous _____[6] prend des photos.

Non, ce monsieur-là _____[7] le manteau est tombé par terre. Je

pense _____[8] c'est un espion (spy). Tu vois l'immeuble

_____[9] il a pris une photo? Ce n'est pas un château! Et les

choses _____[10] il parle sont un peu bizarres.

JULIE: D'accord, mais je te trouve aussi un peu bizarre quelquefois et je sais que tu n'es pas

un espion.

✳ Pourquoi Raoul est-il soupçonneux (suspicious)? _____

_____

✳ **D. À vous!** Finissez les phrases suivantes en utilisant un pronom relatif.

MODÈLE: Le samedi soir est un soir... → où je travaille très peu.

1. J'achète souvent des livres_____.

2. Midi est le moment _____.

3. La Rolls-Royce est une voiture _____.

4. L'argent est une chose _____.

5. Le printemps est une saison _____.

6. Mes professeurs sont en général des gens _____.

7. J'ai un ami (une amie)_____.

8. Je suis une personne _____.

E. Interview d'un chef d'entreprise. Écoutons une interview de la bijoutière Geneviève Blanchard. Les bijoux qu'elle crée se vendent partout dans le monde, et surtout au Japon.

Indiquez si les déclarations sont vraies (**V**) ou fausses (**F**) en vous basant sur la conversation.

1. V F Geneviève est une personne qui a beaucoup aimé ses études.

2. V F Pendant sa jeunesse, c'était surtout la création de bijoux qui intéressait Geneviève.

3. V F Les bijoux que Geneviève fabrique sont en pierres précieuses.

4. V F Cette entreprise fait des milliers de bijoux dont les trois quarts partent en Amérique du Nord.

5. V F Les bijoux que Geneviève dessine pour les magazines sont trop difficiles à faire soi-même.

6. V F Geneviève est très fière de son entreprise.

 F. Au poste de police. Des gens arrivent pour retrouver leurs affaires (*belongings*) ou pour poser des questions. Écoutez les conversations suivantes en regardant les dessins. Répondez en suivant le modèle.

Vous entendez: —Je cherche mon carnet de chèques. Il est de la Banque Nationale de Paris.
　　　　　　　　　—Est-ce que c'est le carnet que vous cherchez?
Vous dites:　　　Non, ce n'est pas le carnet que je cherche.

1.

2.

Tournez la page.

3.

4.

CONTRAVENTIONS

G. Personnes et choses importantes. Écoutez les propos de Daniel. Ensuite, complétez chaque phrase par écrit avec un détail qu'il vous a raconté.

1. Arthur, c'est une personne que _____
   _____.

2. Caroline, c'est une amie que _____
   _____.

3. «Les Temps modernes», c'est un film que _____
   _____.

4. La Lune bleue, c'est un café où _____
   _____.

Des réponses-modèles se trouvent en appendice.

La comparaison de l'adjectif qualificatif
Making Comparisons

●●

✳ **A. Les gens que vous connaissez.** Faites des comparaisons en choisissant un adjectif de la liste.

   MODÈLE: Mes grands-parents sont <u>   aussi conservateurs que mes parents   </u>.

   + bavard

   = conservateur

   – ennuyeux

   + heureux

   + intelligent

   – occupé (*busy*)

   – riche

   = vieux

1. Mon professeur de français est _____.

2. Mes grands-parents sont _____.

3. Les étudiants dans ce cours sont _____.

4. Les femmes sont _____.

5. Les politiciens sont _____.

6. Les enfants sont _____.

7. Je suis _____.

B. Un peu de géographie. Si vous n'êtes pas sûr(e) des réponses, tentez votre chance (*try your luck*)! Attention à la place de l'adjectif.

> MODÈLE: Quelle ville est la plus grande, Paris, Honfleur ou Marseille? →
> Paris est la plus grande ville.

1. Quelle rivière est la plus longue, la Seine, la Loire ou le Rhône?

   _____

2. Quelle province est le plus au nord, l'Alsace, la Provence ou la Bourgogne?

   _____

3. Quelle région a le territoire le plus étendu (*extensive*), le Texas, la France ou l'Espagne?

   _____

4. Quel département d'outre-mer (*overseas*) est le plus petit, la Guyane française, la Guadeloupe ou La Réunion?

   _____

5. Quelle province a le climat le moins froid, la Provence, la Normandie ou la Champagne?

   _____

C. Le bon vieux temps. M. Martin est très négatif; il critique tout ce qui est moderne. Donnez son opinion sur les sujets suivants en complétant les phrases.

> MODÈLE: les jeunes / travailleur / en 1955 →
> Les jeunes sont moins travailleurs qu'en 1955.

1. les jeunes / paresseux / pendant ma jeunesse

   _____

2. les gens / égoïste / autrefois

   _____

3. les écoles / bon / autrefois

   _____

4. la vie / intéressant / pendant les années soixante

_____

5. les gens / malheureux / autrefois

_____

6. le gouvernement / mauvais / pendant les années cinquante

_____

7. en général, la vie / ne... pas / bon / autrefois

_____

D. Votre opinion! Faites des phrases complètes en mentionnant des personnes réelles ou imaginaires. Rappel: On dit **de,** non pas **dans!** Attention aussi à la forme de l'adjectif.

>   MODÈLE: personne / important / université →
>   Le professeur de français est la personne la plus importante de l'université.

1. femme / talentueux / cinéma américain _____

_____

2. politicien / honnête / administration actuelle (*current*) _____

_____

3. chanteuse / bon / États-Unis _____

_____

4. professeur / bon / faculté des lettres _____

_____

5. personnes / respecté / États-Unis _____

_____

6. femme / dynamique / ma famille _____

_____

E. François fait toujours des comparaisons. Écoutez ses propos et donnez la conclusion logique, selon le modèle.

Vous entendez: Hélène est plus sportive que moi.
Vous dites: Eh oui, tu es moins sportif qu'elle.

1. ...   2. ...   3. ...   4. ...   5. ...

F. Personnages extraordinaires. Écoutez les descriptions et dites si vous êtes d'accord. Utilisez un superlatif en suivant le modèle.

Vous entendez: Pinocchio a un long nez.
Vous voyez: monde
Vous dites: C'est vrai, il a le plus long nez du monde.

1.

2.

3.

4.

5.

1. monde

2. littérature

3. Hollywood

4. univers

5. Français

LEÇON 4: PERSPECTIVES

Faire le bilan
• •

A. Hier, aujourd'hui et demain à la banque. Complétez les phrases suivantes en mettant les verbes au passé, au présent ou au futur. Attention, nous sommes aujourd'hui le treize.

> MODÈLE: Moi, j'ouvre un compte d'épargne le treize septembre. →
> Marie, elle, en ouvrira un le quatorze.
> Les Martin, eux, en ont ouvert un le dix.

1. Nous, nous avons reçu notre carte bancaire le deux.

   Vous, vous _____ votre carte le vingt-deux.

   Toi, tu _____ ta carte aujourd'hui.

2. M. Heinz, lui, viendra toucher son chèque le dix-huit.

   Les Feydeaux, eux, _____ leur chèque aujourd'hui.

   Toi, tu _____ ton chèque le cinq.

3. Je me présente au bureau de change immédiatement.

   Georges, lui, _____ là-bas le dix.

   Nous, nous _____ au même endroit le vingt-neuf.

4. Vous avez maintenant une interview pour demander un prêt.

   Nous _____ notre interview le dix.

   Mlle Pruneau _____ son interview le trois.

5. Nous avons déposé notre chèque le premier.

   Je _____ mon chèque le quatorze.

   Mon ami _____ son chèque en ce moment.

✳ **B.** **Suggestions.** Que ferez-vous dans les situations suivantes? (Utilisez des pronoms si possible dans vos réponses.)

> MODÈLE: Un ami (Une amie) vous invite à voyager en Europe. →
> Je n'irai pas avec lui (elle) parce que je n'ai pas assez d'argent.

1. Demain, c'est samedi. Vous avez des projets, mais la météo dit qu'il pleuvra.
   ●

   _____

2. Vous savez que vous aurez besoin dans un mois de 500 dollars pour réparer votre voiture.

   _____

3. Un collègue au travail est assez paresseux. Le résultat? C'est vous qui devez travailler plus dur.

   _____

4. Vous n'arriverez pas à joindre les deux bouts (*make ends meet*) à la fin du mois. Considérez vos dépenses et vos revenus, et dites comment vous pourrez économiser 10 % de vos revenus le mois prochain.

   _____

5. Un ami vous invite à une réunion à laquelle vous avez très envie d'aller, mais vous avez déjà accepté l'invitation de quelqu'un d'autre.

   _____

✳ **C.** **Annonces.** Regardez bien les annonces publicitaires suivantes, puis choisissez cinq objets qui vous plaisent. Expliquez vos choix en employant les pronoms relatifs **qui, que** et **dont**.

à vendre

Appareil de photo Canon EF avec objectif 35-70/1: 2,8. 3,5 zoom 20 mm 1.. 2,8. Fisch Eye 7,5 mm 1.. 5,6 SSC. le tout en parfait état pour Fr. 2000.–. Tél. 04 24 20 21 22.

Appareil de musculation avec disques Fr. 550.–. Tél. 04 18 47 16 33, int. 257, prof/51 11 94, privé.

Aquarium avec meuble et poissons. 150 litres, 125 cm long, 45 large, 108 hauteur. Tél. 04 80 82 45 20 heures repas.

Avion radioguidé prêt à voler avec télécommande, très peu utilisé, Fr. 850.–. Tél. 04 75 57 31 78, soir.

Bicyclette pliable bleue «Everton» Fr. 150.–. Lit 1 personne d'appoint pliant, Fr. 80.–. Tél. 04 02 43 91 20, bureau.

Blouson cuir noir + jupe noire et violette cuir, taille 38 + anorak ski. Tél. 04 61 33 87 93.

Canapé 3 places et 2 fauteuils en velours rouge, état de neuf, Fr. 400.–. Tél. 04 52 94 55 97.

CB très bonne + ant. trans., match, coax, Fr. 350.–. Tél. 04 22 89 04 00, soir.

Chaîne stéréo Kenwood, 1 ampli KA-900 High-Speed, 1 tuner KT 1000, 1 deck KX 1000 D, 3 têtes. 1 CD Funaï CD 5503, 2 H.-P. Marantz HD 500. Tout en très bon état pour Fr. 1500.–. Tél. 04 18 29 24 72, soir après 20h.

Encyclopédie Britanica, magnifiques volumes, méthode avec microphone et lexicart sept. 88, jamais utilisée, prix à discuter. Tél. 04 01 83 09 34, dès 19h.

Vends montre chrono Aerowatch, mouvement mécanique automatique, date, lune, 3 mini cadrans. Tél. 04 45 27 92 97, bureau. Vends aussi sac de couchage Richner Nordic. État neuf.

Orgue Hammond, modèle L 222, avec Leslie Fr. 2000.–. Tél. 04 15 57 18 70.

Photocopieuse bon état Ubix 200 R (Graphax) très performante avec trieuse (15 cases). Contrat d'entretien encore valable. prix Fr. 3000.–. Tél. 04 33 21 45 28.

> MODÈLE: L'avion radioguidé est le cadeau d'anniversaire dont mon frère aura envie.
> Il adore les jouets électroniques.

1. _____

   _____

2. _____
   _____

3. _____
   _____

4. _____
   _____

5. _____
   _____

À l'écoute!

● ●

Quels sont les éléments motivants dans le travail? Le magazine hebdomadaire (*weekly*) français *Le Point* a effectué une enquête auprès d'environ 500 cadres français.

Regardez un moment la liste des avantages professionnels relevés par cette enquête, classés par ordre d'importance.

1. autonomie, indépendance   É   C   B

2. utilisation des capacités personnelles   É   C   B

3. intérêt pour le travail   É   C   B

4. bonnes relations interpersonnelles   É   C   B

5. possibilité de s'affirmer   É   C   B

6. sécurité de l'emploi   É   C   B

7. contacts avec l'extérieur   É   C   B

8. salaire   É   C   B

9. bénéfices et avantages sociaux   É   C   B

Maintenant, écoutez l'interview de trois étudiants à l'École des Hautes Études Commerciales. Indiquez qui mentionne chacun de ces éléments en mettant un cercle autour de **É** (Évelyne), **C** (Christine) ou **B** (Benoît).

Les réponses se trouvent en appendice.

> Certain items may be mentioned
> by more than one person.

Prononciation

Les semi-voyelles. (*Semi-vowels.*) Répétez les exemples suivants.

1. huit / fruit / duel / tuer / nuage / cuisine
2. moi / moins / oui / quoi / revoir / Louis
3. bien / Marseille / science / voyage / famille

Écoutez et répétez les phrases suivantes. Faites attention aux syllabes soulignées.

1. Il découvre les ruines à minuit le huit juillet.
2. Quoi? Moi, je leur dis au revoir au moins trois fois.
3. Oui, trois cuillerées d'huile et un nuage de lait.
4. L'oreiller, c'est un appareil-sommeil.

Les consonnes [p], [t] et [k]. Note that the consonant sounds [p], [t], and [k] are not plosives in French: That is, there should be no puff of air when these sounds are pronounced. Listen carefully for the difference between French and English pronunciation: **thé** versus *tea*; **parents** versus *parents*; **canadien** versus *Canadian*.

Écoutez et répétez les phrases suivantes.

1. Les parents de Catherine préparent une surprise-partie.
2. Le touriste italien préfère écouter le concert.
3. Une personne polie ne téléphone pas trop tard.

Par écrit

Function: Narrating (a personal experience) in the past

Audience: Classmates and professors

Goal: Answering the question **Quel genre d'enfance avez-vous eu?** Use as your model the following brief passage from the autobiography of Françoise Giroud, *Si je mens.*[1]

—*Quel genre d'enfance avez-vous eu?*

—*Le genre bizarre.*

—*Bizarre? Pourquoi?*

—*Ce n'est pas facile à expliquer… Mon père a été essentiellement une absence, une légende. Une absence d'abord à cause de la guerre, puis d'une mission aux États-Unis dont il a été chargé pour le gouvernement français, ensuite d'une maladie que l'on ne savait pas soigner à l'époque et dont il est mort. Cette maladie a duré des années pendant lesquelles je ne l'ai jamais vu. J'ai eu pour lui un amour fou. On parlait de lui, à la maison, comme d'un héros qui avait tout sacrifié à la France…*

---

[1] Françoise Giroud (1916–) was the editor of the magazine *Elle* (1945–1953), then helped to found the prestigious weekly *L'Express,* where she became editor and then publisher. From 1974 to 1976, she served as French Secretary of State for the Status of Women and was later Secretary of State for Culture.

Steps

1. Read the preceding passage, paying careful attention to the joining of clauses within sentences. Note the following techniques:

   - The use of adverbs (**d'abord, puis, ensuite**) to connect clauses and provide a sense of chronological progression.
   - The use of relative pronouns (**que, dont**) to make the style more varied and sophisticated by connecting simple clauses into a more complex whole.

2. Jot down a brief list of memories or feelings that characterize your childhood. Add a few details to each item on the list. Pick a short phrase that vividly describes the whole.

3. Write a rough draft, making use of the techniques in item 1.

4. Have a classmate critique your work. Make any necessary changes. Finally, read the composition again and carefully check your spelling, grammar, and punctuation. Focus especially on your use of relative pronouns.

Journal intime
● ●

Racontez en détails votre vie dans cinq ans.

- Où serez-vous?
- Quelle sera votre profession?
- Avec qui habiterez-vous?
- Comment passerez-vous vos journées?
- Quels seront vos loisirs (*leisure activities*)?
- Serez-vous plus heureux / heureuse qu'aujourd'hui? Pourquoi (pas)?

MODÈLE: Dans cinq ans, je serai en Europe: en France ou en Italie. Je serai spécialiste de droit international, et j'habiterai seule à Paris ou à Milan, dans un quartier très tranquille et élégant…

Les loisirs

LEÇON 1: PAROLES

Quelques loisirs
•••••••••••••••••••••••••••••••••••••

A. **Loisirs.** Complétez chaque phrase en utilisant le vocabulaire du chapitre.

> MODÈLE: Le dimanche soir, en hiver, il n'y a pas beaucoup de distractions,
> on va donc souvent au ____cinéma____.

1. Si on est obligé de passer l'après-midi à la maison avec trois enfants de dix ans, un

   _____ peut les amuser.

2. Lorsque le printemps arrive, il est agréable de faire du _____ pour avoir des

   légumes et des fleurs pendant tout l'été.

3. On va au bord d'une rivière ou d'un lac quand on va à la _____. Si on attrape

   quelques poissons, on les prépare pour le dîner.

4. Le sport où on ne touche pas le ballon avec les mains s'appelle le _____.

5. Lorsqu'on s'ennuie, la _____ est un passe-temps idéal, surtout si on habite près

   d'une bibliothèque.

6. Les gens qui aiment le _____ construisent des meubles ou font des réparations.

   Leur travail est très utile quand ils sont propriétaires d'une maison.

❊ **B.**   **Les loisirs**. Créez une carte sémantique pour les catégories d'activités sur la liste à la page suivante.
Sur une autre feuille de papier, écrivez une expression de la liste au centre et les trois catégories (lieux,
activités et actions) autour du centre. Puis ajoutez toutes les idées que vous associez avec les trois
catégories. (Il n'est pas nécessaire de vous limiter au vocabulaire de ce chapitre.) Tournez la page.

MODÈLE: activités en plein air →

actions

activités en plein air

lieux

jardiner, cultiver
    la terre
skier
marcher

activités

le jardin
la montagne
le parc
la mer

le jardinage
le ski
une promenade
la pêche

La liste

1. spectacles
2. passe-temps
3. manifestations sportives

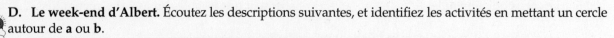

C. La vie sportive. Que font ces personnes? Écoutez chaque échange, et écrivez le nom du sport qu'on pratique.

1. Ils/Elles font _____

2. Ils/Elles font _____

3. Ils/Elles jouent à _____

4. Ils/Elles font _____

5. Ils/Elles vont à _____

D. Le week-end d'Albert. Écoutez les descriptions suivantes, et identifiez les activités en mettant un cercle autour de **a** ou **b**.

Vous entendez: Albert achète un billet qui porte un numéro très long.

Vous écrivez: a. C'est une collection de timbres.

                (b.) C'est un billet de la loterie.

1. a.   Il fait de la bicyclette.

     b.   Il fait de la marche à pied.

2. a.   Il fait du jardinage.

     b.   Il fait du bricolage.

3. a. C'est un jeu de hasard.

    b. C'est une activité de plein air.

4. a. C'est pour voir un film.

    b. C'est pour faire de la peinture.

5. a. Il va faire du ski.

    b. Il va jouer à la roulette.

6. a. Il aime la lecture.

    b. Il va au spectacle.

Les verbes *courir* et *rire*
• •

A. Ah! les verbes! Complétez le tableau avec les formes correctes.

	COURIR	RIRE
nous		
les athlètes		
tu		
mon amie		

B. Le matin, le cinéma. Utilisez les verbes **courir** ou **rire**. Attention au temps du verbe.

En retard. Nous avons été obligés de _____¹ ce matin parce que le réveil n'a pas

sonné. Tout le monde _____² quand nous sommes arrivés en cours avec dix minutes

de retard. Demain nous ne _____³ pas, même si nous sommes en retard.

✳ Quelle est votre réaction si vous savez que vous allez être en retard? _____

_____

Un film amusant. J'_____⁴ comme un fou / une folle pendant tout le dernier film de

Robin Williams. J'en ai parlé à tous mes amis, et maintenant ils vont aussi aller le voir. J'espère qu'ils

_____⁵ aussi.

✳ Que pensez-vous de Robin Williams? _____

_____

C. Loisirs du dimanche. Qu'est-ce que Léa a vu dimanche passé? Écoutez l'histoire et complétez les phrases par écrit.

Dimanche matin, vers huit heures, Léa _____[1] sa porte. Dans la rue,

_____[2] quelque chose de surprenant: il y avait une vingtaine de personnes

_____[3]: c'était un marathon. Comme _____[4] assez

chaud, _____[5] très soif. En fait, certains d'entre eux

_____[6] vraiment l'air de souffrir. Léa _____[7] à boire;

trois ou quatre personnes _____[8] un verre d'eau; _____[9]

rapidement avant de reprendre la course. Léa _____[10] ces gens sérieux et

enthousiastes; puis _____[11] calmement son journal.

Les réponses se trouvent en appendice.

LEÇON 2: STRUCTURES

Les pronoms interrogatifs
Getting Information

• •

A. Une personne curieuse. Le père de Loïc veut toujours tout savoir. Complétez les questions suivantes avec **qui, qu'est-ce qui** ou **quoi**.

MODÈLE: ___Qui___ est-ce qu'on a embauché dans la faculté des sciences cette année?

1. _____ enseigne le nouveau cours de biologie?

2. _____ t'intéresse le plus, la biologie ou la chimie?

3. De _____ as-tu besoin pour faire des progrès?

4. À _____ as-tu prêté ton livre de biologie?

5. _____ t'a aidé à préparer ton dernier examen?

6. _____ va se passer si les professeurs font grève (*go on strike*)?

B. Cadeaux d'anniversaire. Annick voudrait offrir un cadeau à son ami Luc. Elle téléphone au frère de Luc pour avoir des idées. Lisez les réponses du frère de Luc, puis écrivez les questions d'Annick.

MODÈLE: Je crois qu'il a envie d'un CD de Céline Dion. →
De quoi est-ce qu'il a envie?

1. _____

Je sais qu'il a tous ses CD excepté le nouveau.

2. _____

Il a besoin d'un pull chaud et d'un manuel sur le HTML.

3. _____

Il aime beaucoup dîner au restaurant le jour de son anniversaire.

4. _____

Je te conseille de lui offrir un CD ou un livre.

C. Lequel? Utilisez la forme correcte de **lequel** pour compléter la conversation suivante.

HABIB: J'ai vu un film formidable hier soir.

DANIELA: _____[1]?

HABIB: *Diabolique.*

DANIELA: Justement. Certains de mes amis l'ont aussi aimé.

HABIB: Ah, oui? _____[2]?

DANIELA: Les Péron et les Bazin. Qu'est-ce que tu en as pensé?

HABIB: Bon, d'abord il y avait ma vedette favorite.

DANIELA: _____3?

HABIB: Simone Signoret. Dans le film elle veut commettre le crime.

DANIELA: _____4?

HABIB: *L'assassinat.* Et elle veut assassiner une personne surprenante.

DANIELA: _____5?

HABIB: Son mari, figure-toi.

D. Interrogation. Écoutez chaque question en regardant les réponses possibles. Mettez un cercle autour de **a** ou **b** pour indiquer la réponse logique.

Vous entendez: Qu'est-ce qui est arrivé?
Vous écrivez: a. Mon oncle Gérard.
(b.) Une tempête de neige.

1. a. Des provisions.

   b. Mon mari.

2. a. Mon père.

   b. Mes devoirs.

3. a. Mon voisin.

   b. Ma bicyclette.

4. a. Du professeur.

   b. De la politique.

5. a. Mes idées.

   b. Ses meilleurs amis.

6. a. Mon cousin.

   b. Un taxi.

7. a. Avec des paquets.

   b. Avec sa femme.

8. a. Nos camarades.

   b. Le début du film.

E. Et vous? Écoutez ces questions et donnez votre réponse. Vous n'entendrez pas de réponses suggérées.

Vous entendez: Qui avez-vous vu ce matin?
Vous dites: J'ai vu mes copains et le chat.

1. … 2. … 3. … 4. …

Le présent du conditionnel
Being Polite, Speculating
● ●

A. **En vacances.** Que ferait-on, si on était en vacances en ce moment?

> MODÈLE: Marc / partir /… →
> Marc partirait chez sa petite amie.

1. nous / être / …

   _____

2. les étudiants / rentrer / …

   _____

3. mon copain (ma copine) / aller / …

   _____

4. je / avoir le temps de / …

   _____

5. tu / écrire / …

   _____

6. mes amis aventuriers / faire / …

   _____

✳**B.** **Conséquences.** Pour chaque cas, imaginez trois conséquences.

> MODÈLE: Si les vaches volaient (*If cows could fly*)… →
> a. les enfants boiraient moins de lait.
> b. on ne sortirait pas sans parapluie.
> c. les pilotes feraient très attention.

1. S'il n'y avait pas de papier…

   a. _____

   b. _____

   c. _____

2. Si tous les Américains parlaient français…

   a. _____

   b. _____

   c. _____

3. Si j'habitais Paris…

   a. _____

   b. _____

   c. _____

*C. **Choix difficiles.** Que feriez-vous…

1. si vous voyiez qu'un camarade de classe trichait (*was cheating*) à un examen?

_____

_____

2. si vous trouviez un portefeuille avec $300 dans la rue?

_____

_____

3. si vous appreniez que les parents d'un ami allaient divorcer?

_____

_____

4. si on vous invitait et vous ne vouliez pas accepter?

_____

_____

5. si vous appreniez qu'un ami se droguait?

_____

_____

6. si votre meilleur ami tombait malade et devait quitter l'université?

_____

_____

D. Je suis très occupé(e)! Que ferais-tu si tu avais le temps? Écoutez chaque question et répondez en suivant le modèle.

Vous entendez: Tu regardes la télé?
Vous dites: Eh bien… je regarderais la télé si j'avais le temps.

1. … 2. … 3. … 4. … 5. …

E. Fatima. Que ferait Fatima si elle était libre ce soir? Suivez le modèle.

Vous entendez: Est-ce qu'elle viendrait chez nous?
Vous dites: Oui, si elle était libre, elle viendrait chez nous.

1. … 2. … 3. … 4. …

CORRESPONDANCE

Le courrier

• •

Complétez la carte postale avec les expressions suivantes: **apporterais, collection, en train de, équipe, mieux, pétanque, plein air, plusieurs, pourrais, rirais.**

Carte postale

Chère Bénédicte,

Un chapeau? Je te remercie d'avance! Comment savais-tu que j'en faisais

_____¹? Quand on organise des spectacles ici, les membres de

l'_____² espèrent toujours trouver chez moi le chapeau qui complètera

leur costume! Tu _____³ si tu nous voyais! Si tu étais déjà là, tu

_____⁴ assister au spectacle qu'on va présenter ce soir. Il devrait être

encore _____⁵ que le dernier. Tu dois commencer à préparer ton voyage,

toi. Si j'étais à ta place, j'_____⁶ des vêtements et des chaussures

vraiment confortables. On fait beaucoup d'activités de _____⁷ ici:

cyclisme, golf, marche à pied, sports nautiques, tennis, _____,⁸ et je

sais que les autres photographes sont toujours _____⁹ courir d'un

endroit à l'autre. Il y a toujours quelqu'un à prendre en photo!

    Bon, je te laisse, _____¹⁰ de mes élèves viennent d'arriver.

À bientôt!

Jérôme, G.O. et fier de l'être!

Info-culture

• •

Relisez le **Flash** et le **Portrait** dans votre livre, puis choisissez la bonne réponse.

1. Le *gwo-ka* est _____ de la Martinique.
   a. un plat　　　　　　　　b. un instrument de musique　　c. une fête traditionnelle

2. La musique antillaise a été influencée par les musiques d'Amérique du Sud, d'Afrique et _____.
   a. de la Nouvelle-Orléans　　b. du Québec　　　　　　　c. de la France

3. Le carnaval antillais dure _____ jours.
   a. trois b. quatre c. cinq

4. Les fans de Zinedine Zidane l'appellent _____.
   a. Ziggy b. Zinou c. Zizou

5. La Coupe du monde de football de 1998 a été remportée par l'équipe _____.
   a. du Brésil b. d'Italie c. de France

6. Avant de faire partie de l'équipe des Bleus, Zinedine faisait partie d'une équipe _____.
   a. brésilienne b. italienne c. allemande

Jérôme à l'appareil!

Que de talents, Jérôme! David, le «chef du village»—c'est-à-dire le responsable du Club Med où travaille Jérôme—a besoin de l'aide de Jérôme. Écoutez leur conversation téléphonique, puis choisissez la bonne réponse à chacune des questions suivantes.

Vocabulaire utile:

remplacer	to replace	
à propos	by the way	
la noix de coco	coconut	
comment ça?	what do you mean?	

1. David aimerait que Jérôme participe à un marathon. Lequel?
   a. le marathon du village b. le marathon de Fort-de-France

2 En général, combien de personnes participent à ce marathon?
   a. plus de 3 000 b. plus de 30 000

3. Qui est-ce qui donnerait des cours de tennis le jour où Jérôme serait au marathon?
   a. Martine b. Marie

4. Quel genre de soirée est organisée pour le lendemain?
   a. une soirée de jeux b. une soirée sportive

5. Qu'est-ce que les gagnants vont recevoir?
   a. des noix de coco b. des peintures

6. Est-ce que David est impressionné par le talent artistique de Jérôme?
   a. oui b. non

Flash-culture
• •

Le marché aux puces[1] ou la chasse au trésor

Un réveil[2] art déco, un tapis persan, la collection complète des œuvres de Molière, une aquarelle,[3] un canapé en cuir[4]... Le marché aux puces, c'est la caverne d'Ali Baba!

À Paris, le samedi et le dimanche, partez à l'aventure. Prenez le métro direction Porte de Vanves ou Porte de Clignancourt. Les deux principaux marchés aux puces vous attendent avec leurs merveilles.

On trouve tout au marché aux puces. Promenez-vous dans les allées et admirez les marchandises exposées. Tout est ancien, chaque objet a une histoire.

Si quelque chose vous intéresse, demandez son prix d'un air indifférent. Exclamez-vous: « C'est trop cher! » Puis proposez un prix plus bas.[5] La discussion va s'engager... Au marché aux puces, le marchandage,[6] c'est tout un art!

---

[1]marché... *flea market*   [2]*alarm clock*   [3]*watercolor*   [4]canapé... *leather sofa*   [5]plus... *lower*   [6]le... *bargaining*

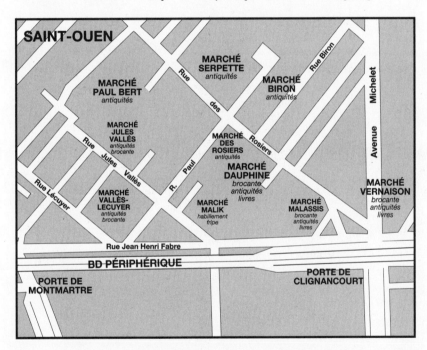

Le marché aux puces Saint-Ouen, l'un des plus grands au monde.

A. Révisons! Relisez le **Flash-culture**, puis choisissez la bonne réponse.

1. Le marché aux puces, c'est là où l'on trouve _____.
    a. uniquement des aliments   b. toutes sortes d'objets anciens   c. des animaux familiers

2. Les deux principaux marchés aux puces de Paris vous attendent _____.
    a. pendant l'été   b. tous les jours   c. le samedi et le dimanche

3. Porte de Vanves et Porte de Clignancourt sont des _____.
    a. stations de métro   b. magasins d'antiquités   c. objets de porcelaine

4. Il faut demander le prix des objets qui vous intéressent d'un air _____.
   a. enthousiaste   b. indifférent   c. enchanté

5. Le marchandage, c'est _____.
   a. un meuble d'occasion   b. une négociation du prix   c. un commerçant

 B. On est branché! Consultez le site Internet de *Vis-à-vis* (www.mhhe.com/visavis) pour obtenir les liens donnant les réponses aux questions suivantes.

1. Est-ce que les marchés aux puces à Paris offrent uniquement de vieux objets d'occasion (*secondhand*)? Cherchez parmi les marchands des puces de Paris-Saint-Ouen. Trouvez un marchand et/ou un objet qui vous intéressent et dites pourquoi.

2. Vous êtes à Paris, rive gauche, Saint-Germain des Prés. C'est samedi et vous voulez aller au marché aux puces. Choisissez votre destination et trouvez votre chemin en métro.

3. Faites la description d'un grand marché aux puces près de Montréal.

LEÇON 3: STRUCTURES

La comparaison de l'adverbe et du nom
Making Comparisons

✳A. **Les générations.** Faites des comparaisons entre votre vie et celle de vos parents.

MODÈLE: ___J'ai plus (autant, moins)___ d'amis que mes parents.

1. _____ de problèmes que mes parents.

2. _____ de responsabilités que mes parents.

3. _____ de CD que mes parents.

4. _____ de loisirs que mes parents.

5. _____ d'idéalisme que mes parents.

6. _____ de vêtements que mes parents.

7. _____ de passe-temps que mes parents.

8. _____ de besoins que mes parents.

✳B. **Exercice de modestie.** Dans la classe de français…

1. Qui parle français plus souvent que vous?

_____

2. Qui écrit le mieux au tableau?

_____

3. Qui donne les meilleures réponses orales?

_____

4. Qui essaie de répondre le plus souvent?

_____

5. Nommez deux personnes qui parlent français aussi couramment que vous.

_____

6. Qui arrive en retard moins souvent que vous?

_____

C. **Une perfectionniste.** Zoé vise (*aims for*) la perfection. Donnez ses résolutions pour le Nouvel An.

MODÈLES: Je bavarde trop. → Je bavarderai moins.
Je chante assez bien. → Je chanterai mieux.

1. J'ai de bonnes notes (*grades*). _____

2. J'écris mal. _____

3. Je finis beaucoup de choses. _____

4. Je me trompe assez souvent. _____

5. Je lis de bons livres. _____

6. Je m'ennuie quelquefois. _____

7. Je me lève tôt le matin. _____

8. Je me prépare bien aux examens. _____

D. Trois collègues. Voici trois personnages qui sont de caractère et de physique très différents. Regardez leurs portraits, écoutez les questions et répondez-y en mettant un cercle autour du nom du personnage décrit.

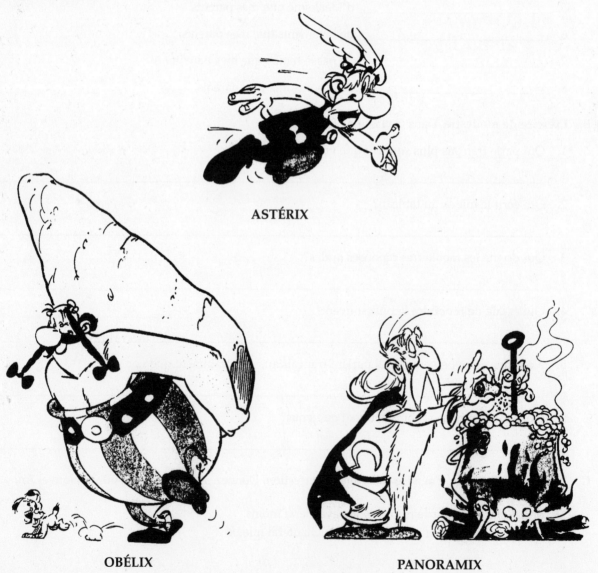

ASTÉRIX

OBÉLIX

PANORAMIX

1. Astérix   Panoramix   Obélix

2. Astérix   Panoramix   Obélix

3. Astérix   Panoramix   Obélix

4. Astérix   Panoramix   Obélix

5. Astérix   Panoramix   Obélix

6. Astérix   Panoramix   Obélix

7. Astérix   Panoramix   Obélix

8. Astérix   Panoramix   Obélix

9. Astérix   Panoramix   Obélix

10. Astérix   Panoramix   Obélix

Les adjectifs et les pronoms indéfinis
Talking about Quantity
• •

A. Quand l'appétit va, tout va! Suzie se plaint à sa mère de l'appétit de son oncle Jules, qui est en visite chez eux. Complétez ses propos avec les différentes formes du mot **tout**.

Maman, c'est incroyable ce qu'Oncle Jules peut dévorer! Pendant que tu étais au bureau, il a mangé

_____[1] ma pizza et _____[2] mes raisins secs. Il y avait quatre

bouteilles de soda et il les a _____[3] bues. Au dîner, il a fini _____[4]

les légumes et _____[5] le rôti. Il a mis _____[6] la crème au chocolat

sur son dessert et puis il a bu _____[7] le café. Il y a une douzaine d'œufs au frigo. S'il

les mange _____[8] demain matin, je m'en vais.

✳Devinez comment la visite va se terminer: _____

_____

B. Faites votre choix. Indiquez le pronom ou l'adjectif qui convient pour chaque phrase.

1. *Certains / Tous* étudiants préfèrent parler, *chacun / d'autres* préfèrent écrire.

2. J'ai lu *quelques-uns / plusieurs* romans cet été.

3. Nous avons visité *tous / quelques* les monuments de Paris.

4. Ils ont choisi *chacun / le même* restaurant que la semaine dernière.

5. Vous avez *quelques-uns / quelques* cousins à New York.

6. Les Leroux partent dans les Alpes *tous / chaque* hiver.

7. En cours de français, *chaque / chacun* doit participer.

8. *Tous / Plusieurs* nos amis sont fantastiques.

9. J'ai rencontré *le même* / *quelqu'un* d'intéressant hier.

10. Tu as beaucoup d'amis à l'université. *Quelques-uns* / *Les autres* sont français.

C. Tristes histoires universitaires. Complétez les phrases suivantes en utilisant des pronoms ou des adjectifs indéfinis.

1. Robert se demande pourquoi il est toujours le dernier à rendre ses examens. Utilisez **plusieurs, quelques, quelqu'un, chaque, autres, tout.**

   Quand nous passons un examen, le professeur distribue une copie à _____ᵃ étudiant de la classe. _____ᵇ le monde travaille bien, mais il y a toujours _____ᶜ étudiants, deux ou trois au maximum, que finissent avant les _____.ᵈ Il y en a _____,ᵉ quinze ou seize, qui rendent leur copie au bout de (*at the end of*) quarante minutes. Peut-être qu'un jour _____ᶠ s'endormira pendant un examen et moi, je ne serai pas le dernier à partir.

2. Une cuisine dangereuse? Utilisez **tout, mêmes, tous, quelques-uns, quelque chose, d'autres.**

   Hier soir au restaurant universitaire, _____ᵃ les étudiants qui ont pris du gâteau comme dessert ont trouvé qu'il y avait _____ᵇ de bizarre dedans. _____,ᶜ peut-être trois ou quatre, ont refusé d'en manger, mais _____ᵈ avaient si faim qu'ils ont _____ᵉ mangé. Ce sont les _____ᶠ étudiants qui sont aujourd'hui à l'infirmerie.

3. Lucie a quelquefois des difficultés avec les livres de classe. Utilisez **même, d'autres, plusieurs, tous.**

   Les livres du cours d'économie sont _____ᵃ mauvais. _____ᵇ les étudiants et _____ᶜ professeurs (une douzaine, peut-être) disent la _____ᵈ chose. M. Morin m'a dit qu'il cherchait _____ᵉ livres moins difficiles, et qu'heureusement, il en aurait _____ᶠ le semestre prochain.

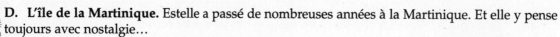

D. L'île de la Martinique. Estelle a passé de nombreuses années à la Martinique. Et elle y pense toujours avec nostalgie…

Écoutez une première fois les remarques d'Estelle en regardant la liste suivante. À la deuxième écoute, cochez les éléments de la liste qui figurent dans ses remarques.

    __✓__ les résidences coloniales   _____ la découverte de l'île par Christophe Colomb

    _____ les planteurs français   _____ le fer forgé (*wrought iron*) à La Nouvelle-Orléans

    _____ le port de Fort-de-France   _____ les arbres du paysage martiniquais

    _____ les marchés en plein air   _____ les petits bateaux des pêcheurs

    _____ l'économie rurale de l'île   _____ le taux d'émigration vers la France

    _____ les pirates légendaires   _____ le peintre Van Gogh

    _____ la place de la Savane

Les réponses se trouvent en appendice.

E. Rénovations. Des étudiants passent l'été à refaire les bâtiments d'un village rural. Utilisez une forme de l'adjectif **tout,** selon le modèle

Vous entendez: Tous les villages vont être refaits. —Et les maisons?
Vous dites: Oui, toutes les maisons vont être refaites.

1. ...   2. ...   3. ...   4. ...   5. ...

F. Efforts progressistes. Un écologiste parle des ressources naturelles. Transformez les phrases en utilisant une forme de **chacun** ou **quelques-uns.**

Vous entendez: Ce patrimoine existe pour <u>chaque habitant</u> (*m.*).
Vous dites: Ce patrimoine existe pour chacun.

1. <u>Chaque citoyen</u> (*m.*) doit apprécier les ressources naturelles.
2. Malheureusement, seulement <u>quelques personnes</u> (*f.*) en profitent.
3. <u>Quelques personnalités</u> (*f.*) <u>politiques</u> comprennent nos efforts.
4. On s'adresse à <u>chaque fondation</u> (*f.*).
5. <u>Quelques organisations</u> (*f.*) <u>écologistes</u> font des progrès.

G. Un avenir meilleur? La conférencière (*lecturer*) décrit certains rêves pour l'avenir. Écoutez chaque phrase et transformez-la en utilisant le pronom **tout, tous** ou **toutes.**

Vous entendez: Tous les gens auront assez à manger
Vous dites: C'est vrai. Tous auront assez à manger.

1. ...   2. ...   3. ...   4. ...   5. ...

H. Des instants mémorables. Écoutez chaque question et donnez une réponse personnelle. Suivez les modèles.

Vous entendez: Est-ce que vous avez vu quelque chose de drôle hier?
Vous dites: Oui. C'était le prof de français qui portait un chapeau bizarre.

Vous entendez: Avez-vous rencontré quelqu'un de célèbre récemment?
Vous dites: Non, je n'ai rencontré personne de célèbre.

Vous entendez: Avez-vous acheté quelque chose de cher récemment?
Vous dites: Non, je n'ai rien acheté de cher.

1. ...   2. ...   3. ...   4. ...   5. ....

LEÇON 4: PERSPECTIVES

Faire le bilan
• •

A. Projets du soir. Complétez le dialogue suivant avec un pronom interrogatif ou un verbe au conditionnel.

DÉO: _____[1] nous faisons ce soir?

MARIE: Nous avons invité des amis, tu t'en souviens?

DÉO: _____[2] est-ce que nous avons invité?

MARIE: Fatima et Jean-Luc.

DÉO: Ah oui! Tu sais, nous _____[3] (pouvoir) jouer aux cartes.

MARIE: _____[4] tu _____[5] (dire) si je servais une bonne bouteille de vin?

DÉO: C'est une excellente idée!

MARIE: Et que _____[6]-tu (penser) si j'achetais un beau gâteau?

DÉO: Je _____[7] (être) très content.

MARIE: Tant mieux, parce que je l'ai déjà acheté!

✳**B. Questionnaire.** Complétez chaque phrase avec le verbe de votre choix à l'infinitif. N'oubliez pas les prépositions nécessaires.

MODÈLE: J'aime ____faire la cuisine____.

1. Je veux _____

2. Avant la fin de l'année, je vais essayer _____

   _____

3. Depuis mon arrivée à l'université, je me suis habitué(e) _____

   _____

4. Je ne sais pas _____

5. Cet été, je vais commencer _____

6. Je voudrais inviter mes amis _____

7. J'oublie parfois _____

8. Je rêve _____

9. À l'université, je me prépare _____

10. Au lycée, j'ai appris _____

✳ **C. Exercice d'imagination.** Imaginez la deuxième partie de chaque phrase.

MODÈLE: Si j'avais le temps, ___je lirais tous les romans de Jane Austen___.

1. Si j'avais un crocodile dans ma chambre, _____

_____

2. Ma mère serait heureuse si_____

_____

3. Si vous collectionniez les éléphants,_____

_____

4. Nous inviterions le professeur au cinéma si _____

_____

5. J'achèterais un appartement sur la Côte d'Azur si_____

_____

Prononciation

● ●

Les sons de la lettre *e*. The letter **e** has several sounds in French. First, listen carefully to how the sound of **e** changes with different accents.

Écoutez et répétez les phrases suivantes:

1. un génie idéaliste
2. un numéro de téléphone
3. un père sincère
4. Je suis prêt à m'arrêter.
5. les vacances de Noël
6. un voyage en Israël

There is also a "mute" or silent **e** in French, called **e muet**.

- It is sometimes a very short sound, as in the one-syllable words **ce, de, le,** and **que.**
- It is sometimes silent, as in the final syllable of multisyllable words like **banane, exemple,** and **septembre.**
- It is often silent, as well, after a single consonant: **rapidement; je ne sais pas; chez le docteur.**
- However, it is usually pronounced after groups of two or more consonants: **mercredi, vendredi, simplement, pour le docteur.**

Rules concerning "mute" **e** are very complicated. It's best to pick them up by imitation.

Écoutez et répétez.

1. la séance de deux heures
2. Je cherche un peu de monnaie.
3. Il n'y a pas de queue.
4. J'aimerais bien grignoter quelque chose.
5. avec cette drôle de voix

 À l'écoute!

●●●●●●●●●●●●●●●●●●●●●●●●●●●●●●●●●●●●●

Au téléphone. Une jeune femme utilise son portable dans la rue pour parler à son mari. Écoutez ce qu'elle lui dit, puis indiquez si les phrases suivantes sont vraies (**V**) ou fausses (**F**).

Vocabulaire utile: inscrire   to enroll, register

1.   V   F   La dame pense que le centre de loisirs est une bonne idée.

2.   V   F   Au centre de loisirs, les enfants ne font aucune activité de plein air.

3.   V   F   La dame aimerait avoir plus de temps pour ses loisirs.

4.   V   F   Le mari de la dame aime le jardinage.

5.   V   F   Plusieurs des enfants de leurs voisins vont au centre de loisirs.

Par écrit

●●●●●●●●●●●●●●●●●●●●●●●●●●●●●●●●●●●●

Function: Writing a film review

Audience: Newspaper readers

Goal: To describe and evaluate a recent film so that readers will want to see (or skip) it.

Steps

1.   Choose a film you have seen recently. Jot down the main points of the story, some important scenes you remember, and your overall reaction to the film.

2.   Look over these terms, which may be useful to you:

     le metteur en scène / le cinéaste

     tourner un film (*to make a film*)

     les personnages (*m.*) (*characters*)

     jouer le rôle principal

     la séquence (*scene*)

     l'action se déroule (*the action takes place*)

     l'intrigue (*f.*) (*plot*)

     vraisemblable (*believable, realistic*)

     invraisemblable (*unbelievable, unrealistic*)

3.   Write a brief summary of the story, without giving the ending away. Mention when and where the action takes place. Describe the main characters and the performances of the featured actor(s) and actress(es). End by persuading your readers to see (or not to see) the film.

4.   Have a classmate evaluate the rough draft for clarity and interest.

5.   Reread your rough draft, checking carefully the spelling, punctuation, and grammar. Focus especially on your use of comparisons and verbs and prepositions.

Journal intime

● ●

Décrivez vos loisirs. Commentez les questions suivantes:

- Qu'aimez-vous faire quand vous avez une ou deux heures de libre, quand vous avez plusieurs semaines de vacances?
- Si vous aviez davantage (*more*) de temps libre, que feriez-vous?
- Préféreriez-vous lire davantage ou regarder plus de films?
- Est-ce qu'il y a une nouvelle activité ou un nouveau sport que vous avez envie d'apprendre?

> MODÈLE: Quand j'ai une ou deux heures de libre, j'aime écrire des lettres aux amis, parce que je déteste les répondeurs téléphoniques et le courrier électronique. Quand j'ai plusieurs semaines de vacances, j'aime surtout aller en Europe...

Qu'en pensez-vous?

LEÇON 1: PAROLES

Les problèmes de l'environnement
Les problèmes de la société moderne
••••••••••••••••••••••••••••••••••••

A. Problèmes et solutions. Voici sept problèmes du monde contemporain. Lisez les solutions suivantes et choisissez celle qui vous paraît être la plus adaptée au problème.

1. _____ le développement de l'énergie nucléaire

2. _____ la pollution de l'environnement

3. _____ la destruction des espaces verts

4. _____ le gaspillage des ressources naturelles

5. _____ l'augmentation de la violence

6. _____ le stress de la vie moderne

7. _____ l'utilisation de l'automobile

✳ **B. Menaces sur la terre.** Que pensez-vous des problèmes graves de l'environnement? Donnez votre avis en utilisant les listes de mots suivants.

MODÈLE: Il est indispensable d'encourager le recyclage.

arrêter	les animaux
conserver	le chômage
développer	l'engagement politique
empêcher	les forêts
encourager	le gaspillage des sources d'énergie
protéger	le plastique
recycler	le recyclage

1. Il est indispensable _____

2. Il est essentiel _____

3. Il est urgent _____

4. Il est important _____

5. Il est possible _____

6. Il est nécessaire _____

7. Il est inutile _____

C. Règles de conduite. Écoutez la plate-forme d'un parti politique écologiste. Ensuite, transformez l'infinitif en nom et complétez les phrases suivantes.

Vous entendez: Polluer l'environnement, c'est scandaleux.

Vous écrivez: ___La pollution___ de l'environnement est scandaleuse.

1. _____ de la pollution est indispensable.

2. _____ des ressources naturelles est fondamentale.

3. _____ du recyclage est important.

4. Nous sommes responsables de _____ des animaux.

5. _____ de nos efforts est inévitable.

6. _____ de bons candidats est cruciale.

Les réponses se trouvent en appendice.

D. Questions contemporaines. Écoutez les explications suivantes. Mettez un cercle autour de la lettre de l'expression correspondante.

Vous entendez: Si on réduisait la consommation d'énergie, on les économiserait.

Vous écrivez: (a.) les ressources naturelles   b. les voitures

1. a. l'utilisation d'énergie solaire   b. l'utilisation de pétrole

2. a. des déchets   b. des solutions

3. a. les conflits   b. les médias

4. a. le gaspillage   b. le recyclage

5. a. une toute petite voiture   b. un vélo

LEÇON 2: STRUCTURES

Le subjonctif (première partie)
Expressing Attitudes

● ●

A. **C'est nécessaire!** Qu'est-ce qu'il faut faire? Mettez chacun de ces verbes réguliers au subjonctif. **Il faut...**

MODÈLE: (écrire) que j'___écrive___ plus clairement.

1. (voir) que tu _____ cette exposition.

2. (diriger) que Mᵐᵉ Avoké _____ cette entreprise.

3. (se lever) que nous _____ plus tôt.

4. (rentrer) que les enfants _____ après les cours.

5. (conduire) que tu _____ prudemment.

6. (lire) que tout le monde _____ le journal chaque matin.

7. (arrêter) que vous _____ de fumer.

8. (sortir) que tu _____ avec tes amis.

9. (connaître) que ma mère _____ mes copains.

10. (dire) que vous _____ la vérité.

B. **Ah! les verbes!** Complétez ce tableau avec les formes correctes du subjonctif.

	...QUE NOUS	...QUE LÉA	...QUE VOUS	...QUE LES ENFANTS
aller				
avoir				
être				
faire				
pouvoir				
savoir				
vouloir				

C. Une grand-mère soucieuse. Que souhaite la grand-mère de Joël et de Sara? Faites des phrases négatives ou affirmatives en employant les verbes suivants au subjonctif: **aller, avoir, écrire, être, faire, pouvoir, prendre, revenir, savoir.**

MODÈLE: ___Elle ne veut pas qu'ils soient___ malheureux.

1. _____ faim.

2. _____ des vitamines.

3. _____ finir leurs études.

4. _____ souvent des lettres.

5. _____ tous seuls de l'école.

6. _____ chez le dentiste deux fois par an.

7. _____ des promenades quand il pleut.

D. La vie est dure. Parfois il semble que tout le monde attende (*expects*) quelque chose de vous. Complétez les phrases suivantes. Donnez libre cours à votre imagination!

MODÈLE: Le professeur de français ___veut que je comprenne le subjonctif___ .

1. Les politiciens _____

_____

2. Les journalistes _____

_____

3. Mon ami(e) _____

_____

4. Le médecin _____

_____

5. Mes parents _____

_____

6. Le président des États-Unis _____

_____

E. Élections. Luc et Simon ont contacté Laure pour la persuader de poser sa candidature au Conseil de l'université. Écoutez certaines suggestions qu'ils lui ont faites et complétez par écrit les suggestions des amis de Laure.

Ils voudraient que Laure…

1. _____ sa candidature au Conseil.

2. _____ une campagne énergique.

3. _____ souvent avec l'électorat.

4. _____ toute la littérature de l'opposition.

5. _____ le Conseil en charge.

6. _____ pour les droits des étudiants.

7. _____ à persuader l'administration qu'ils ont raison.

Les réponses se trouvent en appendice.

 F. Différences d'opinion. Voici deux individus dont les opinions politiques diffèrent. Écoutez chaque remarque et mettez un cercle autour du nom de la personne qui l'a probablement faite.

Vous entendez: Je veux qu'on construise plus de centrales nucléaires.
Vous écrivez: Jérôme (Brigitte)

1. Jérôme   Brigitte   4. Jérôme   Brigitte

2. Jérôme   Brigitte   5. Jérôme   Brigitte

3. Jérôme   Brigitte

✱**G. Vendredi soir.** Que voulez-vous faire avec vos amis pendant le week-end? Écoutez les choix proposés par vos amis et répondez. Vous entendrez une réponse possible.

> Vous entendez: Tu veux qu'on fasse une promenade ou qu'on travaille?
> Vous dites: Moi, je veux qu'on fasse une promenade.

1. ... 2. ... 3. ... 4. ... 5. ...

Le subjonctif (deuxième partie)
Expressing Wishes, Necessity, and Possibility
●●●

A. Il faut changer! L'année dernière, les étudiants se sont organisés pour avoir quelques changements sur le campus. Qu'est-ce qu'on voulait changer?

> MODÈLE: (servir des repas végétariens) Loïc voulait que le resto-U
> <u>serve des repas végétariens</u> .

1. (être plus longues) Tout le monde voulait que les vacances _____

_____

2. (avoir plus de pouvoir [power]) Une journaliste insistait pour que le Conseil d'étudiants _____

_____

3. (y avoir moins de sports) Certains étudiants voulaient qu'il _____

_____

4. (faire plus attention à eux) Beaucoup d'étudiants voulaient que les professeurs _____

_____

5. (comprendre leur point de vue) Les femmes voulaient que les hommes _____

_____

6. (construire des centres de recyclage) Tous les étudiants voulaient que l'université _____

_____

✱**B. Prévisions.** Ces prévisions sont-elles possibles ou non? Pourquoi?

> MODÈLE: Vous passerez l'été à Paris. →
> Il est peu probable que j'y passe l'été, parce que j'ai besoin de travailler cet été.
> (Il est probable que j'y passerai l'été parce que...)

1. Votre mari / femme sera français(e). _____

_____

2. Les étudiants de votre université manifesteront avant la fin de l'année. _____

_____

3. Vous regretterez un jour de ne pas parler russe. _____

_____

4. Vous vivrez dans un monde sans pollution. _____

_____

5. Les humains visiteront un jour la planète Mars. _____

_____

6. Le prochain président des États-Unis sera une personne de couleur. _____

_____

 C. Conseils. M. Laborde est parfois d'accord, parfois pas d'accord avec ses enfants, Corinne et Martin. Écoutez les remarques de M. Laborde et indiquez s'il parle à Corinne ou à Martin.

Vous entendez: Moi, je trouve ça bien que tu protèges les animaux.

Vous écrivez: (à Corinne)   à Martin

1. à Corinne	à Martin		4. à Corinne	à Martin
2. à Corinne	à Martin		5. à Corinne	à Martin
3. à Corinne	à Martin		6. à Corinne	à Martin

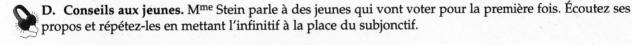 **D. Conseils aux jeunes.** Mme Stein parle à des jeunes qui vont voter pour la première fois. Écoutez ses propos et répétez-les en mettant l'infinitif à la place du subjonctif.

Vous entendez: Il faut que vous compreniez les questions.
Vous dites: Il faut comprendre les questions.

1. …   2. …   3. …   4. …   5. …

✳ **E. Oui ou non?** Voici quelques questions sur vos projets d'avenir. Écoutez chaque question et complétez les réponses par écrit.

1. Oui, il est possible / Non, il n'est pas possible que _____

   parce que _____

2. Oui, il est temps que / Non, il n'est pas temps que _____

   parce que _____

3. Oui, il est normal que / Non, il n'est pas normal que _____

   parce que _____

4. Oui, il est probable que / Non, il n'est pas probable que _____

   parce que _____

CORRESPONDANCE

Le courrier
••••••••••••••••••••••••••••••••••••

Complétez la carte postale avec les expressions suivantes: **ait, apprenne, attendes, en grève, exprimer, faut, manifestent, politique, soient, sûr.**

Carte postale

Mon petit Jérôme unique et préféré,

J'ai un copain américain qui, chaque fois qu'il vient en France, me dit qu'il n'est jamais

_____ [1] si, quand les gens se parlent, ils discutent ou se disputent. Bon, en

général, il ne s'agit que d'une conversation animée, mais parfois, moi aussi, j'aimerais qu'on

_____ [2] à se parler calmement. Surtout pour des questions de

_____ [3] Je ne comprends pas que les gens _____ [4]

étonnés qu'il n'y _____ [5] pas la paix dans le monde quand ils n'arrivent

même pas à avoir une conversation civilisée chez eux. Pouvoir _____ [6]

ses opinions, c'est bien, mais il _____ [7] qu'on apprenne à contrôler ses

réactions! Tiens, à propos de liberté d'expression, les pilotes d'avion sont

_____ [8] encore une fois. Il se peut qu'ils _____ [9] bientôt

pour une augmentation de salaire, alors tu vois, il vaut mieux que tu

_____ [10] un peu avant de prendre l'avion!

Bon, il faut que je me calme. Je vais penser à la Martinique, ça devrait m'aider!

Je t'embrasse!

Bénédicte

Info-culture
••••••••••••••••••••••••••••••••••••

Relisez le **Flash** et le **Portrait** dans votre livre, puis formez des phrases complètes en utilisant des éléments des deux colonnes.

_____ 1. Voltaire est un intellectuel du XVIIIe siècle qui défend la tolérance,

_____ 2. Symbole de l'esprit français, Voltaire utilise une arme redoutable:

_____ 3. Les idées que Voltaire exprime dans ses livres annoncent

_____ 4. Plus d'un quart des pays représentés aux Nations Unis sont

_____ 5. Pour fortifier la place de la francophonie dans le monde, il ne faut pas négliger le rôle des Alliances Françaises et des festivals comme

_____ 6. Les médias jouent un rôle important pour la francophonie, en particulier Radio France International et

a. l'ironie.
b. francophones.
c. la chaîne cablée TV5.
d. la liberté et le progrès.
e. la révolution de 1789.
f. la semaine de la Francophonie.

Jérôme à l'appareil!

• •

Au revoir, Jérôme! C'est la dernière fois que nous entendons Jérôme, le joyeux G.O. Il est aujourd'hui au téléphone avec un ami qui habite La Rochelle, une jolie ville sur la côte Atlantique de l'Hexagone. Écoutez la conversation, puis complétez les phrases suivantes.

Vocabulaire utile: ramasser   to pick up

1. La Rochelle est une ville qui a la réputation d'être _____.
   a. une ville modèle en matière d'environnement   b. une ville très polluée

2. L'ancien maire de La Rochelle était _____.
   a. ministre de la jeunesse et des sports   b. ministre de l'environnement

3. À La Rochelle, la police utilise des voitures et des scooters avec des moteurs _____.
   a. électriques   b. à essence

4. La ville organise chaque année une journée _____.
   a. de recyclage   b. sans voiture

5. L'eau des plages de La Rochelle est _____.
   a. de bonne qualité   b. de mauvaise qualité

6. Jérôme ne peut pas venir voir Bertrand parce qu'il a _____.
   a. rencontré quelqu'un   b. beaucoup de travail

Flash-culture
● ●

La bataille de l'orthographe[1]

Un concours mondial[2] d'orthographe! Où a-t-on vu cela? En France, bien sûr! Chaque année, des milliers[3] de Français et de francophones font une dictée remplie de[4] difficultés et de pièges.[5] Cet événement est organisé par Bernard Pivot, l'animateur de « Bouillon de Culture » et d' « Apostrophe », deux émissions culturelles de la télévision française.

Qui participe à cette manifestation[6]? Tous les amoureux de la langue française et tous ceux qui considèrent que les pièges, les difficultés, les incohérences de l'orthographe sont parmi les attraits[7] de la langue.

Face à ce clan des conservateurs, il y a les réformateurs qui se battent[8] pour simplifier et uniformiser l'orthographe. Entre les deux camps, depuis des années, c'est la guerre!

Mais pour le moment, le mot « orthographe » n'a pas encore changé d'orthographe!

---

[1]*spelling* [2]*concours... worldwide contest* [3]*thousands* [4]*remplie... filled with* [5]*traps* [6]*event*
[7]*attractions* [8]*fight, struggle*

Bernard Pivot, l'organisateur des dictées télévisées

A. Révisons! Relisez le **Flash-culture** puis trouvez la fin de chaque phrase.

_____ 1. Des milliers de Français et de francophones font

_____ 2. Bernard Pivot est surtout connu

_____ 3. Les amoureux de la langue française considèrent

_____ 4. Il y a aussi des réformateurs qui voudraient

_____ 5. Pour le moment, l'orthographe

a. que les difficultés d'orthographe font partie du charme de la langue.
b. simplifier et uniformiser l'orthographe.
c. reste inchangée.
d. une dictée remplie de difficultés et de pièges.
e. comme animateur d'émissions culturelles télévisées.

B. On est branché! Consultez le site Internet de *Vis-à-vis* (www.mhhe.com/visavis) pour obtenir les liens donnant les réponses aux questions suivantes.

1. Trouvez une dictée utilisée dans un concours d'orthographe récent. Lisez-la, puis lisez-la à haute voix. La trouvez-vous difficile? Comparez le texte que vous avez choisi avec celui qu'un(e) autre étudiant(e) a trouvé.

2. Quels autres pays ou régions organisent des concours d'orthographe française? Qui participe généralement à ces concours?

3. Lisez quelques opinions sur la réforme de l'orthographe française. Donnez des exemples des réformes proposées par les partisans. Qu'en pensez-vous?

LEÇON 3: STRUCTURES

Le subjonctif (troisième partie)
Expressing Emotion

● ●

A. Comment réagir? Laurent est écologiste. Imaginez ses réactions devant les événements suivants. Créez des phrases en utilisant un infinitif si possible.

> MODÈLES: Laurent reçoit un prix de conservation. →
> Il est content de le recevoir.
>
> Le gouvernement construit de nouvelles autoroutes. →
> Laurent n'est pas heureux que le gouvernement construise de nouvelles autoroutes.

1. Les conservateurs sont au pouvoir.

   _____

2. La plupart des gens sont indifférents au problème de la pollution.

   _____

3. Laurent entre en communication avec des écologistes d'Amérique latine.

   _____

4. Il obtient la majorité des voix aux élections.

   _____

5. Les politiciens font un effort de coopération.

   _____

6. L'entretien (*maintenance*) et l'achat de deux ou trois voitures sont trop chers pour la majorité des familles.

   _____

✶**B. Solutions.** Comment vous et vos compatriotes réagissez-vous face aux problèmes contemporains? Devriez-vous changer de mode de vie? Utilisez **il (ne) faut (pas) que** et un verbe au subjonctif pour exprimer vos idées.

> MODÈLE: la pollution de l'atmosphère →
> Il faut que nous conduisions moins et que nous prenions plus souvent l'autobus.

1. la pollution de l'eau _____

   _____

2. la disparition des forêts _____

   _____

3. la multiplication des produits chimiques _____

   _____

4. l'augmentation du bruit _____

_____

5. la surpopulation _____

_____

6. la distribution des biens _____

_____

C. L'Europe nouvelle. Voici quelques commentaires sur l'Union européenne. Écoutez chaque phrase et indiquez si la proposition (*clause*) subordonnée comporte un verbe au subjonctif. Mettez un cercle autour de **I** (**indicatif**) ou **S** (**subjonctif**).

Vous entendez: Je souhaite qu'on vive en paix.

Vous écrivez: I   Ⓢ

1. I S	4. I S	7. I S
2. I S	5. I S	8. I S
3. I S	6. I S	9. I S

D. Stéphane est désolé. Il a une bonne amie, Chantal, qui ne veut plus le voir. Écoutez la description de sa situation, puis arrêtez l'enregistrement et complétez par écrit les phrases suivantes en vous inspirant de l'histoire.

Verbes utiles: se connaître, être, pouvoir, venir, voir, vouloir

1. Stéphane regrette que Chantal ne _____ plus le voir.

2. Il est désolé que certains amis la _____ encore.

3. Il est furieux que Chantal ne _____ plus chez lui.

4. Il regrette qu'ils _____ si bien.

5. Il doute qu'ils _____ se réconcilier maintenant.

6. Il est content qu'Aïché _____ toujours une bonne amie.

Les réponses se trouvent en appendice.

Le subjonctif (quatrième partie)
Expressing Doubt and Uncertainty
● ●

✳**A. Que pensez-vous de la politique dans votre pays?** Exprimez votre opinion en utilisant **j'espère que, il est clair que** ou **je doute que.**

> MODÈLE: On choisit toujours les meilleurs candidats. →
> Je doute qu'on choisisse toujours les meilleurs candidats.

1. Les candidats sont honnêtes et raisonnables.

   _____

2. Il y a des candidats de toutes les classes sociales.

   _____

3. Les citoyens peuvent exprimer leurs opinions librement.

   _____

4. L'argent joue un rôle important dans les élections.

   _____

5. L'économie devient plus forte.

   _____

6. Le pays doit aider les pays en voie de développement.

   _____

B. Noam Chomsky. Dans *Le Figaro,* un reporter interviewe Noam Chomsky, professeur célèbre au MIT. C'est un linguiste connu aussi pour sa politique engagée. Lisez l'extrait et essayez de dégager les opinions de Chomsky. Ensuite, tournez la page. Commencez vos phrases avec une des expressions de la liste à la page suivante et un verbe au subjonctif ou à l'indicatif, selon le cas.

Les vrais penseurs du XXᵉ siècle

Mais pourquoi Chomsky est-il lui-même un intellectuel de gauche?

—*Je ne suis pas,* me répond-il, *un intellectuel, mais un savant*[1] *et un homme; c'est en tant qu*[2]*'homme et non en tant que linguiste que je prends des positions personnelles sur le Nicaragua ou la Palestine. Rien ne me choque plus,* ajoute Chomsky, *que ces intellectuels français qui jouent de*[3] *leur compétence dans un domaine scientifique pour prendre position sur des sujets qu'ils ignorent. Mes travaux sur la linguistique en eux-mêmes n'ont pas de conséquences idéologiques; leur caractère est purement scientifique. Le seul but*[4] *de la linguistique est la connaissance de la nature humaine au même titre que l'archéologie, la biologie ou l'ethnologie. Au mieux, les linguistes se préoccupent de sauver des langues perdues ou en voie de disparition*[5] *et de préserver la variété de nos civilisations. Mais la linguistique ne permet pas de changer le monde.*

Là-dessus, Chomsky me met à la porte, dévale[6] les escaliers et court rejoindre ses étudiants à une manifestation contre l'impérialisme américain en Amérique latine.

J'en reste tout ébloui:[7] Chomsky, quel spectacle! ∎

1. scientifique
2. en tant... *as a*
3. jouent... *utilize*
4. *goal*
5. en voie... *disappearing*
6. *hurtles down*
7. *dazzled*

GUY SORMAN

Expressions: Il est choqué que, Il est convaincu que, Il ne croit pas que, Il doute que, Il n'est pas heureux que, Il n'est pas sûr que

1. On le prend pour un intellectuel. _____

   _____

2. Les intellectuels français ont tendance à confondre (*to confuse*) la science et la politique.

   _____

3. Le rôle de la science est d'influencer la politique. _____

   _____

4. Les linguistes peuvent préserver des langues. _____

   _____

5. Les États-Unis ont le droit d'intervenir en Amérique latine. _____

   _____

6. La linguistique peut sauver le monde. _____

   _____

C. Exprimez vos doutes. Réagissez aux déclarations suivantes. Utilisez **je doute que, je ne suis pas sûr(e) que** ou **je ne suis pas certain(e) que.** Vous entendrez des réponses possibles.

Vous entendez: Le Mardi gras a lieu (*takes place*) en décembre.
Vous dites: Je doute que le Mardi gras ait lieu en décembre.

1. ...   2. ...   3. ...   4. ...   5. ...

D. Exprimez votre certitude! Écoutez les questions, et répondez avec certitude. Vous entendrez des réponses possibles.

Vous entendez: Penses-tu que Port-au-Prince soit à Haïti?
Vous dites: Oui, je suis sûr(e) que Port-au-Prince est à Haïti.

1. ...   2. ...   3. ...   4. ...   5. ...

LEÇON 4: PERSPECTIVES

Faire le bilan

• •

A. Le subjonctif. Cochez (✓) les expressions qui exigent l'emploi du subjonctif.

1. ___ Je suis sûr(e) que…

2. ___ Ils voulaient que…

3. ___ Il n'est pas certain que…

4. ___ Ils craignent que…

5. ___ Vous souhaitez que…

6. ___ Il semble que…

7. ___ Elle voudrait que…

8. ___ Nous croyons que…

9. ___ Il se peut que…

10. ___ Il est dommage que…

11. ___ Je regrette que…

12. ___ Il vaut mieux que…

13. ___ Tu sais que…

14. ___ Avant de…

15. ___ Nous exigeons que…

16. ___ Pendant que…

17. ___ Nous devons…

18. ___ Ils trouveront que…

19. ___ Je doute que…

20. ___ Il sera préférable que…

21. ___ Parce que…

22. ___ Nous sommes heureuses que…

23. ___ On dit que…

24. ___ Il n'est pas sûr que…

✳ **B. Vos opinions politiques.** Faites précéder chaque phrase par une des expressions suivantes: **je doute que, j'ai peur que, je suis sûr(e) que.** Puis expliquez vos réponses. Attention au mode du deuxième verbe.

MODÈLE: Le racisme est le problème le plus grave aux États-Unis en ce moment. →
Je suis sûr(e) que le racisme est (Je doute, J'ai peur que le racisme soit) le problème
le plus grave aux États-Unis en ce moment parce que…

1. Les personnes âgées sont plutôt conservatrices. _____

_____

2. Nous avons besoin de changer complètement notre système politique. _____

_____

3. En général, la démocratie est la meilleure forme de gouvernement. _____

_____

4. Le gouvernement américain est trop centralisé et a trop de pouvoir. _____

_____

5. Le gouvernement américain perd de son influence politique dans le monde. _____

_____

6. L'avortement (*abortion*) devrait être un choix personnel. _____

_____

✳ C. La litanie éternelle. Sur une autre feuille, faites une liste des conseils que vous entendez le plus souvent, de vos parents, de vos professeurs, de vos copains.

> MODÈLES: Mes parents: «Nous voulons que tu économises ton argent.»
> Le prof: «Il faut que vous terminiez votre travail avant la fin de la semaine.»
> Mon copain / Ma copine: «Je préfère que tu ne prennes pas ma moto ce week-end.»

Dites quels conseils vous appréciez et ceux que vous n'appréciez pas du tout. Commentez.

D. Comment devenir pilote. Monique a lu cet article dans *Femme Actuelle* et aimerait apprendre à piloter un avion. Aidez-la à compléter la liste des conditions requises (*requirements*). (Vous n'avez pas besoin de tout comprendre pour compléter les phrases suivantes.)

L'EXPERT RÉPOND

Apprendre à piloter un avion dès quinze ans

S'initier au vol est possible dès l'âge de quinze ans. A condition de s'inscrire dans un aéroclub, de suivre une formation appropriée et de ne pas avoir le mal de l'air!

Comment procéder pour passer son brevet de base?

Pour se présenter au brevet de pilote, il faut être âgé de quinze ans, satisfaire à un examen médical auprès d'un médecin agréé[1] et suivre une formation[2] dans un aéroclub affilié à la Fédération nationale aéronautique. Le candidat doit cumuler au moins six heures de formation en vol en double commande (en général dix à quinze heures sont nécessaires), ainsi qu[3]'une instruction théorique au sol. En effet, il est indispensable de bien connaître la réglementation, la navigation, la mécanique de vol, et posséder des notions de technique radio.

DES BOURSES[4]

Des bourses peuvent être accordées par l'État aux apprentis-pilotes. Il suffit[5] d'être âgé de moins de vingt-cinq ans, être titulaire[6] d'une licence fédérale et avoir cinq heures de vol minimum au moment de la demande. Celle-ci[7] doit être déposée[8] auprès de l'aéroclub qui transmet ensuite à la fédération.

[1]*qualified*
[2]*course of training*
[3]*ainsi... as well as*
[4]*Des... Scholarships*
[5]*is enough*
[6]*holder*
[7]*The latter*
[8]*filed*

1. Pour te présenter au brevet de pilote, il faut…

   que tu _____

   que tu _____

   que tu _____

2. Tu auras besoin de voler en double commande pour un minimum de _____ heures.

3. Pour obtenir une bourse, il est aussi indispensable que tu _____

   et que tu _____ utiliser la radio.

Prononciation

Liaison. Here are some final tips on when and when not to use **liaison.**

Use **liaison:**

- with a modifier and a noun
- between a subject and a verb
- to link a preposition and its object
- to link an adverb with the word it modifies

Do *not* use **liaison:**

- with **h aspiré**
- after **et**
- to link a singular noun and its modifying adjective
- before **oui** and the numbers **huit** and **onze**

A. Liaison. Écoutez et répétez les expressions suivantes:

1. ses amis / cinq heures / de beaux yeux
2. vous aimez / ils écoutent
3. chez elle / sous un arbre / sans attendre / sans entendre
4. très intéressant / pas encore / bien entendu

B. Sans liaison. Écoutez et répétez les expressions suivantes:

1. en haut / C'est une honte! / des hors-d'œuvre
2. Paul et Anne
3. le syndicat américain
4. mais oui / les onze enfants / Il est huit heures.

À l'écoute!

La responsabilité civique. C'est la période des élections en France. À cette occasion, plusieurs étudiants parlent des problèmes auxquels fait face la société actuelle. Voici l'opinion d'un de ces étudiants. Écoutez ses remarques, puis répondez aux questions suivantes.

Vocabulaire utile: jusqu'à ce que (+ subjonctif)   until

1. L'étudiant mentionne quatre problèmes de société. Lesquels?

   _____

2. À quel problème en particulier s'adresse la Fondation de l'abbé Pierre?

   _____

3. Depuis quand est-ce que l'abbé Pierre aide les défavorisés?

   _____

4. Selon l'étudiant, est-ce que les problèmes de société sont uniquement les problèmes des politiciens ou est-ce qu'ils sont aussi les problèmes du citoyen?

   _____

Par écrit

Function: Writing to persuade

Audience: Readers of an editorial page

Goal: Write your own opinion, in the form of an op-ed piece, on one of the topics discussed in this chapter or on a recent, controversial event. Persuade your readers to accept your point of view.

Steps

1. Choose a topic that interests you, and take five minutes to jot down the most important points that come to mind.

2. Prepare your rough draft following this outline:

   - Describe the issue briefly.
   - Justify your views.
   - Present your arguments against two or three opposing opinions.
   - If appropriate, present several possible solutions to the problem.
   - Write a general conclusion.

3. Refine the rough draft. You may want to use some of these expressions: **Il faut se rappeler que, Il ne faut pas oublier que, À mon avis, de plus, en premier (second, troisième), d'autre part** (*on the other hand*)**, Il en résulte que** (*As a result*).

4. Have a classmate read your rough draft for clarity and interest.

5. Write a second draft, taking into account your classmate's most germane suggestions.

6. Check the second draft for spelling, punctuation, and grammar, particularly your use of the subjunctive mood.

Journal intime

Regardez les premières pages de votre journal intime. Qu'est-ce que vous avez appris pendant ce cours de français? Avez-vous l'intention de continuer vos études de la langue française? Pourquoi ou pourquoi pas?

> MODÈLE: J'ai appris beaucoup de choses! Avant tout, l'importance de la langue française dans la communauté mondiale. Maintenant j'aimerais voyager pas seulement en France, mais aussi en Afrique, au Canada…

> Au revoir et bonne chance!

RÉCAPITULONS! CHAPITRES 13 À 16

A. Un week-end chargé. Utilisez les éléments suivants pour décrire ce que Sophie et Marie ont fait le week-end dernier. Mettez les verbes au passé composé ou à l'imparfait selon le cas.

1. dimanche / Sophie et Marie / se lever (passé composé) / 10 heures

   _____

2. Sophie / se laver (passé composé) / cheveux / et / Marie / s'habiller (passé composé)

   _____

3. elles / se dépêcher (passé composé) / parce que / elles / être (imparfait) / en retard

   _____

4. elles / rendre visite (passé composé) / leur / grands-parents

   _____

5. grand-mère / ne pas pouvoir (imparfait) / faire / courses / parce que / elle / avoir (imparfait) / mal / jambes

   _____

6. ils / décider (passé composé) / aller / restaurant

   _____

7. Sophie et Marie / rentrer (passé composé) / tard / et / elles / se disputer (passé composé)

   _____

8. lundi matin / elles / ne pas se parler (passé composé)

   _____

9. lundi soir / elles / se mettre (passé composé) / rire / et / elles / ne plus être (imparfait) / fâchées

   _____

B. Impératif et verbes pronominaux. Utilisez les indications suivantes pour donner des ordres.

1. Dites à vos enfants de se coucher.

   _____

2. Dites à votre frère / sœur de s'en aller

   _____

3. Dites à vos amis de se détendre.

   _____

4. Dites à votre mari / femme de ne pas se dépêcher.

   _____

5. Dites à votre professeur de ne pas se fâcher.

   _____

C. Un dimanche à la campagne. Regardez le dessin, écoutez les questions posées à Marc et donnez des réponses logiques.

Expressions utiles: s'en aller, s'arrêter au bord d'une rivière, se baigner, s'endormir, s'ennuyer, se promener à pied.

The answers given on the recording are suggestions only.

Vous entendez: À quelle heure est-ce que vous êtes partis?
Vous dites: Nous nous en sommes allés vers neuf heures.

1. ...   2. ...   3. ...   4. ...   5. ...

D. Un changement bienvenu (*welcome*). Complétez le passage suivant avec le pronom relatif qui correspond (**qui, que** ou **où**).

Je travaille dans une grande société (*company*) _____¹ je suis cadre supérieur (*executive*).

J'ai récemment pris des vacances. Une amie _____² s'appelle Éliane est partie avec moi.

C'est une personne _____³ aime beaucoup les activités en plein air. Nous sommes allés à

Neufchâtel _____⁴ les parents d'Éliane ont une villa. Le père d'Éliane, à _____⁵

elle a téléphoné avant notre départ, nous a invités chez eux. Éliane avait évidemment envie de voir

certains copains à _____⁶ elle pense souvent.

J'ai acheté une nouvelle valise _____⁷ j'ai mis des shorts, des tee-shirts et des

chaussures confortables. C'étaient des vacances _____⁸ je n'allais pas oublier. On passait

la journée à faire des randonnées dans les collines et près du lac _____⁹ on pouvait faire

du bateau. Nous faisions beaucoup de pique-niques avec les copains d'Éliane _____¹⁰

habitent près de la ville. Nous avons énormément ri au ciné-club _____¹¹ on passait de

vieux films comiques. Nous sommes allés à plusieurs concerts _____¹² on nous avait

vivement recommandés.

Après trois semaines, nous avons dû rentrer, prêts (*ready*) à reprendre notre travail

_____,¹³ comme vous pouvez l'imaginer, s'était (*had*) accumulé pendant notre absence!

E. Sylvie. Formez des phrases complètes à partir des éléments suivants.

1. Sylvie / être (présent) / instituteur

   _____

2. elle / trouver (passé composé) / travail / école Jeanne d'Arc

   _____

3. elle / commencer (futur) / semaine / prochain

   _____

4. avec / argent / elle / gagner (futur) / elle / pouvoir (futur) / faire / économies

   _____

5. elle / avoir (futur) / huit / semaine / vacances

   _____

6. elle / faire (futur) / voyage / États-Unis

   _____

7. elle / aller (futur) / New York / et / Seattle

   _____

8. quand / elle / revenir (futur) / France / son / compte d'épargne / être (futur) / vide!

   _____

9. mais / elle / être (futur) / plus / content / avant

   _____

F. Dictée. Écoutez Mme Goncourt décrire un poste dans sa firme qu'elle cherche à pourvoir (*fill*). Ensuite, écoutez une deuxième fois et complétez le passage par écrit.

Un poste idéal

On cherche programmeurs et _____.[1] Le candidat ou la candidate idéal(e)

_____ [2] une formation récente _____ [3] et

_____ [4] la technologie _____.[5] Il ou elle

_____ [6] de projets indépendants; il ou elle _____ [7]

également _____.[8] Notre candidat ou candidate _____ [9] un

tempérament agréable et compréhensif; il ou elle _____,[10] consciencieux/

consciencieuse et méticuleux/méticuleuse. Le candidat ou la candidate _____ [11]

de nombreux avantages: congés (*vacations*) payés, assurances médicales, frais de formation (*education

allowance*) pour ceux ou celles (*those*) qui _____ [12] approfondir leurs

connaissances. Le _____ [13] initial _____ [14] de

_____ [15] avec possibilités d'augmentation régulières.

Les réponses se trouvent en appendice.

G. Comparaisons. Comparez les éléments de chaque paire.

> MODÈLE: Mes doigts _____ mon cou. (essentiel) →
> Mes doigts sont aussi essentiels que mon cou.

1. Les États-Unis _____

   la France. (vieux)

2. Mes mains _____

   mes pieds. (grand)

3. L'amour _____

   l'argent. (important)

4. Le célibat _____

   le mariage. (difficile)

5. Le vin _____

   le champagne. (bon)

H. Un peu de pratique. Complétez les phrases à l'aide des pronoms et des adjectifs suivants.

certains	chaque	le même	quelques
chacun	d'autres	plusieurs	tous

1. Je pratique mon français _____ jour.

2. Thomas fait du tennis _____ les dimanches.

3. Tiens! (*Hey!*) j'ai _____ manteau que toi!

4. À l'université, _____ étudiants étudient les sciences, _____ préfèrent la musique et l'art.

5. Je n'ai pas beaucoup d'argent, mais voilà _____ francs pour toi.

6. —Avez-vous de la famille en France?

   —Oui, j'ai _____ cousins à Paris.

7. _____ doit choisir ce qu'il veut étudier.

I. Phrases à compléter. Formez des phrases complètes à partir des éléments suivants.

1. nous / espérer / tu / pouvoir / visiter / pays francophone / année / prochain

   _____

2. il / être / important / tu / étudier / français / sérieusement

   _____

3. je / souhaiter / vous / me / rendre visite / ce / semaine

   _____

4. il / être / probable / il / faire / beau / demain

   _____

5. nous / être / certain / aller / France / ce / été

   _____

6. est-ce que / tu / croire / ton / parents / être / heureux / tu / arrêter / études

   _____

7. il / être / nécessaire / elle / partir

   _____

J. Un candidat hésitant. Votre candidat préféré, Pierre Dutourd, s'est présenté aux élections municipales. Écoutez ses remarques et réagissez avec: **Mais nous aimerions que vous…**

Vous entendez: Je suis assez travailleur…
Vous dites: Mais nous aimerions que vous soyez travailleur!

1. …   2. …   3. …   4. …

Appendice: réponses aux exercices

CHAPITRE 1

ÉTAPE 1

Bienvenue! 1. c 2. d 3. b 4. a **Le monde francophone** 1. e 2. f 3. a 4. g 5. c 6. h 7. b 8. d **Les bonnes manières** **A.** 1. madame 2. Comment allez-vous? 3. merci 4. (*Answers may vary.*) Pas mal, merci. 5. À 6. Au revoir **B.** 1. Oh, pardon! Excusez-moi. 2. J'ai une question./ Répétez, s'il vous plaît. 3. Comment vous appelez-vous? 4. Salut, ça va? 5. Bonjour, monsieur. 6. Je m'appelle… 7. Bonsoir! À bientôt! 8. De rien.

ÉTAPE 2

Les nombres de 0 à 60 **A.** 1. Trois plus huit font onze. 2. Deux fois neuf font dix-huit. 3. Dix plus onze font vingt et un. 4. Seize plus dix-neuf font trente-cinq. 5. Cinquante-deux moins quarante font douze. 6. Soixante divisé par quatre font quinze. **C.** 1. 12 2. 47 3. 52 4. 6 5. 35 6. 13 **Quel jour sommes-nous? Quelle est la date d'aujourd'hui?** **A.** 1. Le vingt et un décembre, c'est un dimanche. 2. Le onze décembre, c'est un jeudi. 3 Le huit décembre, c'est un lundi. 4. Le vingt-quatre décembre, c'est un mercredi. 5. Le deux décembre, c'est un mardi. 6. Le six décembre, c'est un samedi. 7. Le dix-neuf décembre, c'est un vendredi. **B.** 1. samedi, le treize décembre 2. lundi, le premier décembre 3. jeudi, le quatre décembre 4. dimanche, le vingt-huit décembre 5. mardi, le trente décembre 6. mardi, le vingt-trois décembre 7. mercredi, le dix-sept décembre

CORRESPONDANCE

Le courrier: 1. mercredi 2. aujourd'hui 3. va 4. ça 5. comment 6. revoir **Info-culture** 1. F 2. V 3. F 4. F 5. V 6. V **Sophie à l'appareil!** 1. C 2. C 3. S 4. C 5. S **Flash-culture** **A.** 1. F 2. V 3. V

ÉTAPE 3

Dans la salle de classe. **A.** 1. neuf stylos 2. quatre étudiantes 3. deux chaises 4. cinq professeurs 5. un bureau 6. dix fenêtres 7. une table 8. un tableau 9. sept crayons **Les articles indéfinis** **Identifying People, Places, and Things** **A.** 1. un 2. une 3. un 4. un 5. une 6. un 7. un 8. une 9. une 10. une **B.** 1. des amis 2. des ordinateurs 3. des écrans 4. des professeurs 5. des fenêtres 6. des livres 7. des tables 8. des étudiantes

ÉTAPE 4

Faire le bilan **A.** 1. jeudi 2. lundi/mardi/mercredi/jeudi/vendredi 3. vendredi/samedi 4. lundi 5. samedi/dimanche

CHAPITRE 2

LEÇON 1: PAROLES

Les lieux **A.** 1. la cité-U 2. le gymnase 3. le resto-U 4. la bibliothèque **Les matières**
A. 1. les mathématiques 2. la biologie 3. l'histoire 4. les langues étrangères 5. la littérature

B.

UNIVERSITÉ DE CAEN					
Nom: _Jeannette Rivard_					
	lundi	mardi	mercredi	jeudi	vendredi
8 h	histoire chinoise		histoire chinoise		histoire chinoise
9 h		maths		maths	
10 h	économie politique	⟶	⟶	⟶	⟶
11 h	japonais	japonais	labo	japonais	labo
12 h	resto-U	⟶	⟶	⟶	⟶
13 h					

Les pays et les nationalités **A.** 1. anglais (*ou* mexicain) 2. japonais 3. russe 4. allemand (*ou* québécois) 5. marocain 6. suisse 7. québécois

LEÇON 2: STRUCTURES

Les articles définis **Identifying People, Places, and Things** **A.** 1. ...le ski. 2. ...la télévision 3. ...le base-ball. 4. ...le lundi. 5. ...le français. 6. ...l'histoire. 7. ...le cinéma. 8. ...le café. **B.** 1. l' 2. la 3. le 4. les 5. l' 6. la 7. les 8. le 9. le/les 10. le 11. la 12. le **C. I.** 1. une 2. une 3. le 4. la 5. la 6. un 7. la 8. un 9. un 10. le 11. un 12. l' **II.** 1. la 2. l' 3. une 4. la 5. une 6. le **F.** 1. les hôpitaux 2. des amphithéâtres 3. les cours 4. des examens 5. les radios 6. les choix 7. des tableaux 8. des visites 9. les télévisions 10. des pays 11. les hommes 12. des lieux **Les verbes réguliers en -er** **Expressing Actions** **A.** 1. parle 2. regardent 3. mangent 4. cherchent 5. écoute 6. rêve 7. téléphone 8. travaille **B.** 1. visitent 2. écoutent 3. parlent 4. skient 5. dansent 6. travaillons 7. aimons mieux 8. écoutons 9. dansons 10. rencontrons 11. écoute 12. rêve 13. regarde 14. déteste 15. aime mieux **C.** 1. Il 2. Elle 3. elles 4. tu 5. nous 6. Vous 7. Ils 8. Tu 9. j' 10. je/il, elle, on **D.** 1. Je déteste... 2. J'écoute souvent... 3. Je regarde de temps en temps... 4. Je mange toujours... 5. J'habite... 6. J'étudie quelquefois... **F.** 1. Je regarde 2. on parle 3. j'étudie 4. nous écoutons 5. donner

CORRESPONDANCE

Le courrier 1. américain 2. informatique 3. vie 4. regarde 5. musique 6. étudie 7. en 8. soirée **Info-culture** 1. bibliothèque 2. la Sorbonne 3. restaurant 4. québécois 5. simple 6. juste **Flash-culture** A. 1. français, Québécois 2. Nouvelle-France 3. français

LEÇON 3: STRUCTURES

Le verbe *être*   **Identifying People and Things**   **A.** 1. sont   2. es   3. suis   4. sommes   5. êtes
6. est   **B.** 1. suis   2. est   3. suis   4. est   5. sont   6. sommes   **C.** 1. Il est   2. Il est   3. C'est
4. Il est   5. il est   6. Elle est   7. Elle est   8. elle est   9. c'est   10. Fatima   11. Moussa
12. Fatima   13. Fatima   **La négation** *ne… pas*   **Expressing Disagreement**   **A.** 1. Les éléphants ne
parlent pas français.   2. On ne danse pas à la bibliothèque.   3. On n'étudie pas à la librairie.   5 . Les
étudiants n'adorent pas les examens.   6. Nous n'écoutons pas la radio en classe.

LEÇON 4: PERSPECTIVES

Faire le bilan   **A.** 1. villes   2. lieux   3. hommes   4. femmes   5. sports   6. amis   **B.** 1. huit,
salle   2. un, histoire   3. donne   4. trouve   5. rêvent   6. La, une   7. regardent (écoutent)
D. 1. la   2. des   3. un   4. Le   5. la   6. un   7. la   8. Les   9. un   10. le   11. des   12. une   13. L'

CHAPITRE 3

LEÇON 1: PAROLES

Quatre personnalités différentes   **A.** (*Answers may vary.*)   1. excentrique   2. dynamique
3. sérieux   4. calme   5. drôle   6. timide   7. idéaliste   8. raisonnable   9. individualiste
10. hypocrite   **Les vêtements et les couleurs**   **C.** Suzanne is wearing a windbreaker, jeans, boots, and
a nice hat; she is carrying a backpack. Jean-Paul is wearing shorts, a T-shirt, sneakers, and white socks.
He is carrying a tennis racket.   **D.** 1. vert   2. gris   3. orange   4. violet   5. brun   6. rouge
E. 1. rouge, blanc et bleu   2. jaune, orange   3. noir   4. verte   **Les amis d'Anne et de Céline**
A. 1. c   2. a   3. b   4. d   5. e

LEÇON 2: STRUCTURES

Le verbe *avoir*   **Expressing Possession and Sensations**   **A.** 1. est   2. a   3. a   4. est   5. a   6. est
7. est   8. a   9. a   10. a   11. a   12. est   **B.** 1. e, f   2. c   3. a   4. b   5. g   6. f   7. i   8. d
9. h   **C.** 1. ai tort   2. avons de la chance   3. a trois ans   4. a peur du   5. a rendez-vous   **Les
adjectifs qualificatifs**   **Describing People, Places, and Things**   **A.** 1. française   2. américaine
3. anglais   4. marocaines   5. français   6. sénégalaise   **B.** 1. Évelyne aussi, elle est gentille.
2. Paul et Guillaume aussi, ils sont fiers.   3. Abena aussi, elle est belle.   4. Charles aussi, il est naïf.
5. Ma chatte Béatrice aussi, elle est paresseuse.   6. Catherine et Alma aussi, elles sont intellectuelles.
C. Simone n'hésite pas. C'est une étudiante courageuse et ambitieuse. Grâce à une bourse généreuse,
elle quitte la France mardi pour aller étudier à New York. Simone est travailleuse et aventureuse. C'est
une jeune femme sérieuse qui va profiter réellement de cette expérience.

CORRESPONDANCE

Le courrier   1. fière   2. gentille   3. porte   4. rose   5. à   6. demande   7. jeune fille   8. avons
Info-culture   1. b   2. f   3. d   4. e   5. c   6. a   **Flash-culture**   1. d   2. e   3. a   4. c   5. b

LEÇON 3: STRUCTURES

Les questions à réponse affirmative ou négative   **Getting Information**   **A.**   1. Est-ce que tu es
français?   2. Est-ce que tu parles anglais?   3. Est-ce que tu aimes les États-Unis?   4. Aimes-tu le jazz?
5. Es-tu ordonné?   6. Études-tu aussi les maths?   **B.**   1. Est-ce qu'elle est française?   2. Est-ce que
c'est une amie de Mlle Duval?   3. Est-ce qu'elle travaille à l'université?   4. Est-ce qu'elle aime beaucoup
le football américain?   5. Est-ce qu'il est français?   6. Est-ce qu'il parle très bien français?   7. Est-ce
qu'ils visitent souvent la France?   **C.**   1. Est-ce que Salima est en boîte?   2. Est-ce que Claire et
Simone sont à la librairie?   3. Est-ce que M. Martin est avec Mlle Dumont?   4. Est-ce que Naima est au
resto-U?   5. Est-ce que Philippe et Madeleine sont à la cité-U?   6. Est-ce qu'Henri est au café?
Les prépositions *à* **et** *de*   **Mentioning a Specific Place or Person**   **A.** 1. de   2. du   3. de la
4. de l'   5. des   6. de l'   **B.** 1. Les jeunes filles arrivent à la / arrivent de la bibliothèque.   2. La
femme parle du / parle au monsieur.   3. Claire joue au basket-ball / du piano.

LEÇON 4: PERSPECTIVES

Faire le bilan **B**. 1. Les amis de M. Baladur rêvent-ils de voyager? Est-ce que les amis de M. Baladur rêvent de voyager? 2. M. Baladur travaille-t-il beaucoup? Est-ce que M. Baladur travaille beaucoup? 3. Les employés de M. Baladur détestent-ils Paris? Est-ce que les employés de M. Baladur détestent Paris? 4. Mme Baladur aime-t-elle danser? Est-ce que Mme Baladur aime danser? 5. Les secrétaires de M. Baladur cherchent-elles/ils un autre travail? Est-ce que les secrétaires de M. Baladur cherchent un autre travail? **C**. 1. avons chaud 2. ont peur 3. a besoin d' 4. a de la chance 5. avez soif 6. a froid 7. a peur 8. avons faim

CHAPITRE 4

LEÇON 1: PAROLES

Christine, Michel et la voiture **A**. 1. sur 2. dans 3. devant 4. à côté, sur 5. derrière 6. sous **Deux chambres d'étudiants** **A**. 1. dans 2. à côté des 3. sur 4. le mur 5. l'armoire 6. la commode 7. fenêtre 8. le mur 9. de la platine laser 10. le bureau **D**. A bookshelf with books is near the sink. A lamp is on the dresser. A desk is near the window. There are flowers on the desk. A rug is on the floor. There are two posters on the wall.

LEÇON 2: STRUCTURES

Les articles indéfinis après *ne…pas* **Expressing the Absence of Something** **A**. (*Answers may vary.*) 1. Joël n'a pas de pantalon. 2. Luc n'a pas de chemise. 3. Yves n'a pas de chaussures. 4. Chantal n'a pas de robe. 5. Fatima n'a pas de bureau. **Les mots interrogatifs** **Getting Information** **A**. 1. D'où 2. Avec qui 3. Qu'est-ce que 4. Pourquoi 5. Combien de 6. Comment

CORRESPONDANCE

Le courrier 1. nouvel 2. a 3. charmant 4. l'armoire 5. chance 6. chambre 7. loin **Info-culture** 1. c 2. f 3. a 4. e 5. b 6. d **Flash-culture** **A**. 1. c-e-g 2. d 3. a-f 4. b

LEÇON 3: STRUCTURES

Les verbes en *-ir* **Expressing Actions**

A.

	AGIR	RÉUSSIR
les femmes	agissent	réussissent
je /j'	agis	réussis
Jean et moi	agissons	réussissons
tu	agis	réussis
vous	agissez	réussissez
une personne travailleuse	agit	réussit

B. 1. réfléchissent 2. agis 3. choisis 4. finis 5. réfléchissons 6. choisissons 7. choisissons 8. finissons **C**. 1. cherchons 2. réfléchissons 3. agit 4. aimons 5. finir 6. réussit 7. choisissons **La place de l'adjectif qualificatif** **Describing People, Places, and Things** **A**. 1. Marie porte une longue jupe bleue. 2. Robert achète une nouvelle voiture rouge. 3. C'est une vieille étagère blanche. 4. Quelle belle maison ancienne! 5. Voici de jolies fleurs jaunes. **B**. C'est un **bel** appartement **ancien** avec trois **petites** chambres **ensoleillées**. Dans le salon, il y a un **beau** canapé **bleu** et de **vieilles** chaises en bois. Je partage la **grande** cuisine avec deux **jeunes** étudiants **étrangers**. Dans le quartier, je rencontre souvent de **nouvelles** personnes **sympathiques**.

LEÇON 4: PERSPECTIVES

Faire le bilan

B.

	LOUER	CHOISIR
je	loue	choisis
mes amis	louent	choisissent
Laure	loue	choisit
tu	loues	choisis
vous	louez	choisissez
Khaled et moi	louons	choisissons

	ÊTRE	AVOIR
tu	es	as
Jacqueline	est	a
les étudiants	sont	ont
je / j'	suis	ai
Michaël et moi	sommes	avons
vous	êtes	avez

E. (*Answers may vary.*)   1. Quand skies-tu?   2. Comment est Paul?   3. Qui étudie aussi le français?
4. Combien d'étudiants y a-t-il dans le cours?   5. Pouquoi Anne ne parle-t-elle pas?   6. Quand
finissons-nous le livre?   7. Loues-tu une chambre à la cité-U?   8. Qu'est-ce que tu portes demain?

RÉCAPITULONS! CHAPITRES 1 À 4

A.   1. Merci!   2. Salut! Ça va?   3. Comment t'appelles-tu? / vous appelez-vous?   4. Salut
[*name*]!   5. Tu comprends? / Vous comprenez?   **B.**   Aimée: 36, Bernard: 24, Jacqueline: 16, Marie: 39
C.   Robert étudie la physique et la biologie à l'université.   2. Il est étudiant et habite à Marseille.
3. Marie et Jacques aiment le rock, mais Patrice aime mieux la musique classique.   4. Sophie et moi,
nous regardons la télévision et nous écoutons la radio.   5. Nous mangeons bien et ne fumons pas.
D.   Marie-Laure, française, 23 ans, le cinéma, travaille comme baby-sitter, étudie le cinéma, aime la
danse, la musique, les cultures différentes; Khaled, tunisien, 21 ans, étudie la littérature, l'informatique,
travaille dans une galerie d'art moderne, aime parler, jouer au volley-ball, danser dans les discos.
E.   1. Monique n'est pas sportive, mais elle est dynamique.   2. Elle a les cheveux blonds et les yeux
marron.   3. Elle aime porter de beaux vêtements confortables.   4. L'ami de Monique arrive d'Europe
aujourd'hui.   5. Il a 30 ans et joue du piano.   **F.**   1. n'est-ce pas?   2. vêtements sont   3. C'est

4. blouson 5. il n'est pas beau… 6. il y a des pulls 7. intéressants 8. n'aimes pas mieux
9. je ne suis pas difficile **G.** 1. Où sont-ils? / Où est-ce qu'ils sont? 2. Pourquoi vont-ils au
restaurant? / Pourquoi est-ce qu'ils vont au restaurant? 3. Qu'est-ce que Robert et Thomas aiment
manger? 4. Comment est ce restaurant? 5. Combien de clients est-ce qu'il y a au restaurant?
H. un petit studio, un canapé confortable, un micro-ordinateur, de bons amis, des cours intéressants,
des profs intelligents

CHAPITRE 5

LEÇON 1: PAROLES

Trois générations d'une famille **A.** 1. le fils 2. la femme 3. la petite-fille 4. la sœur 5. la
tante 6. le mari 7. le neveu 8. le père **B.** 1. grand-père 2. petit-fils 3. mère 4. cousin
5. cousine 6. frère 7. fils 8. tante

C.

Chez les Chabrier **A.** 1. la salle de bains 2. la cuisine 3. la chambre 4. la salle de séjour 5.
le jardin **Quel temps fait-il? Les saisons et le temps** 1. Il fait chaud. Il fait du soleil. 2. Il neige. Il
fait froid. 3. Il fait du vent. Il fait beau. 4. Il fait frais. Le temps est nuageux

LEÇON 2: STRUCTURES

Les adjectifs possessifs **Expressing Possession** **A.** 1. a. … nos grands-parents; b. … notre oncle
c. … notre enfant 2. a. … tes frères; b. … ton amie; c. … ton mari 3. a. … mes amis; b. …
mon dictionnaire; c. … ma sœur 4. a. … vos parents; b. … votre fils; c. … votre famille
B. 1. sa 2. sa 3. son 4. son 5. ses 6. ses 7. Leurs 8. leur **Le verbe _aller_ et le futur
proche** **Talking About Your Plans and Destinations** **A.** (_Answers may vary._) 1. Quand les jeunes
ont envie de danser, ils vont en boîte. 2. Quand les étudiants ont envie d'étudier, ils vont à la
bibliothèque. 3. Quand nous avons besoin de stylos, nous allons à la librairie. 4. Quand on a faim,
on va au restaurant. 5. Quand tu as envie de regarder la télé, tu vas à la salle de récréation.
6. Quand j'ai envie de m'amuser, je vais au cinéma.

CORRESPONDANCE

Le courrier 1. Il 2. quel 3. faire 4. ma 5. ce 6. rendre 7. arrière-grand-mère 8. mariée
Info-culture 1. F 2. V 3. V 4. V 5. F 6. F **Flash-culture** 1. b 2. c 3. a 4. b

LEÇON 3: STRUCTURES

Le verbe *faire* Expressing What You Are Doing or Making A. 1. fais 2. font 3. fait
4. faisons 5. faisons 6. faire 7. faire 8. fait 9. fait 10. font 11. Oui, elle est contente de ses
vacances. 12. Paul et Anne sont sociables. **B.** 1. fait la connaissance de M. Henri. 2. fait le
marché. 3. fait un voyage. 4. fait ses devoirs. 5. fait la cuisine. 6. fait la vaisselle.

Les verbes en *-re* Expressing Actions

A.

	PERDRE	RENDRE	ATTENDRE	VENDRE
mon neveu	perd	rend	attend	vend
mes cousines	perdent	rendent	attendent	vendent
je /j'	perds	rends	attends	vends
nous	perdons	rendons	attendons	vendons

B. 1. attendent 2. rend 3. entendent 4. descendent 5. attendre (perdre) 6. répond
7. rendent **E.** 1. Il entend 2. il répond 3. Elle vend 4. Il descend 5. Il rend visite 6. ils
ne perdent pas

LEÇON 4: PERSPECTIVES

Faire le bilan A. a. Arthur b. Catherine Morin c. Rémi d. Marie-France e. Geoffroy
f. Mathilde g. Marie-Christine **B.** 1. Quand nous faisons les devoirs, nous sommes… 2. Quand
je fais des courses, je suis… 3. Quand je fais la connaissance d'un professeur, je suis… 4. Quand
mon père /ma mère fait la cuisine, il/elle est… 5. Quand mes amis font une promenade, ils sont…
D. 1. Son nom de famille est Francis. 2. Sa famille habite en Guyane, en Amérique du Sud. 3. Il y
a six personnes dans sa famille. 4. Elle est en France pour finir ses études. 5. Il propose à Mauricia
d'être mannequin.

CHAPITRE 6

LEÇON 1: PAROLES

Les repas de la journée A. 1. une pomme, une banane, une poire, une fraise 2. du lait, de la bière,
du vin, du thé, du café 3. des haricots verts, des pommes de terre 4. une cuillère, un couteau, une
fourchette 5. du porc, du poulet, un bifteck, du jambon 6. une mousse, un gâteau, une tarte
Exprimer ses préférences: le verbe *préférer* 1. espérons 2. considère 3. répètent 4. préfèrent
5. célébrons 6. espère **À table** A. 1. je n'ai pas de fourchette. 2. je n'ai pas de serviette. 3. je
n'ai pas de verre. 4. je n'ai pas de cuillère.

LEÇON 2: STRUCTURES

Les verbes *prendre* et *boire*   Talking About Food and Drink

A.

	PRENDRE	BOIRE
mes amis	prennent	boivent
je	prends	bois
vous	prenez	buvez
Jean et moi	prenons	buvons
mon père	prend	boit

B.   1. prenons un verre.   2. prennent le petit-déjeuner.   3. prennent l'avion.   4. prends l'autobus.
5. prend ma valise!   **C.** 1. apprend   2. apprendre   3. prend   4. prend   5. apprend   6. boivent
7. comprend   8. comprennent   9. boit   10. buvons   **D.** 1. En été, je bois…   2. Au petit-déjeuner,
nous buvons…   3. Le premier janvier, il y a des personnes qui boivent…   4. En hiver, les enfants
boivent…   5. À l'Action de grâce ma famille boit…   **Les articles partitifs   Expressing Quantity**
A. 1. a. Du   b. le   c. le   d. le   2. a. Du   b. du   c. du   d. le   e. du   3. a. du   b. le
c. des   d. du   e. du   **B.** 1. beaucoup de   2. peu de   3. beaucoup d'   4. trop de   5. assez de
6. beaucoup de   **C.** 1. des pommes de terre, un poivron et des haricots verts. On n'utilise pas d'œufs.
2. une baguette, du jambon et du fromage. On ne prend pas de poires.   3. des œufs, du fromage et des
oignons. On ne prend pas de fraises.   4. du beurre, du sucre et des œufs. On n'utilise pas de légumes.

CORRESPONDANCE

Le courrier 1. préfère   2. carottes   3. repas   4. de l'   5. gazeuse   6. déjeune   7. prends
8. espère **Info-culture** 1. F   2. V   3. F   4. F **Flash-culture** 1. le Maghreb   2. la France
3. la France   4. le Maghreb   5. le Maghreb   6. la France

LEÇON 3: STRUCTURES

L'impératif   Giving Commands   A. (*Answers may vary.*)   1. Jouons au tennis!   2. Faisons une
promenade!   3. Achetons la voiture!   4. Allons au cinéma!   **B.** (*Answers may vary.*) 1. Ne dînons pas
à la cafétéria! Choisissons un restaurant français! N'allons pas chez McDonald's!   2. N'achète pas
de Honda. Choisis une Volkswagen décapotable! Ne prends pas le bus! Demande de l'argent à tes
parents!   3. Changez de logement! Ne choisissez pas de tapis rouge! Utilisez beaucoup de blanc!
Soyez sympathiques!   **L'heure   Telling Time   A.** (*Answers may vary.*)   1. Il est huit heures moins
dix. Geneviève écoute la radio.   2. Il est une heure et quart. Pierre joue du violon.   3. Il est huit
heures moins cinq. M. Falot et M. Termin bavardent.   4. Il est huit heures et demie. Les Dubin
regardent la télé.   5. Il est onze heures moins (le) quart. Les copains jouent au foot.   **B.**   The clocks
should show the following times: 1. 7:25   2. 12:50   3. 3:25   4. 4:00   5. 8:15   6. 9:05

LEÇON 4: PERSPECTIVES

Faire le bilan   Fatima: Qu'est-ce que vous prenez au dîner?   Joël: On prend du jambon et de la
salade.   Fatima: Mangez-vous assez de fruits?   Joël: Oui, nous mangeons souvent des poires et des
pommes.   Prenez-vous beaucoup de vin?   Joël: Non, nous ne buvons pas de vin.   Fatima: Nous,
nous buvons de l'eau minérale.   Joël: Qui fait la cuisine?   Fatima: Hélas, c'est souvent moi.   **B.** du
pain, des œufs, du lait, du sucre, du sucre vanillé, du beurre, de la confiture   **C.** (*Answers may vary.*)
1. À dix heures moins le quart…   2. À midi et demi…   3. À quatorze heures trente…   4. À dix-sept
heures…   5. À vingt heures quinze…   6. À vingt-trois heures cinquante…

CHAPITRE 7

LEÇON 1: PAROLES

Les magasins d'alimentation **A.** 1. à l'épicerie 2. à la boulangerie 3. à la boucherie
4. à l'épicerie 5. à la poissonnerie 6. à la charcuterie **B.** 1. la boulangerie 2. la pâtisserie
3. le fromage 4. les légumes 5. la boisson 6. la boisson 7. la soif 8. la fourchette

Au restaurant **A.**

Entrées	*Plats garnis*	*Fromages*
pâté de campagne	poulet à la crème	camembert
sardines à l'huile	rôti de porc	brie
cocktail de crevettes	sole meunière	roquefort
	steak-frites	
	truite aux amandes	
Desserts		*Boissons*
		vin rouge
mousse au chocolat		vin rosé
crêpes Suzette		vin blanc
tarte aux fraises		eau minérale
crème caramel		
glace maison		

Les nombres supérieurs à 60 **A.** 1. douze francs quatre-vingt-dix ou un euro quatre-vingt-dix-huit
2. vingt-neuf francs quatre-vingt-cinq ou quatre euros cinquante-six 3. trente-neuf francs quatre-vingt-
dix ou six euros onze. 4. huit francs quatre-vingt-quinze ou un euro trente-sept **B.** (*Some answers may
vary.*) 1. trois cent soixante-cinq 2. soixante-dix 3. seize 4. trente-cinq 5. quatre-vingt-dix-huit
virgule six 6. soixante-dix-neuf 7. cent quatre-vingts 8. quatre-vingt-cinq 9. quatre-vingt-onze
C. 1. 04, 39, 44, 91, 17 2. 04, 56, 68, 99, 94 3. 04, 78, 11, 81, 72 4. 04, 70, 88, 77, 66

LEÇON 2: STRUCTURES

L'adjectif interrogatif *quel* **Asking About Choices** **A.** 1. Quels fruits 2. Quelle viande 3. Quel
dessert 4. Quel fromage 5. quelle boisson 6. Quel repas **B.** 1. Quelles sont tes chansons
préférées? 2. Quel est ton cours favori? 3. Quels sont tes disques préférés? 4. Quels sont tes films
favoris? 5. Quel est ton livre favori? 6. Quel est ton repas préféré? **C.** 1. quel 2. quelle 3.
quels 4. quels 5. quelles
6. quelle **Les adjectifs démonstratifs** **Pointing Out People and Things** **A** 1. ces 2. ce (ces)
3. cette 4. cet 5. ce 6. ces 7. ce 8. ces 9. ce 10. cette **B.** 1. ce quartier 2. cette rue-ci
3. cet immeuble-là 4. cette vue magnifique 5. ce joli petit 6. Ces pièces 7. Cette petite cuisine
8. ces fenêtres 9. cet appartement

CORRESPONDANCE

Le courrier 1. puis 2. morceau 3. plat 4. cette 5. veut 6. campagne 7. rôti 8. Quelle
9. faut **Info-culture** 1. a 2. b 3. a 4. a 5. b 6. b **Flash-culture** 1. a 2. c 3. b

LEÇON 3: STRUCTURES

Les verbes *vouloir, pouvoir* et *devoir*   Expressing Desire, Ability, and Obligation

SUJETS	DEVOIR	VOULOIR	POUVOIR
je	dois	veux	peux
nous	*devons*	voulons	pouvons
il/elle	doit	*veut*	peut
vous	devez	voulez	*pouvez*
mes cousins	doivent	veulent	peuvent

B. 1. doit, veut   2. devons, voulons   3. veulent, doivent   4. dois, veux   5. devons, voulons
6. doivent, veulent   7. doit, veut   **C.** 1. ne peut pas manger de pain.   2. ne pouvons pas faire de
jogging.   3. ne peut pas faire de ski.   4. ne peux pas inviter d'ami /amie au restaurant.   5. ne
peuvent pas boire de café.   6. ne pouvez pas prendre de dessert.   **L'expression impersonnelle** *il faut*
Expressing Obligation and Necessity   1. Il faut des aubergines, des tomates, des courgettes, un oignon
et un poivron.   2. Il faut du sel, du poivre et des herbes de Provence.   3. Il faut de l'huile d'olive.   4.
Il ne faut pas faire revenir les tomates dans l'huile.   5. Il faut ajouter les herbes de Provence à la toute
fin.

LEÇON 4: PERSPECTIVES

Faire le bilan   A. 1. Cette voiture-ci, cette voiture-là   2. Ces tableaux-ci, ces tableaux-là   3. Cet
hôtel-ci, cet hôtel-là   **B.** 1. 55   2. 52   3. 46   4. 38   5. 60   6. 55   7. 55   8. 40   **C.** 1. pouvez,
pouvons   2. peux, peux   3. peux, peut   4. voulez, veux   5. veux, veut   6. voulons, veulent
7. dois, dois, doit   8. doivent   9. devez, devons

CHAPITRE 8

LEÇON 1: PAROLES

Les vacances en France   A. (*Answers may vary.*)   1. le ski alpin, le ski de fond, le patin à glace
2. la natation, la planche à voile, faire de la bicyclette, le camping, la pêche   3. la bicyclette, le football,
le basket-ball   4. une randonnée, nager, le jogging   5. l'alpinisme, la randonnée, le ski   **B.** (*Answers
may vary.*)   1. faire du camping   2. prendre des vacances   3. faire de l'alpinisme, de la bicyclette ou
une randonnée   4. faire de la plongée sous-marine ou de la natation   5. faire du ski   6. faire une
randonnée

Au magasin de sports

A.

```
L A I S K S D E P L A I N B R E
I K S E D S E T T E N U L F R E
S E R V I E T T E D E P L A G E
O U P R I T E N T E D O N N E R
S E R A N O R A B L E P A I N S
O M A I L L O T D E B A I N S I
I M P R A N O R A K M A I L O T
O O L M A R I O E V E L M O N I
L E U S L K A T H A L B O G R E
L E I L I E E M P R U N T E R E
D R E G A H C U O C E D C A S F
```

Le verbe *acheter*   1. achetez   2. achète, achetons   3. achète   4. achètent   **Des années importantes**
A. 1. dix-neuf cent dix-huit   2. dix-sept cent quatre-vingt-neuf   3. douze cent cinquante-sept   4.
dix-huit cent trois   5. dix-huit cent soixante et un   6. quatorze cent trente-six
B. 1. 1120   2. 1096   3. 1431   4. 1756   5. 1793   6. 1814

LEÇON 2: STRUCTURES

Quelques verbes irréguliers en *-ir*   **Expressing Actions**

A.

	MES COPAINS	TU	NOUS	MOROWA
sortir	sortent	sors	sortons	sort
venir	viennent	viens	venons	vient
sentir	sentent	sens	sentons	sent
dormir	dorment	dors	dormons	dort
servir	servent	sers	servons	sert

B. 1. dort   2. sortir   3. sert   4. sent / Line préfère manger.   5. dormons   6. sert   7. sentons
8. part / Elles doivent quitter leur chambre à sept heures et demie.   **C.** (*Answers may vary.*)   1. Je
viens de boire.   2. Je viens de faire de l'aérobic.   3. Elles viennent d' habiter au Mexique.
4. Il vient de vendre sa société à une multinationale.   **E.** 1. partent   2. partent   3. dorment
4. dormir   5. sort   6. dort   7. sent   8. sert

Le passé composé avec l'auxiliaire *avoir*   Talking About the Past

	TRAVAILLER	RÉUSSIR	VENDRE
j'	ai travaillé	ai réussi	ai vendu
on	a travaillé	a réussi	a vendu
les copains	ont travaillé	ont réussi	ont vendu
vous	avez travaillé	avez réussi	avez vendu
nous	avons travaillé	avons réussi	avons vendu
tu	as travaillé	as réussi	as vendu

B. 1. agi 2. tenu 3. perdu 4. voulu 5. dormi 6. reçu 7. eu 8. dû 9. obtenu 10. bu
11. plu 12. pu **C.** 1. avons passé 2. a choisi 3. ont trouvé 4. ont loué 5. ai décidé
6. a préféré 7. a appris 8. avons rendu 9. ont été 10. As-tu vu **D.** (*Answers may vary.*)
1. J'ai dormi dix heures par nuit. 2. Je n'ai pas bu de champagne. 3. Je n'ai pas pris d'aspirine.
4. J'ai eu peur. 5. J'ai porté un maillot de bain. 6. J'ai reçu une lettre. 7. J'ai regardé la télévision.
8. Je n'ai pas accepté d'invitation. **F.** 1. j'ai trouvé 2. on a fait 3. nous avons commencé
4. il a invité 5. on n'a pas eu 6. nous avons réussi 7. ont fait

CORRESPONDANCE

Le courrier 1. trouvé 2. plage 3. resté 4. avons 5. lac 6. sommes 7. matinée 8. rentrés
9. campagne **Info-culture** 1. a 2. b 3. a 4. b 5. a 6. a **Flash-culture** 1. d 2. e 3. a
4. c 5. b

LEÇON 3 : STRUCTURES

Le passé composé avec l'auxiliaire *être*   Talking About the Past

A.

	ARRIVER	PARTIR	RENTRER
vous, madame	êtes arrivée	êtes partie	êtes rentrée
Déo et moi	sommes arrivés	sommes partis	sommes rentrés
les visiteurs	sont arrivés	sont partis	sont rentrés
Marie-Anne, tu	es arrivée	es partie	es rentrée

B. 1. Mes amies ne sont pas allées à la piscine. Elles sont restées à la maison. Elles ne sont pas sorties
dans le jardin. Elles ne sont pas montées à cheval. **2.** Elle est passée par Dakar. Elle est restée une
semaine à Marrakech. Elle n'est pas allée au Teatro alla Scala. Elle n'est pas rentrée à cheval. **3.** Il est né
en 1757. Il est mort en 1834. Il n'est pas parti pour l'Amérique en avion. Il n'est pas devenu président des
États-Unis. **4.** (*Answers may vary.*) Je suis né(e) / Je ne suis pas né(e) avant 1970. Je suis entré(e) à
l'école primaire à cinq ans. Je ne suis pas arrivé(e) à l'université en avion. Je suis rentré(e) à la maison ce
semestre. **C.** 4 est devenu, 2 est partie, 5 est venue, 1 est née, 3 est rentrée, la Martinique, la France, les
États-Unis, deux **D.** 1. est né 2. a eu 3. est parti 4. est revenu 5. a continué 6. a habité
7. a mené 8. est parti 9. a enrichi 10. a permis 11. a fini 12. est mort 13. ont survécu
E. 1. ai pris 2. suis montée 3. suis descendue 4. ai rencontré 5. je suis allée

Les prépositions devant les noms de lieu   Expressing Location   A.   1. en Amérique du Nord
2. en Allemagne   3. du Japon   4. en Chine ou au Japon   5. à Moscou   6. à Madrid   7. d'Amérique
du Sud   8. en Virginie   9. en Afrique   10. de Californie   **B.**   1. des voyages   2. au Maroc
3. 15 900 F   4. La Chine, le Tibet, le Népal   5. Porticcio   **C.** (*Answers may vary.*)   1. Mardi le douze,
il est à Marseille.   2. Mercredi le treize, il visite l'Italie.   3. Jeudi le quatorze, il part en Allemagne.
4. Mercredi le vingt, il arrive au Japon.   5. Vendredi le 29, il va en Angleterre.

LEÇON 4: PERSPECTIVES

Faire le bilan   B.   1. b. 1793—Louis XVI est guillotiné   c. 1804—Napoléon Bonaparte devient
empereur   d. 1815—la défaite de Napoléon à la bataille de Waterloo   e. 1830—Charles X s'échappe en
Angleterre pendant la Révolution   f. 1848—le règne de Louis-Philippe finit et la Seconde République
commence   g. 1851—Louis-Napoléon Bonaparte prépare un coup d'état   h. 1870—la guerre avec la
Prusse et la Troisième République   i. 1940—le début de la Deuxième Guerre mondiale   j. 1958—le début
de la Cinquième République en France.   2. trois   3. cinq

RÉCAPITULONS! CHAPITRES 5 À 8

A.   1. habitons   2. travaille   3. vend   4. a   5. allons   6. réussissons   7. voyageons   8. prenons
9. veut   10. préfère   11. sont   12. peut   13. fait   14. est   15. fait   16. faisons   **B.** le camembert:
25 F la pièce   le jambon de Parme: 120 F le kilo   le pâté de foie gras: 492 F le kilo   le vin mousseux de
Saumur: 150 F la bouteille   les truffes noires: 360 F les 100 grammes   **C.**   1. Elles doivent faire la
vaisselle.   2. Je peux faire une promenade.   3. Ils veulent faire sa connaissance.   4. Je dois faire mes
devoirs, mais je veux dormir.   5. Je peux aller à la police. Je vais attendre.   **D.**   1. Faisons du ski!
2. Joue au tennis!   3. Ne faites pas de pique-nique!   4. Buvez du café!   5. Prenons l'autobus!
E.   1. Vous désirez   2. Un sandwich au fromage   3. salade   4. s'il vous plaît   5. C'est tout?
6. je voudrais   7. C'est pour emporter ou pour manger ici?   8. Ça fait combien?   9. quarante-quatre
francs   10. Merci, monsieur   **F.**   1. Cette   2. Ce   3. ces   4. ces   5. cet   6. ces   7. ces   8. cette
9. Cette   10. Ces   11. cet   12. ce   13. ces   14. ce   15. ces   **G.**   1. avons quitté   2. sommes allés
(partis)   3. avons trouvé   4. sommes partis (allés)   5. est parti   6. a passé   7. ai fait   8. ont
bronzé   9. a vu   10. a tant aimé   11. ai décidé   12. sont restés   13. sommes rentrés   14. sommes
descendus

CHAPITRE 9

LEÇON 1: PAROLES

À l'aéroport/À la gare/En route!   A.   1. vol   2. gare   3. passagère   4. avion   5. pilote
6. conduire   7. vélo   8. guichet   **B.**   1. guichet   2. billets   3. valises   4. ski   5. gare   6. quai
7. passagers   8. compartiment

C.

N° DU VOL	ARRIVE DE/DU/DES	HEURE D'ARRIVÉE
61	Japon	9H40
74	États-Unis	13H30
79	Canada	20H
81	Russie	8H15
88	Chine	12H
93	Maroc	17H15
99	Mexique	15H10

Les points cardinaux   1. Le Mexique est au sud des États-Unis.   2. La Colombie est à l'ouest du Brésil.   3. Le Sénégal est au nord de la Côte-d'Ivoire.   4. L'Allemagne est à l'est de la Belgique. 5. L'Italie est à l'ouest de la Grèce.   6. L'Algérie est à l'est du Maroc.

LEÇON 2: STRUCTURES

Le verbe *conduire*   **Expressing Actions**   **A.** 1. traduisons   2. conduit   3. ont construit   4. a traduit 5. conduisons   6. a détruit   7. réduisent   *Depuis* **et** *pendant*   **Expressing How Long, How Long Ago and Since When**   **A.** 1. Depuis   2. depuis   3. pendant   4. depuis   5. il y a 6. Depuis   7. depuis   8. pendant   9. il y a

CORRESPONDANCE

Le courrier   1. ennui   2. tout   3. pendant   4. pas du tout   5. encore   6. station-service   7. train 8. auberge   9. moto   10. jamais   **Info-culture**   1. quatre-vingts   2. science-fiction   3. XIX 4. SNCF   5. étudiants   6. Europe   **Flash-culture**   **A.** 1. cyclistes   2. jeunes   3. non-polluant 4. manifestent   5. sans danger

LEÇON 3: STRUCTURES

Les adverbes affirmatifs et négatifs   **Expressing Negation**   **A.** 1. Mais non, il n'est jamais à l'heure. 2. Mais non, il n'est pas encore /jamais allé en Italie.   3. Mais non, il ne part jamais en vacances. 4. Mais si, elle part toujours avec lui.   5. Mais non, il ne travaille plus chez Renault.   6. Mais non, elle n'est pas encore mariée.   7. Mais si, il est encore à l'université   **B.** (*Answers may vary.*)   1. n'ai que cinq semaines de vacances cette année.   2. Il n'y a qu'un endroit que je voudrais visiter.   3. Je ne peux choisir qu'entre trois grands hôtels dans plusieurs villes européennes.   4. Je ne vais partir que pour deux semaines au soleil.   **Les pronoms affirmatifs et négatifs**   **Expressing Negation**   **A.** 1. Personne n' 2. Rien n'   3. Rien ne   4. Personne n'   5. Personne n'   6. Rien ne   **B.** 1. Non, je n'ai rien à faire cet après-midi.   2. Non, je n'ai personne à voir aujourd'hui.   3. Non, il n'y a rien de bon au cinéma. 4. Non, personne ne comprend mes problèmes.   5. Non, je ne suis plus satisfait de mon travail.

LEÇON 4: PERSPECTIVES

Faire le bilan   A. (*Answers may vary.*)   1. l'aéroport, le pilote, les passagers   2. la route, la voiture, la moto   3. le train, la gare, le quai   4. les valises, le train, le billet   **C.** (*Answers may vary.*) 1. quelqu'un d'intellectuel.   2. quelque chose de frais.   3. quelque chose d'amusant.   4. quelqu'un de passionnant.   5. quelqu'un de charmant.   6. quelque chose de nouveau.

CHAPITRE 10

LEÇON 1: PAROLES

Les nouvelles technologies   A. 1. un cellulaire / un portable   2. un répondeur, une boîte vocale 3. un ordinateur   4. un Minitel   **Les médias et la communication   A.** 1. g   2. e   3. b   4. h   5. c 6. f   7. d   8. a

Quelques verbes de communication

A.

	DIRE	LIRE	ÉCRIRE	METTRE	DÉCRIRE
nous	disons	lisons	écrivons	mettons	décrivons
tu	dis	lis	écris	mets	décris
on	dit	lit	écrit	met	décrit
vous	dites	lisez	écrivez	mettez	décrivez
mes copains	disent	lisent	écrivent	mettent	décrivent
je / j'	dis	lis	écris	mets	décris

B. 1. écrire   2. décrit   3. écrivent   4. mettent   5. écrivons   6. mettent / (*Answers may vary.*)

LEÇON 2: STRUCTURES

L'imparfait   Describing the Past   A. 1. finissait son travail.   2. dormait.   3. mettait ses affaires sous sa chaise.   4. lisaient le journal.   5. sortait.   6. pensions partir.   7. prenait sa place. 8. écrivaient au tableau.   **B.** 1. Mon père travaillait douze heures par jour.   2. Ma mère commençait à faire le ménage à sept heures du matin.   3. Nous n'avions pas beaucoup d'argent…   4. …mais nous étions heureux.   5. On allait à l'école à pied.   **C.** Il était huit heures du matin. De ma fenêtre, je voyais le kiosque de la rue de la République. Les rues étaient pleines de gens qui allaient au travail. Un groupe d'hommes attendait l'autobus. Un autre groupe descendait dans la station de métro. Près d'une cabine téléphonique, un homme lisait le journal et une jeune femme mettait des enveloppes à la boîte aux lettres. À la terrasse du café, les garçons servaient du café et des croissants. Il faisait chaud. J'étais content(e).   **Les pronoms d'objet direct   Speaking Succinctly   A.** (*Answers may vary.*)   1. Je les donne à la dame parce qu'elle aime les produits de beauté.   2. Je le donne à l'étudiant parce que les étudiants ont toujours besoin d'argent.   3. Je les donne au monsieur parce qu'il veut arrêter de fumer. 4. Je la donne au monsieur parce qu'il doit être bien habillé pour aller au travail.   5. Je les donne aux enfants parce qu'ils aiment les lire.   6. Je le donne à la dame parce qu'elle adore les parfums français. 7. Je les donne à l'étudiant parce qu'il a besoin d'aide.   8. Je la donne à Wolfgang parce qu'il a de nouvelles dents et il aime les utiliser!   **B.** 1. ses amis, ses parents   2. cet exercice, le ménage   3. ton chandail, ton pyjama   4. Guy, Laurent (ce nouveau film)   5. la nouvelle étudiante, la pièce de théâtre 6. ce nouveau film, cet exercice (mon livre de grammaire, Guy, Laurent)   **C.** 1. le   2. m'   3. me 4. le   5. le   6. me   7. le   8. nous   9. vous (nous)   10. l'   11. la

CORRESPONDANCE

Le courrier 1. vois 2. l' 3. avais 4. boîte 5. courrier 6. étais 7. écris 8. Web 9. roman 10. crois **Info-culture** 1. d 2. a 3. f 4. e 5. c 6. b **Flash-culture** 1. F 2. F 3. V 4. V 5. F

LEÇON 3: STRUCTURES

L'accord du participe passé **Talking About the Past** **A.** (*Answers may vary.*) 1. Il les a bus. 2. Il les a lues. 3. Il l'a louée. 4. Il les a portées. 5. Il les a écoutés. 6. Il les a regardées. **B.** 1. j'ai cherché 2. les ai retrouvées 3. étaient 4. les ai laissées 5. a téléphoné 6. conduisait 7. ne les ai pas apportées 8. ont dû 9. sont entrés

Les verbes *voir* et *croire* **Expressing Observations and Beliefs**

A.

	voir PRÉSENT	croire PRÉSENT	voir PASSÉ COMPOSÉ	croire PASSÉ COMPOSÉ
tu	vois	crois	as vu	as cru
mes amis	voient	croient	ont vu	ont cru
tout le monde	voit	croit	a vu	a cru
Paul et moi	voyons	croyons	avons vu	avons cru
ton frère et toi	voyez	croyez	avez vu	avez cru
je /j'	vois	crois	ai vu	ai cru

B. 1. crois 2. Vois 3. crois 4. vois 5. crois 6. vois 7. voir

LEÇON 4: PERSPECTIVES

Faire le bilan **A.** 1. étais 2. avais 3. habitait 4. était 5. écrivait 6. attendais 7. allait 8. était 9. avait 10. achetions 11. commençaient 12. mangions 13. travaillaient 14. fabriquaient 15. avaient 16. gagnaient 17. pouvions 18. faisions 19. jouions **B.** 1. en début de soirée 2. TF 1 3. les séries, les films 4. L'Instit **C.** 1. Est-ce que vous l'avez déjà lu ce matin? Non, je ne l'ai pas lu… Est-ce que vous les avez aussi regardées? Non, je ne les regarde jamais le matin. 2. Oui, je l'écoutais souvent. Oui, je le comprenais… Où les as-tu rencontrés…? Tu l'as déjà visitée? **Prononciation** 1. de mon enfance 2. mes vacances à la mer 3. chaque mois d'août 4. j'habitais à Paris pendant 5. je passais un mois par an 6. une grande plage 7. C'était 8. Je passais 9. jouer avec des petits copains 10. étaient 1. différentes 12. jamais 13. les oublier

CHAPITRE 11

LEÇON 1: PAROLES

Une petite ville **A.** 1. coin 2. gauche 3. traverse 4. face 5. droite **B.** 1. banque 2. piscine 3. mairie 4. pharmacie 5. syndicat d'initiative 6. commissariat (poste de police)
Les arrondissements de Paris **A.** 1. habitent au troisième étage. 2. habite au premier étage. 3. habite au quatrième étage. 4. habitent au huitième étage. 5. habite au septième étage. 6. habitent au deuxième étage. 7. habite au rez-de-chaussée. 8. habitent au cinquième étage. 9. habite au neuvième étage. 10. habite au dixième étage.

LEÇON 2: STRUCTURES

Le passé composé et l'imparfait Describing Past Events A. 1. parlait 2. est entré 3. a posé 4. pensais 5. ai constaté 6. regardait 7. conduisais 8. a arrêté(e) 9. sommes arrivés 10. sortaient 11. servait 12. a frappé (*Answers may vary.*) **B.** 1. D'abord, nous avons choisi la pâtisserie la plus appétissante. Puis/Ensuite, nous avons payé la boulangère. Ensuite/Puis, elle nous a donné notre paquet. Enfin, nous sommes rentrés chez nous aussi vite que possible. 2. D'abord, Gilles a lu lentement la question sans la comprendre. Puis/Ensuite, il l'a relue trois ou quatre fois. Puis/Ensuite, il a compris le sens. Enfin, il a écrit sa réponse. **C.** 1. habitaient 2. a préparé 3. était 4. ont décidé 5. appelait 6. faisait 7. a vu 8. est entrée 9. était 10. a essayé 11. avait 12. a goûté 13. était 14. a dévoré 15. avait 16. est montée 17. a essayé 18. était 19. a fermé 20. dormait 21. sont rentrés 22. a vu 23. a dit 24. sont montés 25. dormait (*Answers may vary.*) **E.** (*Answers may vary.*) 1. Hier soir, je regardais un bon film quand… 2. C'était mon ami(e)… 3. Il/Elle m'a demandé de… 4. Je lui ai répondu que… 5. Tout(e) content(e), il /elle m'a invité(e)… **Les pronoms d'objet indirect Speaking Succinctly A.** 1. a 2. e 3. g 4. h 5. c 6. j 7. i 8. d 9. f 10. b **B.** (*Answers may vary.*) 1. Je leur donne des skis. 2. Je lui donne mon numéro de téléphone. 3. Je lui donne un gros poste de télé. 4. Je lui donne des disques français. 5. Je lui donne 50 millions de dollars. 6. Je leur donne une semaine de vacances. 7. Je lui donne des skis. 8. Je leur donne un livre de cuisine diététique.

CORRESPONDANCE

Le courrier 1. sortions 2. connaissais 3. plan 4. syndicat 5. y 6. bâtiments 7. place 8. jusqu' 9. m' 10. sais **Info-culture** 1. c 2. b 3. b 4. a 5. c 6. a **Flash-culture** 1. b 2. c 3. a 4. a 5. b

LEÇON 3: STRUCTURES

Savoir et *connaître* **Saying What and Whom You Know A.** 1. sait 2. connaissons 3. connaît 4. Savez 5. connaît 6. connaît 7. sait 8. connaissons **B.** (*Answers may vary.*) 1. Oui, je le sais. 2. Oui, je le sais. 3. Non, je ne la connais pas. 4. Oui, je les connais. 5. Oui, je la sais. 6. Non, je ne sais pas. 7. Non, je ne la connais pas. 8. Oui, je la connais. 9. Oui, je le sais. 10. Oui, je les connais. **Les pronoms *y* et *en* Speaking Succinctly A.** *en* apparaît 6 fois (Note: le premier *en* n'est pas un pronom.) 1. Il lui en reste 133. 2. Il lui en reste 107. 3. Il lui reste 37 francs. **B.** (*Answers may vary.*) 1. Oui, j'y ai dîné hier soir. 2. Non, je n'y suis pas encore allé(e). 3. J'y fais mes devoirs. 4. Non, je n'y réponds pas immédiatement. 5. Oui, j'y pense. 6. J'y mets mes livres. 7. J'y passe une heure chaque semaine. **C.** 1. y 2. en 3. en 4. y 5. en 6. y 7. en 8. en 9. en 10. y

LEÇON 4: PERSPECTIVES

Faire le bilan A. 1. j'ai visité 2. j'avais 3. j'étais 4. je voulais 5. j'ai fait 6. Il m'a invitée 7. nous sommes allés 8. a suggéré 9. il a dit 10. nous devions 11. J'ai hésité 12. je ne le connaissais pas 13. j'ai accepté 14. Nous avons fait 15. parlait 16. chantait 17. C'était 18. Il m'a raccompagnée 19. m'a dit 20. il est parti 21. je ne l'ai jamais revu **B.** (*Answers may vary.*) 1. sont sortis. 2. pleuvait. Ils ont fait une promenade sous la pluie. 3. ont décidé de prendre quelque chose dans un café. Ils sont entrés Chez Louise. 4. Ils ont choisi une table devant une fenêtre. Quand le serveur est arrivé, ils ont commandé deux cafés. 5. Ils ont regardé des gens dans la rue. 6. parlaient, regardaient la télé et jouaient aux cartes.

CHAPITRE 12

LEÇON 1: PAROLES

Le patrimoine historique A. 1. La Madeleine, Premier Empire, dix-neuvième 2. Vaux-le-Vicomte, classique, dix-septième 3. Chambord, Renaissance, seizième 4. L'Église de Beauvais, médiévale, treizième

B.

• l'époque moderne	la tour Eiffel	Charles de Gaulle
• l'époque classique	Versailles	Louis XIV
• la Renaissance	Jacques Cartier	Chambord
• le moyen âge	Notre-Dame	Charlemagne
• l'époque romaine	les arènes de Lutèce	

Les œuvres d'art et de littérature

A.

ARTISTES	ŒUVRES (*works*)
actrice	pièce de théâtre
écrivain	roman
poète	poème
sculpteur	sculpture
peintre	tableau
compositeur	œuvre musicale
cinéaste	film

Deux verbes pour parler des arts: *suivre* et *vivre*

A.

	POURSUIVRE	VIVRE	SUIVRE (passé composé)
je/j'	poursuis	vis	ai suivi
on	poursuit	vit	a suivi
nous	poursuivons	vivons	avons suivi
les gens	poursuivent	vivent	ont suivi

B. 1. as vécu   2. poursuivre   3. vivre   4. poursuivre   5. suis / 1990, en génie civil

LEÇON 2: STRUCTURES

Les pronoms accentués   Emphasizing and Clarifying   A. 1. lui   2. elle   3. eux   4. eux   5. moi
6. vous   7. toi   8. nous   **La place des pronoms personnels   Speaking Succinctly   A.** 1. le leur
2. le-leur   3. nous la   4. les   5. leur en   **B.** 1. (*Answers may vary.*)   Ne la visite pas. / Visite-la.
2. Ne la lui empruntez pas. / Empruntez-la-lui..   3. Ne la leur montre pas. / Montre-la-leur.
4. Ne le lui enseigne pas. / Enseigne-le-lui.   5. Ne lui en écrivez pas. / Écrivez-lui en une.   **C.** 1. Ne
la lui prête pas. / Prête-la-lui.   2. Envoie-le-lui. / Ne le lui envoie pas.   3. Ne nous les montre pas. /
Montre-les-nous.   4. N'en fume pas. / Fumes-en.   5. Ne me les donnez pas. / Donnez-les-moi.

CORRESPONDANCE

Le courrier 1. vraiment 2. sculptures 3. moi 4. peintres 5. siècle 6. vécu 7. rêver 8. chefs-d'œuvre 9. poèmes 10. pièce **Info-culture** 1. c 2. d 3. f 4. a 5. b 6. e **Flash-culture** 1. c 2. d 3. a 4. e 5. f 6. b

LEÇON 3: STRUCTURES

Les verbes suivis d'une préposition   Expressing Actions

A.

	À	DE	—
1. aller			✓
2. devoir			✓
3. aider	✓		
4. se mettre	✓		
5. désirer			✓
6. choisir		✓	
7. oublier		✓	
8. rêver		✓	
9. vouloir			✓
10. enseigner	✓		
11. chercher	✓		
12. arrêter		✓	

B. 1. — 2. à 3. — 4. — 5. de 6. de 7. de 8. de 9. — 10. à 11. — 12. à 13. à 14. de 15. à 16. d' **Les adverbes   Talking about How Things Are Done   A.** (*Answers may vary.*) 1. Moi, j'ai peu dormi hier soir. 2. Moi aussi, j'ai peu étudié à l'école secondaire. 3. Moi, j'ai trop travaillé l'été passé. 4. Moi, j'ai peu mangé ce matin. 5. Moi, je n'ai pas du tout pensé aux cours que je vais suivre l'année prochaine. 6. Moi, je n'ai pas du tout compris le dernier chapitre de français. **B.** 1. violemment 2. vainement 3. finalement 4. rapidement 5. immédiatement 6. lentement 7. poliment 8. doucement 9. calmement **C.** 1. rapidement 2. patiemment 3. sérieusement 4. lentement 5. poliment 6. activement 7. honnêtement 8. franchement

LEÇON 4: PERSPECTIVES

Faire le bilan   A. 1. Oui, je te le prête. / Alors, prête-le-moi. 2. Oui, je te la donne. / Alors, donne-la-moi. 3. Oui, je les lui prête. / Alors, prête-les-lui. 4. Oui, je te les montre. / Alors, montre-les-moi. 5. Oui, je la leur donne. / Alors, donne-la-leur.

RÉCAPITULONS! CHAPITRES 9 À 12

A. 1. Depuis 2. il y a 3. depuis 4. depuis 5. depuis 6. pendant 7. Depuis trois ans
B. 1. Seth ne parle jamais en cours de français.   2. Paul ne pose plus de questions.   3. Sylvie n'a pas encore fait les devoirs. 4. Aimée ne répond jamais en anglais.   5. Nous n'allons jamais dans des restaurants français.   6. Je ne comprends pas du tout. / pas très bien.   7. Le professeur n'a rien d'intéressant à dire.   8. Personne n'aime le professeur. **C.** 1. D 2. A 3. A 4. D 5. A 6. D
D. 1. Oui, je l'ai lu (Non, je ne l'ai pas lu.)   2. Oui, ils la regardent souvent. (Non, ils ne la regardent pas souvent.)   3. Oui, j'aime les faire. (Non, je n'aime pas les faire.)   4. Oui, je vais le finir. (Non, je ne vais pas le finir.) 5. Oui, ils l'aiment. (Non, ils ne l'aiment pas.)   6. Oui, je la fais souvent. (Non, je ne la fais pas souvent.)   7. Oui, je le comprends toujours. (Non, je ne le comprends pas toujours.)
8. Oui, je vais le porter. (Non, je ne vais pas le porter.)   **E.** 1. étais 2. ai décidé 3. n'ai pas pu
4. avais 5. suis allé(e) 6. était 7. ai demandé 8. m'a répondu 9. avons préparé 10. avons mangé **G.** 1. de / de 2. – 3. à 4. de / – 5. d' /– 6. d' 7. – 8. de 9. – 10. –
11. de 12 à   **H.** 1. Oui, je leur téléphone souvent. / Non, je ne leur téléphone jamais.   2. Oui, je les ai achetés. / Non, je ne les ai pas achetés.   3. Oui, je leur en donne. / Non, je ne leur en donne pas.   4. Oui, je pense y aller. / Non, je ne pense pas y aller.   5. Oui, je lui en ai déjà offert. / Non, je ne lui en ai jamais offert.   **I.** 1. V 2. F 3. V 4. F 5. F 6. V 7. V

CHAPITRE 13

LEÇON 1: PAROLES

L'amour et le mariage   **A.** 1. à l'église 2. ne se marient pas 3. se disputent 4. les fiançailles
5. de meubles

B.

AU DÉBUT	AU MILIEU	VERS LA FIN
tomber amoureux	s'installer	se disputer
se fiancer	sortir	divorcer
se rencontrer	se marier	
le coup de foudre	aller en voyage de noces	
se voir		

Le corps humain   **A.** 1. aux oreilles / à la tête 2. aux dents 3. au dos 4. aux pieds 5. aux doigts 6. aux yeux 7. aux oreilles 8. aux pieds, aux jambes, au dos, partout! **B.** 1. les oreilles
2. les jambes et les pieds 3. les cheveux 4. les yeux 5. le nez 6. les dents et la bouche **Les activités de la vie quotidienne**   **A.** a. 7 b. 1   c. 5   d. 3   e. 6   f. 4   g. 2

LEÇON 2: STRUCTURES

Les verbes pronominaux (première partie) **Expressing Actions**   **A.** 1. s'installent 2. me demande
3. nous dépêcher 4. nous arrêtons 5. nous reposons 6. me demande 7. m'entends 8. me souviens 9. me rappelle 10. nous amuser **B.** 1. se trompe 2. s'excuse 3. s'entend 4. nous trompons 5. s'amuser 6. se rappelle (se souvient de) 7. nous détendre 8. nous dépêchons

9. nous amusons   **C.** 1. me demande, s'amuser   2. se reposer   3. s'arrêter   4. se retrouvent
5. s'installent   6. se dépêcher   7. se détendent   **Les verbes pronominaux (deuxième partie)**
Expressing Actions   A. 1. c   2. g   3. h   4. i   5. b   6. e   7. d   8. f   9. a   **B.** 1. Marcel se
réveille tôt lundi matin parce que…   2. Tu te lèves à midi jeudi parce que…   3. M. Dupont se couche
à cinq heures parce que…   4. Je m'habille bien cet après-midi parce que…   5. Les enfants s'ennuient
pendant le week-end parce que…   6. Laure se regarde dans le miroir à minuit parce que…
C. 1. habille   2. t'habilles   3. couche   4. te couches   5. couches   6. te lever   7. nous promenons

CORRESPONDANCE

Le courrier   1. te lèves   2. souviens   3. est   4. se   5. rappelles   6. tombée   7. mains   8. foudre
9. à   10. demande   **Info-culture**   1. F   2. V   3. F   4. V   5. F   6. V   **Flash-culture**   1. V
2. F   3. F   4. F

LEÇON 3: STRUCTURES

Les verbes pronominaux (troisième partie)   Expressing Reciprocal Actions   A. 1. Denise et Pierre
s'adorent.   2. Béatrice déteste Yves. Yves déteste Béatrice.   3. Gérard parle à Marthe. Marthe ne parle
pas.   4. Marcel et Eugénie se parlent.   5. Véronique et Denis se disputent.   **Les verbes pronominaux
(quatrième partie)   Talking About the Past and Giving Commands   A.** Francine s'est levée la
première et Julien s'est réveillé une demi-heure plus tard. Ils se sont habillés. Ils ont pris leur petit-
déjeuner dans la cuisine. Ensuite Francine est partie en cours, pendant que Julien lisait le journal. À
midi, Francine et Julien se sont retrouvés au café. Après le déjeuner, ils se sont promenés pendant un
moment, puis ils sont retournés à leurs activités. Le soir, Julien s'est reposé après le dîner devant la
télévision, mais sa femme a étudié. Quand Francine s'est endormie sur ses livres, Julien l'a réveillée.
Ils se sont couchés vers onze heures. Ils se sont plaints tous les deux de ne pas avoir assez d'énergie.
B. 1. Excusez-vous. Ne vous excusez pas.   2. Couche-toi. Ne te couche pas.   3. Marie-toi. Ne te
marie pas.   4. Brosse-toi les dents. Ne te brosse pas les dents.   5. Amusez-vous bien. Ne vous
amusez pas.

LEÇON 4: PERSPECTIVES

Faire le bilan   A.   Your new friend is tall and has a round head, a long neck, and a round body. He has
three arms and eight legs, all of equal length. His hands and feet have only three fingers apiece. He has a
little round mouth in the center of his face with one pointed tooth. His five eyes form a circle. He has a
crescent-shaped hat under which no hair is visible.   **B.** 1. T'endors, me couche, me couche   2. vous
brossez, me brosser, me brosser   3. vous appelez, vous trompez, m'appelle, Installez   **D.** 1. Mes amis
se détendent…   2. Mes amis et moi, nous nous amusons…   3. Mes parents et moi, nous nous
entendons…   4. Je m'installe devant mes livres…   5. Mon professeur de français s'excuse…

CHAPITRE 14

LEÇON 1: PAROLES

Au travail   A. 1. ouvriers   2. institutrice   3. agriculteur   4. médecin   5. boucher   **À la banque**
A. 1. chèques   2. montant   3. d'épargne   4. carnet   **B.** 1 076 francs

Le verbe *ouvrir*

A.

	DÉCOUVRIR	SOUFFRIR
je	découvre	souffre
les scientifiques	découvrent	souffrent
vous	découvrez	souffrez
un malade	découvre	souffre ·

B. 1. Ouvrez, couvrez, souffrir   2. avons offert, souffrait, ouvrir   3. a offert, a ouverte, a souffert

LEÇON 2: STRUCTURES

Le futur simple   Talking About the Future

A.

	TU	LES GENS	JE / J'	NOUS
venir	viendras	viendront	viendrai	viendrons
avoir	auras	auront	aurai	aurons
voir	verras	verront	verrai	verrons
envoyer	enverras	enverront	enverrai	enverrons
être	seras	seront	serai	serons
faire	feras	feront	ferai	ferons
pouvoir	pourras	pourront	pourrai	pourrons
savoir	sauras	sauront	saurai	saurons
aller	iras	iront	irai	irons
acheter	achèteras	achèteront	achèterai	achèterons

B. 1. Pas encore. J'en achèterai une…   2. Pas encore. Elle le fera…   3. Pas encore. Il en enverra…
4. Pas encore. Nous la verrons…   5. Pas encore. Ils les achèteront…   6. Pas encore. Je le leur dirai…
C. 1. croiras   2. dis   3. serai   4. montrerai   5. verrai   6. téléphones   7. viendrai   8. appellerai
9. arriverai

CORRESPONDANCE

Le courrier 1. travaillerai 2 gagner   3. offrir   4. prochain   5. sera   6. compte-chèques   7. faire
8. retirer   9. guichet   10. argent liquide **Info-culture** 1. a   2. b   3. b   4. b   5. b   6. a
Flash-culture 1. économie   2. dérivés   3. siècles   4. banane   5. climats

LEÇON 3: STRUCTURES

Les pronoms relatifs   Linking Ideas   A. 1. J'en ai noté l'adresse qui était… 2. L'immeuble a une piscine qui est ouverte… 3. J'aime ce quartier qui me rappelle… 4. Nos voisins sont des Allemands que j'ai rencontrés… 5. Habitent-ils dans un des studios que ton amie Christine a visités? 6. Non, je crois qu'ils ont un des trois-pièces que je n'ai jamais vus. **C.** 1. que 2. qui 3. dont 4. que 5. qui 6. qui 7. dont 8. que 9. dont 10. dont **G.** 1. je connais depuis quinze ans. 2. j'aime beaucoup. 3. nous avons vu, mes amis et moi. 4. je vais chaque soir. **La comparaison de l'adjectif qualificatif   Making Comparisons   B.** 1. La Loire est la plus longue rivière. 2. L'Alsace est la province le plus au nord. 3. Le Texas a le territoire le plus étendu. 4. La Guadeloupe est le plus petit département d'outre-mer. 5. La Provence a le climat le moins froid. **C.** 1. Les jeunes étaient moins paresseux pendant ma jeunesse. 2. Les gens sont plus égoïstes qu'autrefois. 3. Les écoles étaient meilleures autrefois. 4. La vie était plus intéressante pendant les années soixante. 5. Les gens sont plus malheureux qu'autrefois. 6. Le gouvernement est pire que pendant les années cinquante. 7. En général, la vie n'est pas aussi bonne qu'autrefois. **D.** 1. …est la femme la plus talentueuse du cinéma américain. 2. …est le politicien le plus honnête de l'administration actuelle. 3. …est la meilleure chanteuse des États-Unis. 4. …est le meilleur professeur de la faculté des lettres 5. …sont les personnes les plus respectées des États-Unis. 6. …est la femme la plus dynamique de ma famille.

LEÇON 4: PERSPECTIVES

Faire le bilan   A. 1. recevrez, reçois 2. viennent toucher, es venu(e) toucher 3. s'est présenté, présenterons 4. avons eu, a eu 5. déposerai, dépose **À l'écoute!** 1. C 2. C 3. C 4. B 5. C 6. É 7. B 8. É, C 9. É

CHAPITRE 15

LEÇON 1: PAROLES

Quelques loisirs   A. 1. jeu de société 2. jardinage 3. pêche 4. football 5. lecture 6. bricolage
Les verbes *courir* **et** *rire*

A.

	COURIR	RIRE
nous	courons	rions
les athlètes	courent	rient
tu	cours	ris
mon amie	court	rit

B. 1. courir 2. a rit 3. courrons 4. ai ri 5. riront **C.** 1. a ouvert 2. elle a découvert 3. qui couraient 4. il faisait 5. ces gens avaient 6. avaient 7. leur a offert 8. ont accepté 9. elles lui ont souri 10. a regardé 11. elle a repris

LEÇON 2: STRUCTURES

Les pronoms interrogatifs   Getting Information   A. 1. Qui 2. Qu'est-ce qui 3. quoi 4. qui 5. Qui 6. Qu'est-ce qui **B.** (*Answers may vary.*) 1. Quels CD est-ce qu'il a déjà? 2. De quoi est-ce qu'il a besoin? 3. Qu'est-ce qu'il aime faire? 4. Qu'est-ce que tu me conseilles de lui offrir? **C.** 1. Lequel 2. Lesquels 3. Laquelle 4. Lequel 5. Laquelle **Le présent du conditionnel Being Polite, Speculating   A.** 1. Nous serions… 2. Les étudiants rentreraient…3. Mon copain irait… 4. J'aurais le temps de… 5. Tu écrirais… 6. Mes amis aventuriers feraient…

CORRESPONDANCE

Le courrier 1. collection 2. équipe 3. rirais 4. pourrais 5. mieux 6. apporterais 7. plein air 8. pétanque 9. en train de 10. plusieurs **Info-culture** 1. b 2. a 3. c 4. c 5. c 6. b **Flash-culture** 1. b 2. c 3. a 4. b 5. b

LEÇON 3: STRUCTURES

La comparaison de l'adverbe et du nom   Making Comparisons   C. (*Answers may vary.*) 1. J'aurai de meilleures notes. 2. J'écrirai mieux. 3. Je finirai plus de choses. 4. Je me tromperai moins souvent. 5. Je lirai de meilleurs livres. 6. Je m'ennuierai moins souvent. 7. Je me lèverai plus tôt le matin. 8. Je me préparerai mieux aux examens **Les adjectifs et les pronoms indéfinis   Talking About Quantity   A.** 1. toute 2. tous 3. toutes 4. tous 5. tout 6. toute 7. tout 8. tous *L'oncle Jules va tout manger et Suzie va mourir de faim. **B.** 1. Certains / d'autres 2. plusieurs 3. tous 4. le même 5. quelques 6. chaque 7. chacun 8. Tous 9. quelqu'un 10. Quelques-uns **C.** 1. a. chaque b. Tout c. quelques d. autres e. plusieurs f. quelqu'un 2. a. tous b. quelque chose c. Quelques-uns d. d'autres e. tout f. mêmes 3. a. tous b. Tous c. plusieurs d. même e. d'autres f. d'autres **D. Ne sont pas cochés:** l'économie rurale de l'île, la découverte de l'île…, le taux d'émigration…, le peintre Van Gogh.

LEÇON 4: PERSPECTIVES

Faire le bilan   A. 1. Qu'est-ce que 2. Qui 3. pourrions 4. Qu'est-ce que 5. dirais 6. penserais 7. serais

CHAPITRE 16

LEÇON 1: PAROLES

Les problèmes de l'environnement / Les problèmes de la société moderne   A. 1. e 2. d 3. f 4. a 5. b 6. g 7. c **C.** 1. La réduction 2. La conservation 3. Le développement 4. la protection 5. La réussite 6. L'élection

LEÇON 2: STRUCTURES

Le subjonctif (première partie)   Expressing Attitudes   A. 1. voies 2. dirige 3. nous levions 4. rentrent 5. conduises 6. lise 7. arrêtiez 8. sortes 9. connaisse 10. disiez

B.

	…QUE NOUS	…QUE LÉA	…QUE VOUS	…QUE LES ENFANTS
aller	allions	aille	alliez	aillent
avoir	ayons	ait	ayez	aient
être	soyons	soit	soyez	soient
faire	fassions	fasse	fassiez	fassent
pouvoir	puissons	puisse	puissiez	puissent
savoir	sachions	sache	sachiez	sachent
vouloir	voulions	veuille	vouliez	veuillent

C. (*Answers may vary.*) 1. Elle ne veut pas qu'ils aient 2. Elle veut qu'ils prennent 3. Elle veut qu'ils puissent 4. Elle veut qu'ils lui écrivent 5. Elle ne veut pas qu'ils rentrent 6. Elle veut qu'ils aillent 7. Elle ne veut pas qu'ils fassent **E.** 1. pose 2. mène 3. parle 4. lise 5. prenne 6. manifeste 7. réussisse **Le subjonctif (deuxième partie) Expressing Wishes, Necessity, and Possibility A.** 1. soient plus longues 2. ait plus de pouvoir 3. y ait moins de sports 4. fassent plus attention à eux 5. comprennent leur point de vue 6. construise des centres de recyclage

CORRESPONDANCE

Le courrier 1. sûr 2. apprenne 3. politique 4. soient 5. ait 6. exprimer 7. faut 8. en grève 9. manifestent 10. attendes **Info-culture** 1. d 2. a 3. e 4. b 5. f 6. c **Flash-culture** 1. d 2. e 3. a 4. b 5. c

LEÇON 3: STRUCTURES

Le subjonctif (troisième partie) Expressing Emotion A. 1. Il n'est pas heureux que les conservateurs soient… 2. Il n'est pas heureux que la plupart des gens soient… 3. Il est heureux d'entrer… 4. Il est heureux d'obtenir… 5. Il est heureux que les politiciens fassent… 6. Il est heureux que l'entretien et l'achat de deux ou trois voitures soient… **D.** 1. veuille 2. voient 3. vienne 4. se connaissent 5. puissent 6. soit **Le subjonctif (quatrième partie) Expressing Doubt and Uncertainty B.** (*Answers may vary.*) 1. Il n'est pas heureux qu'on le prenne pour un intellectuel. 2. Il est choqué que les intellectuels français aient tendance à confondre la science et la politique. 3. Il ne croit pas que le rôle de la science soit d'influencer la politique. 4. Il est convaincu que les linguistes peuvent préserver des langues. 5. Il ne croit pas que les États-Unis aient le droit d'intervenir en Amérique latine. 6. Il doute que la linguistique puisse sauver le monde.

LEÇON 4: PERSPECTIVES

Faire le bilan A. 1. — 2. ✓ 3. ✓ 4. ✓ 5. ✓ 6. ✓ 7. ✓ 8. — 9. ✓ 10. ✓ 11. ✓ 12. ✓ 13. — 14. — 15. ✓ 16. — 17. — 18. — 19. ✓ 20. ✓ 21. — 22. ✓ 23. — 24. ✓ **D.** 1. sois âgée de quinze ans, satisfasses à un examen medicale, suives une formation dans un aéroclub. 2. six 3. sois âgée de moins de vingt-cinq ans, sois titulaire d'une licence fédérale, aies cinq heures de vol minimum au moment de la demande; saches

RÉCAPITULONS! CHAPITRES 13 À 16

A. 1. Dimanche, Sophie et Marie se sont levées à dix heures. 2. Sophie s'est lavé les cheveux et Marie s'est habillée. 3. Elles se sont dépêchées parce qu'elles étaient en retard. 4. Elles ont rendu visite à leurs grands-parents. 5. Leur grand-mère ne pouvait pas faire les courses parce qu'elle avait mal aux jambes. 6. Ils ont décidé d'aller au restaurant. 7. Sophie et Marie sont rentrées tard et elles se sont disputées. 8. Lundi matin, elles ne se sont pas parlé. 9. Lundi soir, elles se sont mises à rire et elles n'étaient plus fâchées. **B.** 1. Couchez-vous! 2. Va-t'en! 3. Détendez-vous! 4. Ne te dépêche pas! 5. Ne vous fâchez pas! **D.** 1. où 2. qui 3. qui 4. où 5. qui 6. qui 7. où 8. que 9. où 10. qui 11. où 12. qu' 13. qui **E.** 1. Sylvie est institutrice. 2. Elle a trouvé un travail à l'école Jeanne d'Arc. 3. Ell commencera la semaine prochaine. 4. Avec l'argent qu'elle gagnera, elle pourra faire des économies. 5. Elle aura huit semaines de vacances. 6. Elle fera un voyage aux États-Unis. 7. Elle ira à New York et à Seattle. 8. Quand elle reviendra en France, son compte d'épargne sera vide! 9. Mais elle sera plus contente qu'avant. **F.** 1. programmeuses 2. aura 3. en informatique 4. connaîtra 5. des ordinateurs 6. saura se charger 7. aimera 8. le travail d'équipe 9. aura 10. sera responsable 11. que nous choisirons aura 12. voudront 13. salaire 14. sera 15. 9 250 francs par mois **G.** 1. sont moins vieux que 2. sont moins grandes que 3. est plus important que 4. est moins difficile que 5. est meilleur que **H.** 1. chaque 2. tous 3. le même 4. certains / d'autres 5. quelques 6. plusieurs 7. Chacun **I.** 1. Nous espérons que tu pourras visiter un pays francophone l'année prochaine.   2. Il est important que tu étudies le français sérieusement.   3. Je souhaite que vous me rendiez visite cette semaine.   4. Il est probable qu'il fera beau demain.   5. Nous sommes certains d'aller en France cet été.   6. Est-ce que tu crois que tes parents soient heureux que tu arrêtes tes études?   7. Il est nécessaire qu'elle parte.